妈妈这样定规矩，孩子最有自控力

何艳娟/著

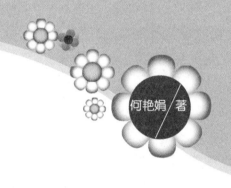

妈妈会定规矩，
"熊孩子"分分钟变学霸！

天津出版传媒集团

天津人民出版社

图书在版编目（CIP）数据

妈妈这样定规矩，孩子最有自控力／何艳娟著 . —天津：
天津人民出版社，2014 . 6（2018.12重印）

ISBN 978-7-201-08681-1

Ⅰ.①妈…　Ⅱ.①何…　Ⅲ.①儿童教育—家庭教育
Ⅳ.①G78

中国版本图书馆 CIP 数据核字（2014）第 072006 号

天津人民出版社出版

出版人：黄　沛

（天津市西康路35号　邮政编码：300051）

邮购部电话：（022）23332469

网址：http://www.tjrmcbs.com

电子信箱：tjrmcbs@126.com

天津翔远印刷有限公司　新华书店经销

2014年 6 月第 1 版　2018年 12 月第 2 次印刷

690×980 毫米　16 开本　16.5 印张

字数：220千字

定价：32.80元

前言
Preface

　　2013年，女儿独自迈着细长的腿走出家门，回头微笑着冲阳台上的我挥挥手，做了一个"V"形手势，然后走向高考考场。我也向孩子报以微笑，在心里默默地祝她成功。女儿的背影越来越远，我的思绪越来越长，她童年的点点滴滴，渐渐浮现在我脑海。我想，作为一位母亲，我最骄傲的不是女儿能画一手好画，不是除英语之外还选修了两门小语种，也不是钢琴弹得流水行云，更不是年年拿回家的奖状……这些，固然会让一个母亲快乐、欣慰，但女儿最令我感到骄傲的是，她远超其他同龄人的自控能力。

　　我知道女儿不是特别聪明的那类孩子，她想有所成就，只能靠自己努力。我坚定地认为，在她以后的人生路上，无论是想要获得事业上的成就，还是想要幸福美满的人生，在她诸多品质与能力中，最重要的、也是对她帮助最大的就是她的自控力。我把培养孩子的自律、自控当作对孩子教育的最重要内容。而让我骄傲的是，我的女儿没有让我失望，她身上体现出的自律品质，也让老师与同学们交口称赞。

　　从事少儿教育十多年，我看到了许多令人扼腕叹息的现实事例。在我教过的孩子中，有一个二年级的小学生，父母忙于生意，孩子交给保姆，保姆只能管吃饱穿暖，根本管不了学习。孩子常常不做作业，到我通知家长时，孩子已经半个月没做家庭作业。我本意是想请家长一起商讨如何让孩子学会自觉做作业。但孩子父母的做法却让我既惊讶又愤怒：孩子爸爸当着我的面，就扇了孩子一耳光，似乎不解恨，接着又踹了孩子两脚；妈妈则把孩子的作业本狠狠地甩在孩子脸上。临走，妈妈还"安慰"了我一下："老师，对不起，让您费心了。小孩子长大了就好了，就能自己管住自己了。"

我既震惊又痛心：孩子的自控力、自律性应当从出生后就开始培养，现在培养已经有些迟了，家长却还要等孩子"懂事以后"，指望不费吹灰之力就能让孩子在一夜之间"觉醒"，这难道不是天方夜谭吗？在我熟悉的家长中，存在这种心理的家长不在少数。还有一些家长，对我旗帜鲜明地表示："只要学习好就行了，别的我都可以帮他做。""让他自己管自己？那还不窜上天去？我家孩子没那个自觉性，就得盯着。"这些家长的想法与认识，让我对他们的孩子忧心忡忡。于是，联系我身边发生的类似的事情，我有了写这本书的冲动。

书里没有高深的道理，几乎都是关于如何在生活、学习中培养孩子自控的例子。比如如何让孩子按时完成作业、当孩子撒谎时家长怎么办、如何教孩子学习控制情绪等等。当然，这些例子也许并不适合每一个孩子，但我想要告诉家长们的是：培养孩子的自控力，需要给孩子创造一个良性的环境，要让孩子真正意识到自控、自律是他自己的需要。前苏联教育家苏霍姆林斯基说："不能总是牵着他的手走，而还是要让他独立行走，让他对自己负责，形成自己的生活态度。"培养孩子的自控、自律也应当如此，应该是孩子自己的选择。

在培养孩子自控、自律的过程中，只能遵循孩子内心发展的需要，家长耐心地建议、引导，而不能靠"压、打、吓、诱"的方式让孩子表面答应家长的要求：比如，规定孩子考试要考多少分以上，考不到就打、不准玩。同是孩子的母亲，我理解家长们恨铁不成钢的心情，但如果这样简单又粗暴的方式可以见效的话，那教育、尤其是重中之重的少儿教育就太简单了。

"压、打、吓、诱"的方式也许能在一段时间见效，但非长久之计，这会彻底扼杀孩子内心对自律的需要。

同时，"身教胜过言传"，如果家长想让孩子学会自律，那么就应该先从自己做起，控制自己的情绪，允许孩子犯错，并能找到方法帮助孩子修正；要理解孩子，体贴孩子，同时，不妨将自己与孩子进行一次"角色互换"，听听孩子内心的诉求。

希望这本书的问世，能让家长们意识到孩子良好习惯的培养胜过卷面上的分数；孩子养成良好的自律性比多上几个"培优班"更有意义；能主动营造一个自由、宽松、和谐的氛围，让孩子把自控、自律变成自己的内在动力。

教育，最终考验的是施教者的耐心与智慧，稍有不慎，可能对孩子一生造成不可估量的伤害与影响。培养出有自控力的孩子，不仅是对孩子、家庭负责，也是对社会负责。培养孩子自控、自律，宜早不宜迟，宜缓不宜急。

目 录

[PART 2]

怎么跟孩子说，又怎么听孩子说

——培养孩子自控力，家长必须先学沟通

....

[PART 3]

世界上没有绝对的公平，只有规则与秩序
——现实残酷，要把孩子培养成一个理智、从容、内心强大的人

[PART 4]

从小事、小习惯开始学习坚持
——培养坚毅、果敢的孩子

[PART 5]

有些事情，尝试让孩子自己做主
——让孩子学会判断、选择、决定，培养独立、有主见的品质

[PART 6]

要把孩子培养成一棵大树，就需让他得到更多历练
——让孩子的实践的体验中独立成长

[PART 7]

情商高的孩子更容易成功
——培养孩子的情商，让孩子先成人后成才

[PART 8]

孩子，你要为自己的选择买单
——培养孩子的责任感，做有责任心的孩子

[PART 9]

具备了这些能力，你才能去闯荡社会

——能力比成绩更重要，锻炼孩子的社会能力

[PART 10]

毁掉孩子第一步的，往往是家长过于功利的心
——慢慢来，尊重孩子的成长规律

[PART 1]

每个孩子首先都是一个独立的个体

——被绑缚着成长的孩子不会有大成就

1. 让孩子学会尊重自己的内心

规矩 1：任何时候，都别勉强自己违背内心

璐璐四年级时，从奶奶家过完寒假回来后，我发现了她的变化。开学后的第一天，新任班主任布置了一篇作文，题目是《长大以后的我……》。

我知道，璐璐的梦想一直是做一名舞蹈家。等我要翻开作文本签名时，却发现璐璐写的是《长大后的我是一名优秀教师》。我故作随意地问："璐璐，怎么，不想做舞蹈家了？"璐璐一边看电视，一边小声回答："这样写，老师会高兴，才会给小红花。"

我吃了一惊，但没有马上纠正她的说法，而是很快地签了字："写这篇作文很辛苦吧？"璐璐点点头。我笑了笑，趁着晚饭时间，给璐璐的班主任毛老师——也就是语文老师——打了电话，简单沟通了一下。我很庆幸，毛老师正好是我的初中同学，交流起来没那么多顾虑。

第二天，放学后，璐璐回到家很沮丧，不等我问，她就要委屈得哭出声："妈妈，老师说我的作文不真实，要重写。可我明明很认真地写了啊。"我知道为了写好这篇作文，璐璐不仅翻阅了好几本作文书，为了写得生动还专门搬出了《汉语词典》来"助阵"。她对这篇作文抱了很大的期望，结果老师还让重写，孩子的困惑与委屈，我能理解。

> 当孩子倍感委屈时，家长应该做的不是给孩子讲一通大道理，让孩子"认识错误"，而是首先应当表示对孩子的理解与同情。

因此，我首先表示了同情："真的？我觉得还不错啊。那同学们都写了什么？"璐璐回答："别的同学我不知道，小娟的作文被老师在课堂上当作范文

读。她希望自己将来做一名音乐家。"我点点头："看来，也并不是一定要写想当老师，才会受到表扬，对吗？"璐璐点点头。我没再说什么，她已经摊开了作文本。

晚上检查家庭作业时，我没有再提作文的事儿，而是跟她聊起在奶奶家的寒假。通过与璐璐的谈话，我才知道，起初，璐璐是直言不讳的，她很真诚地表达自己的看法："奶奶，豆浆跟鸡蛋一起吃不健康。""爷爷，老师说唾液很脏。"……春节前，爷爷奶奶买了新衣服给璐璐，她直接说不喜欢这衣服。虽然最后换了璐璐喜欢的，但爷爷奶奶对她却有了"不懂事"的印象。

而她的几个哥哥姐姐却很会"来事儿"，他们会看爷爷奶奶的脸色，知道说老人喜欢听的话，即使那些话很违心。比如，姐姐会当面称赞奶奶做饭很香，却趁着大家不注意时倒掉，然后偷偷吃零食。在哥哥姐姐的影响下，渐渐璐璐也学会了"察言观色"，开始掩饰自己的真实想法，她感到了爷爷奶奶对她态度上的变化——他们经常表扬她："璐璐是咱家最乖的孩子。"

我问璐璐："虽然得到了爷爷奶奶的表扬，但你真的开心吗？"璐璐歪着头想了半天："好像也没有。"我说："那怎么样才是开心的？"璐璐回答："在妈妈身边才开心。"我笑了，温柔地启发她："因为妈妈会接纳你真实的想法，你敢对妈妈说自己的想法，对吗？"璐璐点点头。接下来，我认真地说："无论是爷爷奶奶、还是爸爸妈妈，都替代不了你的想法，只有你自己最明白你自己，只有你尊重了自己内心的想法，你才是独一无二的你，别人也才会真正尊敬你。"

璐璐说："那为什么爷爷奶奶会不高兴？"我说："有可能是爷爷奶奶那一辈老人教育观念的问题；另外，还有可能是你的方式有问题。比如，你告诉爷爷奶奶，你不喜欢他们买的新衣服，但你首先要感谢他们，然后最好能说明不喜欢的原因。"

璐璐若有所思地点点头，一整晚都没太说话。我知道，她在"消化"我的话。第二天，璐璐的作文得到了表扬，老师的批语是："真实，自然。"

下午，她的同学兼好友小娟来家里玩，一眼看到了璐璐新买的漫画书，想借回家看。那套漫画书刚买回来，还没拆封，璐璐自己都还没看过，我看出她不太愿意。这时，老公发话了："璐璐，大方点，就借给小娟吧。"我看出璐璐有些不乐意。

我瞪了老公一眼，温柔地对璐璐说："璐璐，这是你的漫画书，你可以自由地做决定。"璐璐想了想，对小娟说："小娟，我也想看这套漫画书。我还有其他几套漫画书，你可以挑选一套，两星期后，我再把这套借你，怎么样？"小娟高兴地答应了，两人愉快地玩起了弹子跳棋。

> 当孩子感到属于"自己的事"受到父母的干涉时，孩子的内心是纠结又痛苦的。为了避免这种情况发生，家长从一开始就要尊重孩子的想法，并且鼓励孩子表达自己的想法，做出自己的选择。

小娟走后，我并没有把这件事情放下，我让璐璐设想一下，假如她碍于面子，违背自己的意愿，把漫画书借了小娟，结果会怎样？璐璐说："肯定会不开心，如果她看得慢，我会更生气。"我说："可是，小娟并不知道这些，她只会认为你不信任她，对吗？"璐璐点点头："也许，她就不拿我当好朋友了。"

我点点头："最好的方法是自己高兴、别人也高兴，你今天的处理就很好；但假如做不到，勉强违背自己的内心，满足了别人的愿望，不开心的人是自己，而别人也未必会感谢你，甚至反而会断送了友谊。"璐璐愉快地表示认同："是的，妈妈。"

接下来，我告诉璐璐要尊重自己的内心，也有一个重要原则：不伤害自己也不伤害他人。

这天，璐璐与我一起乘公交车回家。车上的人越来越多，这时，一个抱着孩子的年轻妇女上了车，前面的乘客没有让座的意思，那位年轻妇女被挤得东倒西歪，璐璐犹豫了一下，站了起来："阿姨，请来这里坐。"我赞许地看了璐璐一眼，把她抱在我身上，然后轻声问她："璐璐为什么要给阿姨让座啊？是不是为了让妈妈高兴？"璐璐有点不屑："阿姨抱着小宝宝，站着多危险。我才不稀罕谁的表扬。"我立刻向璐璐道歉："是妈妈误解了，对不起。"我接着问："如果以后还需要你让座，你还会让吗？"璐璐点点头：

"当然。"我说:"所以,璐璐,尊重自己内心的想法并不是一件容易的事情,不仅要战胜另一个自己,有时还需要面对别人的误解、讥笑、甚至排挤打击。"璐璐点点头:"就像上学期,我说语文老师念错了字,被全班同学嘲笑。"我点头:"但事实证明,因为你的及时指出,全班同学避免再犯这个错。如果这件事情发生在现在,你会怎么做呢?"璐璐说:"我还是会指出来,不过会通过手机短信单独告诉老师。"我点点头,表示赞许:"你的目的在于发现错误,不是让老师尴尬,也不是显示自己,对吗?"

璐璐说:"对,就是这样。"

我们常常抱怨孩子"人云亦云"、"没主见",其实,许多时候是因为父母没有机会让孩子倾听内心的声音,就更谈不上尊重自己内心的想法。而一个连自己内心都不敢相信的孩子,我们希望他长大后能诚实、勇敢、自尊那是奢侈。

2. 主动降低要求孩子的标准，
反能激发孩子的好胜心

规矩 2： 目标是用来实现的

璐璐开始上小学时，我送给她的礼物就是一张漂亮的"荣誉墙"。所谓的"荣誉墙"，就是一张一平米左右的彩纸，我在上面画上一大一小两排格子。小格子用来粘贴小红花，小红花旁边的格子用来记录说明得到小红花的理由。"荣誉墙"记录的自然都是璐璐的"正能量"事迹，比如，主动整理书桌、打扫房间、英语单词听写满分、主动与闹了别扭的小朋友言和等此类鸡毛蒜皮的小事情。一学期的时间不到，一张"荣誉墙"就已经贴满了，开始贴第二张。

既然是"荣誉墙"，学习成绩进步了，肯定会贴上一朵小红花。期中考试，璐璐数学考了98分，语文97分，我对这个分数没有太多评价，只是让璐璐知道自己失误在粗心上，以后要注意。期末考试时，璐璐数学考了满分，语文98分，相比期中考试，她确实进步了，但班上有好几位"双百"的同学。毛老师因为是我的老同学，因此，对璐璐就格外严格。她告诉璐璐："你要向'双百'的同学学习。"璐璐沉默良久，回到家，也没提贴小红花的事情。

第二学期期中考试时，璐璐得了"双百"，蹦蹦跳跳地回家，正巧毛老师也在家里玩。璐璐当着老师面儿把试卷递给我，原本希望老师表扬一下，没想到毛老师摸了摸她的脑袋说："考了'双百'没什么，你看，小娟英语好，代表我们学校去接待外宾了，可要向她学习啊。"英语是璐璐的弱项，我看到她眼神的神采明显地暗淡了下去，借口做作业，躲到了自己的房间里。等毛老师离开，我敲门进去时，她的眼睛还是红红的。

我把两朵小红花贴在墙上，然后坐在璐璐身边，轻轻地问："没得到老师的表扬，很伤心是吗？"璐璐点点头："妈妈我是不是特别笨？你是不是特别失望？"我心一紧，把璐璐搂在怀里："你怎么会这样想？前几天老师还告诉我，璐璐是全班'看图写作文'写得最好的同学。毛老师严格要求你，是因为璐璐是有潜力的好学生，所以，老师才会不停地提高对你的期望。"

璐璐似懂非懂地点点头，我想了想又说："妈妈跟老师不一样，老师眼里有几十个同学，当然会拿你跟最好的同学比较，但妈妈只有你一个，所以，妈妈会更看重你自己的进步。"璐璐嘀咕道："要是老师跟妈妈一样就好了。"

当孩子感到自己的表现不能让父母满意时，他会产生自我怀疑：我为什么不能让爸爸妈妈满意？而面对孩子的这种情绪，家长应当及时调整自己的期望值，真正看到并鼓励孩子的进步，让孩子充分享受到达成目标的喜悦。让目标变成孩子的动力，而不是自我怀疑的枷锁。

我说："这也不难啊，你可以主动跟老师交流，告诉她你的目标、为了实现目标，你都做了什么努力。"璐璐说："我希望英语能赶上小娟，做第一名。"我摇摇头："第十名就行了。"璐璐有些着急了："我觉得可以做第五名。"我说："行，既然你决定了考到第五名，那你打算怎么办？"璐璐想了想说："英语课上要认真、记单词、多听、多背课文。"我点点头："很不错，那你为什么不把你的目标与计划告诉老师呢？"璐璐问："老师会听吗？"我说："我们试试吧。"

第二天，璐璐一蹦一跳回家，刚进家门就兴奋地说："英语老师说了，多听比多写重要，她还推荐了我几个小故事，我都听明白了。"一星期后，璐璐回来告诉我："妈妈，老师说翻着生词表背单词的方法是最笨的，应该在阅读中记忆。就像看课外书，遇到不认识的字，多见到几次就认识了。"我笑了："多向老师'取经'没坏处吧？"璐璐也笑了，有些不好意思。有了这一次与老师交流的良好经历，璐璐以后就很注意与老师的互动交流，自然也获益不少。

期末考试时，璐璐语文数学都获得了双百，英语获得了一个A-，成绩是全班第三名，我很淡定地看着她在"荣誉墙"上贴上一朵小红花，旁边写上"目标达成"。看着满墙的小红花，璐璐情不自禁地说："啊，妈妈，原来我这么棒啊！"我笑了："是啊，璐璐，下学期，我们把'荣誉墙'做得更大，行吗？"璐璐说："好，我要整墙都贴上小红花。"

许多来找璐璐玩的同学，都羡慕她的"荣誉墙"，而家长们则不以为然，反而一直追问璐璐学习自觉、成绩稳定的原因。对于孩子的学习目标，我看上去漫不经心，其实是动过一番脑筋的。

首先，我没有主动把璐璐跟她的同学做比较，甚至没有主动提要求与目标，当孩子自己提出目标时，我还故意降低标准，这就激起了孩子的好胜心。自尊与自信没有被严重伤害的孩子，是不愿

> 孩子拒绝与老师交流的原因很多，比如性格内向、害羞、或者是某位老师比较严厉，让孩子有惧怕心理，也有可能是老师的一些行为，让孩子不能理解，甚至产生了反感，家长应当耐心疏导孩子的情绪，鼓励孩子大胆与老师交流，告诉孩子只要表达了自己的意思，即使说错了也没关系。同时，家长还应当积极地创造条件让孩子与老师多接触、交流，拉近与老师的情感距离。

意对父母食言的，他们都渴望得到父母、老师的认同，希望能通过自己的努力，让父母开心。而且，由孩子自己提出的目标，可能更接近他真实的能力范围。当孩子面对老师过高的期望时，不妨让孩子主动跟老师交流，让老师看到孩子在努力，从而加入到肯定孩子的行列中。同时，老师也会修正孩子的学习习惯与方法，那么成绩提高，自然是肯定的，学习成绩的提高，又有助于提高孩子学习的兴趣与信心，从而形成了一个良性循环。

当目标触手可及时，我们往往能迸发出潜能，然而，当目标遥不可及时，大多数人通常会选择放弃，所以，与其由家长为孩子定目标，不如让孩子自己定，家长老师来修正。目标，不是用来瞻仰的，而是用来实现的。家长心里的期望可以很高，但给孩子的目标一定要切实可行，并且要及时肯定孩子做出的、哪怕是最微小的努力。孩子就是在实现一个又一个目标的过程中，有了自信，有了方向，能自觉、认真地学习。孩子学习的自律性，就是由这样一点点小小的认同鼓励，逐渐培养起来的。

3.做一个能陪孩子胡闹的妈妈

规矩3：孩子，学习的权利由你支配

　　许多朋友感慨我对璐璐的学习"不上心"，但孩子成绩还不错，学习挺自觉。其实，朋友们看到的"不上心"，才是真的煞费苦心。人的一生都需要学习，父母应当做的不是为某一、两次卷面上的成绩斤斤计较，而是让孩子拥有主动学习的能力，保护孩子的学习兴趣。

　　我个人认为能力与兴趣重于暂时的分数。因此，我对璐璐的学习，很少有干涉的时候。从小学四年级以后，孩子已经感受到了学习上的压力。每次期末考试前的复习都很紧张，所以，在期末考试后的时间里，璐璐想干什么就干什么，想睡多晚就睡多晚。经历一次期末考试后，只要孩子认真面对，其实已经身心俱疲。之所以有一个假期，也是让孩子有休整的时间。所以，尽管有时候我看到孩子整天看漫画、跟同学滑冰、上网玩游戏时也有点着急。但我忍住了，我相信孩子是有责任感的。

　　果然，这样的时间少则一周，多则十天，孩子就会自觉开始做作业、学英语。在了解学习是自己的任务与责任以后，长时间地玩以后，孩子是有内疚感的。我几乎从来不主动为璐璐报培优班、兴趣班，有些兴趣班甚至是在她再三央求下，我才答应。但我会一开始就告诉璐璐，如果选择了这个兴趣班，就要坚持下去，不能半途而废。我会让她冷静地想一段时间，

　　当孩子考试考砸了，他自己也非常难过，此时如果家长指责他，他就会为自己的失败找借口。因此，当孩子因为考试成绩情绪低落时，家长需要把眼睛看到分数之外，帮助孩子找到知识漏洞，真正让孩子理解考试不是为了分数，而是为了检测知识的掌握程度。

如果还是想要学习，那我就毫不犹豫地带她报名。

把学习的权利还给孩子，就是尊重孩子学习的选择——什么时候学习、学习什么、用什么方式学习。在孩子的学习上，我也用上了"黑猫理论"：只要能掌握知识，就是好的学习方法。

有阵子，孩子学习历史感觉很吃力，但她对央视的《百家讲坛》很感兴趣，觉得如果这样学习历史，很容易通晓很多历史知识与典故。

我尊重了她的意见。为了让孩子能持续不断地看，我们还特意买了一部录影机，把周末以外的内容录下来，放到周末让她看。很快，璐璐就发现，历史事件其实很有趣。历史，很多时候都是在利益的博弈中推进的。知道了动机，也就不难理解历史人物所采取的策略，从而也就掌握了所发生的历史事件。

有阵子，《寻秦记》很火，璐璐自己也想"穿越"一次。我很快积极响应，陪着她一起"穿越"，一会儿是她的"对手"，一会儿又是她的朋友。按照璐璐的意愿，我们把她学习过的朝代都"穿越"了一次。为了补充"穿越"的细节，璐璐还主动找了许多历史传奇故事看。

这样的穿越游戏，玩上一两天，我们基本上就把她整学期的历史知识都温习了一遍。

璐璐后来热衷于把这种游戏，在小伙伴们中间传播，玩得不亦乐乎。这时候，我又有意识地把某些著名相关历史事件的文言文，让孩子"穿越"着玩。比如，玩三国时，我找出了诸葛亮的《出师表》。我主动扮演"诸葛亮"，要孩子们扮演反对出战的儒生，驳斥《出师表》里的观点。试想，如果孩子们不知道《出师表》的内容，又怎么去反驳？

开始学地理时，许多同学不重视，而璐璐则从一则旅游节目里得到了启发，她担任起我跟爸爸的"导游"，带领我们到各地方见识"风土人情"。为了有真实效果，璐璐通常会先做"功课"，偶尔忘记了，经我们提示或者再翻看课本，印象会非常深刻。

璐璐的同学很羡慕她有这样一个愿意陪她"胡闹"的妈妈，我也见过许多拿着棍子，拧着孩子耳朵让孩子学习的家长。事实上，这样做除了增添孩子的"恐惧"，加大孩子的厌学情绪外，还容易让孩子与父母情绪对立。

此外，如果父母在孩子的学习上，时时越俎代庖，又怎么让孩子了解学习是自己的事情？

应试教育让家长们的思想变得非常狭隘，卷面分数就是一切。于是，许多家长看不到孩子课本知识之外的学习兴趣，比如书法、外语、阅读、绘画，不仅不支持，还粗暴地干涉。我见过一把抓过孩子手里课外书撕得粉碎的父母。其实，学习往往是相通的，家长只要多花心思，是不难把孩子的学习兴趣引导向课本的。

> 喜欢玩、想玩是孩子的天性，家长要做的不是把孩子禁锢在书桌前，而是努力把孩子的"玩"与"学"结合在一起，让孩子在玩乐中掌握知识，充分感觉到学习也是一件快乐的事情。

我有一位年龄大一点的"忘年交"朋友，孩子一度偏科比较严重，数学尤其差，居于中下游。她没有急躁地指责孩子，买一堆参考书让孩子做，也没有着急请家教，而是积极地表扬孩子的语文、外语学得很好，尤其是外语，是全班水平最高的。假期里，孩子提出要学习另一种小语种，她也同意了。于是，孩子成为了全校唯一学习两门外语的学生，受到了重视。孩子的学习兴趣也越发浓厚，又积极开始学习第三门语言。奇妙的是，孩子在看一本外语小说时，对空间几何产生了兴趣，求助于自己的数学老师，而这位新来的老师，不仅详细地回答了她的问题，还举一反三地举了这些数学理论在生活中的应用。到了第二学期，孩子的数学兴趣明显提高，成绩也居于中上。之后，孩子的数学成绩一直保持在中游水平。后来，这个数学不太好的孩子，出了国，在某国的领事馆任职。

我问过她，当时孩子偏科时，她着急吗？她说："没什么好着急的，我的偏科比她更严重。而且，我相信，只要我不扼杀孩子的兴趣，情况不会太差。"

以平常心对待孩子成绩，允许孩子有自己喜欢或者不喜欢的科目。真正的"全才"，全世界也都寥若晨星，父母们别为了那微乎其微的几率，让孩子失去对学习的兴趣。

把学习的权利还给孩子，增强孩子的学习兴趣与责任感，也能让孩子养成学习的自律性。

4. 别带着情绪管孩子，先学会尊重孩子

规矩 4：有些事，在尊重的前提下，可以做

璐璐 7 岁时，跟我们一起去参加她爸爸同事的婚礼。到了酒店，她发现有许多跟她年龄相当的小朋友，高兴坏了，很快就相互熟悉并一同玩了起来。

很快婚宴就开始了，璐璐却表示自己想跟小朋友们再玩会，她不饿。我没有直接回答她，只是替她分析："现在不吃待会儿肯定要饿。再说，别的小朋友也要吃饭，也没人跟你玩。"果然，原本跟璐璐一块玩的小朋友们都被爸爸妈妈叫去吃饭了。

看这情形，璐璐随我去卫生间洗手，然后坐下来吃饭。然而在胡乱吃了几口，喝了两大杯饮料之后，看到有小朋友下桌子了，便说自己吃饱了。我没有拦住她，而是向她确认："你真的吃饱了？待会儿可没得吃了哦。"璐璐想了想说："妈妈，能把香芋酥给我打包留着吗？"我摇摇头："这可能不行。因为摆在桌子上的香芋酥是大家的，不可能为你一个人留着，让其他人吃不到。如果你待会儿饿了，妈妈可以专门去给你叫一份儿，不过，你得自己掏钱。"

璐璐摇摇头："算了，我还是吃饱再去玩儿。"同一桌的家长都称赞璐璐懂事。有人纷纷把香芋酥夹到她碗里，被我笑着拒绝了，而璐璐在自己夹了两块以后，就不再吃了。璐璐吃完饭出去玩后，有人问我，如果她今天真的不吃饭要先玩，我会答应吗？我说当然。她们说："你太迁就她了。"又说："孩子想多吃几个香芋酥，至于吗？你太较真了。"

看来不得不解释一下了。我说："什么时候吃饭，吃什么，是璐璐的自由。

试想一个成年人，有没有突然遇到朋友来访，非常兴奋而不想吃饭的时候？对这个年龄的孩子来说，玩，远比吃对他们有吸引力。如果因为想让她吃饭，不让她玩，就等于间接地把'吃饭'跟'玩'对立起来，孩子对'吃饭'就会产生隐约的排斥情绪。另外，孩子是饿不着的，她饿了自己会找吃的。我尊重孩子应该有的选择与自由。但她要求把香芋酥给她留着，这当然不行。这

> 孩子在家里做惯了"小皇帝"、"小公主"，享受着种种"特权"，而一旦孩子离开家庭时，又被要求要大方、宽容，不能自私，面对家长这种矛盾的表现，孩子非常困惑与矛盾，不知道到底该怎么样做。对孩子的这种心理，家长应找机会让孩子了解自己的社会角色，要杜绝"四海之内皆老妈"的奢望。

不是在家里，就算是在家里，也不能她一人全吃，也要考虑我跟她爸爸。当然，如果是摆在她书房里的零食、水果，那就完全属于她自己支配了。"

虽然父母给予了孩子生命，但孩子并不因此成为父母的附属品，孩子有她独立的精神世界，需要被认同、被尊重，但同时，也要让孩子学会考虑身边人的需求。

有人笑了："看不出来，她还挺节约的。都舍不得自己点一份香芋酥。"我笑了："这可不是她主动节约。是她自己欠着账。"

上周璐璐丢了我们给她新买的轮滑鞋。后来，她看小伙伴们天天在广场玩，眼馋得很，央求他爸爸再给她买一双。我跟她爸爸的意见是："我们已经给你买了鞋，鞋是你自己丢的，所以，没有理由我们再给你买一次。妈妈需要一条围巾，爸爸需要买双皮鞋，我们也有自己要用钱的地方。"

后来，璐璐想出了一个办法：向她爸爸借钱买，然后她自己攒钱来还。这是孩子独立思考后提出的解决方案，我跟她爸爸考虑以后，答应了。其实，对于每个月只有40元零花钱的璐璐来说，这200多元，无疑是"巨款"。她爸爸与她约法三章："5个月内还钱，就只还200。超过5个月，每个月在200的基础上加10元。"由于对轮滑鞋实在太渴望了，璐璐答应了爸爸的要求。于是，父女俩趁着一个午休时间买回了新轮滑鞋。爸爸让璐璐写了一张欠条，

郑重提醒她："璐璐，尽量提前还钱，爸爸等着买皮鞋呢。"

此后，她爸爸就经常在她面前问："璐璐，钱攒得怎么样了？爸爸等着呢。"三天两头的这样追问，弄得后来璐璐见到爸爸都想躲。其实，在以前，璐璐出手是非常大方的，现在，一份8元钱的香芋酥，她也想省着了。

这是第一次，璐璐有了节约意识，在之前，她明白钱可以买到很多东西，但不会有珍惜的念头，因为只要她有需要，这种需要对她有益，而又在爸爸妈妈的能力范围内，她就会很容易得到满足。这样，璐璐就形成了大手大脚用钱的习惯。现在，她有了压力，开始了节约。当然，璐璐也有额外的"收入"，家里的废旧书本、报纸、电器在经过我们允许以后，她可以出售。几次下来，她很快发现自己把废品拉到废品收购站去卖，比让小贩来小区里收购价格高一点。于是，她开始蚂蚁搬家似的把废品都搬到废品收购站，并且通过观察，大概知道自己带来的废品能卖多少钱。连废品收购站的老板都惊讶："这小姑娘，精着呢。"

家长过于慷慨与"无私"，会让孩子感觉钱来的很容易，会让孩子轻视劳动与努力。家长应当在适当的机会向孩子"算算账"、"诉诉苦"，让孩子了解家里用钱的地方很多，而且家里的钱也不是为孩子一个人支配的。

当她为钱犯愁时，我曾经"诱惑"过她："璐璐，其实，你也可以在妈妈这里提前预支你的压岁钱。到新年的时候，妈妈扣出来就是了。"璐璐头摇得像波浪鼓："不，不，新年用钱的地方更多。"孩子能想到新年没有钱的后果，主动抵御诱惑，这让我很欣慰。

许多熟人都觉得我对孩子太纵容了：孩子在地上爬、玩水、不按时吃饭、喜欢吃零食、我跟孩子一起看宫崎骏的动画片、让孩子在我的书柜里随便挑书看、考试以后，从来不在分数与名次上过多评论，以及对她最大的体罚也就是站在墙角面壁思过。

连璐璐的外婆都为我的教育方式担忧过，但后来的事实证明，璐璐并没有养成骄纵、自以为是的性格，而是懂得体谅人、善于处理人际关系、遇到问题自己解决、肯担责任的孩子。这并不是偶然，如果父母懂得尊重孩子，遇事能跟孩子商量，那么孩子也就懂得尊重人，遇到问题会积极地想办法解决，而不是抱怨、逃避。当然，对孩子的尊重也有原则与底线，我的原则其实很简单：对社会、对他人、对自己没有伤害。我把这条原则常常说给璐璐听，慢慢地她自己也会衡量这件事情，爸爸妈妈会不会答应。靠情绪管理孩子的父母，心情好时，孩子上房揭瓦都可以，心情不好，孩子不小心摔坏一个碗也大动肝火的家长，其教育出的孩子很难性情平和，没有平和的性情，孩子的接受力、学习能力、自控能力都会受影响，甚至长大以后，也难有宽容优雅的气质与处理人际关系的良好能力。

"听话"父母才会有"听话"孩子，这"听话"其实就是尊重孩子，但尊重不等于放任与放纵，尊而不纵，才是教子之道。

5. 放养的孩子，眼界更开阔

规矩 5：走向独立

前几年一本由美籍华人写的关于"虎妈"的书很流行，媒体因此展开了广泛的报道与讨论。我也是在一次电视采访上一睹了"虎妈"风采，不过，只看了几分钟我就换台了。

当然，我们无从得知，虎妈优秀的儿女是不是像媒体上报道的她自己宣称的那样优秀。

之所以说这样的话，是因为我身边就有一位"虎妈"式的人物。她是位非常优秀的女性，曾经在跨国公司担任中层领导，后来，涉足文化业，很快就成立了自己的广告公司。就在日进斗金之际，她却转让了广告公司，开了翻译社。开翻译社是因为她怀孕了，要为以后考虑。翻译社的工作相对自由一点。由此可见，她对孩子的用心。

十月怀胎后，她顺利地产了一个健康的儿子，她发誓一定要让儿子比她更优秀。而她老公，那个温和平实、知足常乐的男人，她早看不上眼了。虽然她嘴上不说，但她的态度已经表露无遗。

为了让孩子真正赢在起跑线上，她真的倾尽了心力：从一日三餐色香味俱全的餐饮搭配，到孩子气质审美的培养；从学习汉字到熟悉英语；从锻炼身体到训练孩子良好的睡眠习惯……谁都说她是尽职的母亲。

她的儿子也正如她期望的那样，一步步地向着"优秀"发展。当有人向她请教育儿经时，她津津乐道地讲述的就是一个重点：严格要求。

她对儿子严格到什么程度呢？一句英语不标准，立刻纠正；一句普通话不标准，立刻纠正；衣服鞋子没穿整齐、房间没打扫干净、东西没有归位，都要面临惩罚，当然更别说做作业、练琴这些必须做的事情。

孩子确实也多才多艺，她很骄傲。她的孩子在三年级时，我见了一次，发现她儿子目光机械，表情麻木，丝毫没有9岁孩子该有的灵动。我对她说："你要注意了，你儿子似乎已经没有童年了，他的心智发展跟不上。"她不以为然。后来，上了五年级后，孩子的成绩越来越差，她的种种惩罚收效甚微。后来，通过交高额的赞助费，孩子勉强上了一所普通高中。这之后，她有点灰心丧气，开始致力于发展自己的

> 当孩子屡次犯错、向家长的愿望说"不"，甚至与家长抵触时，其实孩子的内心是很痛苦的，因为每个孩子都需要得到家长的认同与支持，没有特殊原因，没有孩子愿意真正跟家长"对着干"。家长要做的不是强势地压制孩子，也不是忙着指责孩子，而是要学会站在孩子的立场上去分析孩子的需求。即使孩子的要求是不正确、家长不能接受的，也要耐心地对孩子讲清楚道理。

事业，也不再主动到学校去看望儿子，她的想法是"眼不见，心不烦"，一门心思就是多挣钱给这个"没有未来的"儿子准备着。

然而，奇怪的现象发生了，儿子上了这所寄宿制学校以后，开始一段时间确实像她估计那样，"玩得姓什么都忘记了"，可孩子在玩了一段时间后，发现很空虚。他参加了学校举行的卡拉OK比赛，获得第一名，有了小小的知名度，他开始注重自己的言行，也想要在同学、老师面前留下"唱歌好，成绩也好"的印象，转而开始学习。

而假期里孩子回来时，她发现从前沉默不语的儿子，变得乐观开朗，眼界开阔了很多，甚至提出要参加学校的"野外生存"训练。

我问："你答应了？"她说："他要去就去吧，'放养'的孩子，不仅更眼界开阔，也更善于管理自己、控制自己。"

我另外有位朋友，她的女儿离家出走，扔下待遇优厚的工作不要，跑到丽江去跟一个人力车夫谈恋爱，并且说她再也不回来，她在那个人力车夫身上才感到了什么是"爱"。父亲气得血压高，住进了医院。这位朋友准

备去丽江找女儿，女儿却威胁她："如果你来找我，我就连电话号码也换掉，也不再给你打电话了。"她当时就哭了："孩子，我是你妈妈，我是担心你，妈妈是爱你的。"她女儿沉默了一会儿说："妈妈，你的爱让我感觉窒息。请让我自己做一次选择。"

这个妈妈来找我时，讨论却是如何把女儿"骗"回家，因为她知道她女儿很信任曾经做过她家教的我。我说："你疯了！如果你这样做，将导致你女儿更强烈的反抗。或许，她说得到做得出，你真的就见不到她了。一旦这样，她真的出现了意外，你也一无所知。"

她说："我现在什么也做不了了吗？"我说，是的，你现在能做的就是等待。现在你女儿还每周给你一个电话，这也是你们唯一的联系方式。首先，你要放松心态，你女儿一直到上大学都没恋爱过，恋爱不代表会结婚，而且你还没见过那个人力车夫，怎么就知道人家配不上你女儿？也许那是个自强不息，因为家里穷困却没上大学的"高考状元"。当然，另一种更大的可能是，她其实是在彻底地反抗你们给她规划好的人生，一旦你们不再勉强，她很快就会发现他们彼此在知识、环境以及见解、认识上的差距，当你女儿的新鲜感一过，分手势在必行。所以，我倒觉得你与其要强制女儿回来，不如主动跟小伙子处好关系，如果做不到当成"准女婿"，也以一个母亲的心去关心他。这样做的目的，是保证你女儿的安全，确切地说是"安全"分手。毕竟，可能在他的人生里，可能再也没有机会认识、交往到像你女儿层次这样高的女性，他不愿分手也在情理之中。

我这么说，有点"以小人之心度君子之腹"——当你女儿提出分手时，因为你有情感的铺垫，他比较不会走极端。

经过我的提醒，她做得更好：每个电话，只问发生在女儿身边有趣的事情，还主动跟那位小伙子聊天；后来，她还给他们快递女儿喜欢的食物、送给小伙子衣服。当一切外力消失后，女儿逐渐感到了生活的索然，半年后，女儿回来了。对丽江的一切，也不再谈起，自己开了一家咖啡馆。经历过女儿失而复得的过程，这位"虎妈"变成了"绵羊妈妈"。在她心里还是遗憾，如果当初不那样压制女儿，凭她女儿的资质、他们能为她提供的资源，她的人生不应该是这样。

我安慰她，这已经是最好的结果了。再想下去，你又要开始去"圈养"她了。

在璐璐稍微懂事时，我就郑重地告诉过她："妈妈对你一切的教育与培养，都是为了让你能更好地离开妈妈、离开这个家。"刚开始，她不能接受，很伤心，我并没有过多安抚她。后来，她目睹我们楼上的哥哥姐姐们一个个考上大学，只在寒暑假回家，甚至寒暑假也不再回来时，她渐渐明白我话里的含义。也因此，当璐璐在为一件事情犹豫不决、询问我的意见时，我总是先帮她分析，然后要加上一句："决定权还是在璐璐手里，你想想，假如这件事情爸爸妈妈不在身边，你会怎么做？"

> 有时，孩子并不是有意地要违背父母的意愿，而是社会太多诱惑，而孩子又想体会到自己没有体会过的人生。此时，家长应当及时调整心态，与其阻拦，不如耐心地听孩子的计划，与孩子一起分析这样做的结果。如果孩子执意如此，家长应该支持孩子。这样做，至少会让孩子的心不会远离父母，让孩子知道父母永远在他身后支持他，是他永远的后盾。

我这种思想上的"放养"，还有了一个意想不到的收获：孩子也意识到与父母相聚时间的短暂，她也会学会珍惜。

所以，适度地、合理地"放养孩子"，不仅能提高孩子的自控能力，还能开阔孩子的思想与视野，更能提醒孩子珍惜在父母身边的时间，从而让亲子关系更为融洽亲密。

6. 孩子，父母不能总是守在你身边

规矩6：学会独处

璐璐6岁，刚上小学一年级时，有两个月因为爸爸被外调到另一个城市工作，而我刚接了毕业班，对璐璐的照顾就有点力不从心。在爸爸的建议下，我们请来了奶奶帮忙照看一下璐璐。

两个月后，爸爸回来了，奶奶回老家照顾刚生宝宝的弟媳。这时，我们才发现璐璐有些地方不对劲了，她变得特别黏人，简直像块要贴在我们身上的"膏药"，不仅吃饭、睡觉、散步、看书要黏着，就连我们上卫生间，她也寸步不离地守在卫生间门口。

我不明白璐璐为什么突然变成这样，一方面我尽量满足她"黏"的需要；另一方面，开始积极地找原因。

几天后，我给婆婆打了电话，终于从她的话里知道了一些蛛丝马迹。

原来，当我在加班的晚上，奶奶哄璐璐睡觉，因为奶奶不会讲故事。为了让璐璐尽快闭上眼睛睡觉，不会讲故事的奶奶就告诉她："不睡觉的孩子会被黑熊抓走吃掉！我们那里就有一个孩子就因为不睡觉被吃掉了。"

孩子喜欢黏家长，一方面是对爱的渴求对亲情的依恋，但如果这种依恋到了一种不正常的程度，家长就要警惕是否孩子的心理上有了问题，当孩子对外界环境感到恐惧、没有安全感的时候，孩子对父母家长就会出现异乎寻常的依恋。如果家长不努力探询孩子出现这种现象的真正原因，反而一味粗暴、强硬地要求、强迫孩子要独立，对孩子精神上的伤害是极大的，对其未来的成长，尤其是性格的形成有极为不利的影响。

璐璐不好好吃饭，她也一脸严肃地说："不吃饭的孩子会被强盗抓走。"奶奶带璐璐去广场玩时，跟别的小朋友发生了争执，璐璐举起了手，奶奶立刻又告诉她："爸爸妈妈会把打人的孩子送到山上跟猴子做伴。"为了逗璐璐，奶奶甚至当着很多人的面告诉她："你是你爸爸妈妈捡来的，如果不听奶奶的话，他们就会把你送走。"

奶奶的"策略"在一定的时间内，确实取得了一定的"效果"：孩子睡觉乖了，吃饭也乖了，也不敢跟小朋友争吵打架了。可她哪里知道，孩子在被子里瑟瑟发抖，屡屡从噩梦清醒。可以想象，奶奶的这些"忠告"，让孩子陷入了多么巨大的惶恐中。孩子的世界里，一切都是真实可信的，大人们无心的一句玩笑话，都会让孩子遭受巨大的心灵创伤。

尽管我反复向璐璐解释，奶奶所说的一切，只是为了让她能好好吃饭、睡觉。虽然奶奶的方法不科学，但她的出发点是好的，要理解、原谅奶奶。借着这个契机，我跟璐璐爸爸陪着她看了相关自然科学的科教片与图书，璐璐渐渐开始相信奶奶所说的都是吓唬她的。

> 当孩子意识到家长、成人也会犯错时，家长不应当掩饰甚至"强词夺理"，而应当坦诚与孩子谈论家长的问题，然后让孩子明白，家长犯错与孩子犯错是一样的，人都会犯错，对犯错的人，我们要理解与宽容，要帮他改正错误。

解开了璐璐的部分心结以后，她没有那么黏人了，但依然非常依赖我们，我开始慢慢训练她学会独处。教育最好的方法与结果是"润物细无声"，粗暴地违背孩子的意愿，最终的结果很可能与父母的初衷南辕北辙。我根本没有对璐璐讲道理，甚至主动要她跟我一块儿睡觉。有一个处理人际关系的原则："欲先取之，必先予之"，在儿童教育上也同样适用。只有我们满足了儿童心理的需要，她才会配合我们的要求，与家长形成愉快的合作关系。

璐璐跟我躺在一起，小脸笑成了一朵太阳花。趁着这朵"太阳花"正灿烂时，我塞给她一本新买的童话书，让她自己看。然后我开始低头看我的书。刚开始，璐璐把我的书抽开，让我陪她一起看童话书。我做出一副为难的样子："但是妈妈必须要看自己的书，要自己学习啊。"璐璐撅起嘴时，我接着说："这样好不好，妈妈陪你看一半，你自己看另一半，不懂再问妈妈，行吗？"璐璐接受了我的条件，靠在我怀里，听我讲一半，然后，她安静地看另一半，我则重新拿起自己的书。在她专心看书时，我通常会起身，上上卫生间，或去客厅晃悠一圈，喝杯水，时间逐渐延长，从两分钟到五分钟，直到璐璐翻完整本童话书。

之后，我开始跟璐璐玩一个"闭上眼睛找妈妈"游戏。最开始是在白天玩，我跟她一起躺在家里，放一首她熟悉的曲子，然后让她闭上眼睛，告诉她，妈妈一定在她身边。刚开始，她总是在刚闭上眼睛又马上睁开，以便确定我在身边。后来，她闭眼睛的时间越来越长，一支曲子、两支曲子，甚至三支曲子。当她习惯在白天闭眼后，我又把这个游戏改在晚上进行，经过一段时间后，璐璐可以独自听完一整支曲子。到后来，我们不开音乐也照样玩这个"闭眼睛"游戏。当这个游戏的时间越来越长时，璐璐经常在做游戏时就进入了梦乡。

后来，我们为这个游戏赋予了更多的形式与内容，比如，她独自给布娃娃穿衣服、独自完成作业……到后来，我们出门办事时，她可以独自在家待上一两个小时，甚至还透出那么一点期待："妈妈，你跟爸爸一块儿出去吧。"璐璐已经充分享受到独处的自在与快乐。

之所以要培养孩子学会独处并且享受独处，是因为独处能够缓解压力、专注学习，有利于思考，对于安全感的建立、自动自主意识、独立性与自控力的培养，都具有重要意义。很难相信，没有自己的时间与空间、不会利用、甚至无法独处的孩子，会有较好的自律性。让孩子学会独处，为孩子学会独立自主感提供了机会。同时，孩子因为拥有独处的时间，就能更专注地做作业、阅读，以及做自己喜欢的活动，而不被家长打扰，对提高孩子成绩，发展更多的个人爱好，取得更高的自尊值，都有极其重要的意义。

7. 别阻止孩子探索与冒险的步伐

规矩 7：只要条件满足，你可以去探索、去冒险

璐璐 6 岁时有段时间，突然对做饭有了浓厚的兴趣，尤其喜欢看我炒鸡蛋，看到蛋液下了锅立刻就变成金黄的蛋饼感到很神奇。反复看了几次以后，她跃跃欲试，想自己炒一次鸡蛋。

我觉得既然孩子想了解，想学习做一次炒鸡蛋，应该满足她这个愿望。于是在交代了炒鸡蛋的步骤、厨房里的注意事项后，我说："妈妈相信璐璐能独自炒出一份鸡蛋，璐璐自己觉得呢？"我给她留了退路，即使她让我留下来帮助她，也不觉得丢人。但璐璐爽快地说："嗯，妈妈我可以。"我走出厨房以后，璐璐还特意关上了厨房的推拉门，我们只能透过磨砂玻璃后面朦胧的影子猜测璐璐在做什么。突然，灶台上窜起了一串火花，而璐璐一下子尖叫起来，手里的碗也掉到了地上。我跟外婆立刻冲进厨房，原来是油太热起火了。外婆把璐璐抱出厨房，我则把锅盖盖到铁锅上，然后打开油烟、窗户通风。

璐璐吓坏了，外婆一边安抚她，一边埋怨我："这么小的孩子，怎么能让她一个人待厨房里，还炒鸡蛋？"当着外婆的面，我没说什么，而璐璐也对那团骤然烧起来的烈火心有余悸，好几天都不进厨房。

我没有强迫璐璐再进厨房，而是有意找了一些美食节目跟璐璐一起看，里面当然少不了爆炒的镜头，而大厨们端着烈火熊熊的炒锅镇定自如地翻炒菜肴。璐璐第一次看时，嘴里直叫好，看到后来，就淡定了，问："妈妈为什么锅里会有火啊？"我把问题扔给了她自己："妈妈只知道是油太热，具体也不清楚，璐璐去查查《十万个为什么》吧。"我是希望璐璐在自己寻找答案的时候，消除对油锅起火的恐惧。

几天之后，璐璐又要求下厨房。这次她把准备工作做得很到位，一盘金灿灿、香喷喷、但是忘记了放盐的鸡蛋很快端了出来。通过这一次成功，璐璐迅速学会了"番茄炒鸡蛋"、"炒蛋饭"、"炒饭"，到她8岁时，已经能够做简单的一菜一汤。

无论是璐璐想学做饭还是想学骑自行车，甚至想亲自拆开电风扇，看看到底是怎么工作的……只要条件许可，我们大多数情况下都满足了她。

9岁时，璐璐过生日，约了同学单独去看电影。因为之前已经带璐璐去看过

当孩子对一件事情有过恐惧的经历时，家长应该留给孩子足够"缓冲"的时间去稀释事情的"后遗症"，不要强迫孩子去尝试，只需要把事情有趣的一面展示给孩子，帮助孩子分析失败的原因，克服恐惧心理，当孩子准备好再次尝试后，家长应积极鼓励。

电影，简单交代了一些注意事项后，我就让璐璐带上零花钱后跟同学去看电影了。电影院距离我们家很远，孩子要转几次车才能到，她自己要买票，然后根据票上的指示找到放映厅，再找到自己的位置。

报道上关于孩子单独出行以后遭遇不测的负面新闻有很多，从孩子出门的那一刻开始，我就提心吊胆。但我安慰自己：我不能阻止孩子去探索、认识这个社会，过分地保护，会在无形中剥夺了孩子锻炼胆量与能力的机会。

下午，璐璐看完电影后，兴奋地回到家。进门后，首先跟我讨论的不是电影的内容，而是一个中年男人先是坐了她们的位子，在她们再三要求下，男人挪开了，却坐在他们旁边。电影刚开始没一会儿，男人就开始找她们其中的一个聊天，说自己也有一个跟她们一样大的女儿，家里有好多零食还有好多漫画书，还问我们的学校、名字，家住在哪里……

听到孩子讲到这里，我有些着急了："你们是怎么回答的？"璐璐说："妈妈你别着急，我们才不会那么傻呢。"璐璐跟两个女同学使了一个脸色后，其中一个女孩故意大声对另一个女孩说："你爸爸怎么还不来？"另一个女孩回答："放心吧，我爸爸会来的。他昨天晚上执行任务抓坏人，熬了一个通宵。"璐璐说："你爸爸当警察真神奇。"她们说完话没一会儿，那个男人

就走了。女孩们相视笑了。女孩们并没有完全撒谎，其中一个女孩的爸爸真的是警察，只不过是管理户籍的。

我有点后怕，璐璐轻松地说："妈妈，这些你跟爸爸在平时已经交代得挺多了，学校里老师也会经常告诉我们。我们又不是小孩子了。"一个9岁的孩子说自己不是小孩子了，我笑了笑说："是的，璐璐已经不是小孩子了。"

父母能陪伴孩子的时间太有限，应当从小就让孩子学会探索与冒险。假如孩子迈出了勇敢第一步后，成功了，那么他获得的不仅有成功的喜悦、自信，还有成功的方法。成功的人，为什么会成功？一个大的目标后面是许多的小目

> 当孩子表示自己不是"小孩子"的时候，不是要挑战家长的权威，而是想要改变自己的角色，想要获得相当的"自主权"，家长不能嘲笑、打击孩子，而是要抓住这个孩子想要成长、想证明自己的契机，对孩子提出新的挑战与要求，并且给予孩子充分的鼓励与肯定。

标。如果仔细研究，你会发现成功人的身后有许多的"小成功"，无论从事什么领域，走向成功的一些普遍原则是不会变的，比如勤奋刻苦、专注投入等等品质。孩子从自己的探索过程中，获得了这些"正能量"，会给他的下一次探索积累经验。

当然，孩子的探索极有可能是失败的。面对孩子探索的失败，家长最忌讳的就是谴责、数落孩子，当孩子面临挫折时，才是家长极佳的教育时机。家长首先要鼓励孩子有探索的勇气，然后再跟孩子讨论为什么会失败，听听孩子的观点，再对孩子进行引导启发。

如果家长态度强硬，或者冷嘲热讽，所带来的结果就是孩子再也不想去探索、去冒险，从而不仅失去了锻炼自己能力的机会，也让孩子失去了学习新知识，向未知探索的热情与勇气。家长在肯定孩子探索精神之后，可以与孩子一起讨论失败的原因是什么，如果再有一次机会，孩子会怎么做？经过家长的引导，孩子肯定会反省，有新的收获。如果有条件，可以让孩子再尝试。接受挫折才能战胜挫折，让孩子在挫折中汲取经验，不断地积累经验与勇气。

[PART 2]

怎么跟孩子说，又怎么听孩子说

——培养孩子自控力，家长必须先学沟通

8. 好家长会听又会说

规矩 8：和气交流，温柔相处

我跟璐璐的交流总是和风细雨式的，我们也习惯了这种交流方式。当然，璐璐也是一个普通孩子，她也会淘气，也有让我想要抓狂的时候，但每次当我即将爆发时，我就立刻提醒自己："发脾气，除了让彼此的情绪更激动、事态变恶化外，毫无益处。更重要的是，也会让孩子性格变得暴躁。"如果实在压抑不了，我通常是走开几分钟，待情绪平复了以后，再与璐璐讨论。

当孩子倾诉的需要被父母忽略、打断，甚至斥责时，孩子会感到自己不受重视，在他内心里，还会由此认为父母不关心、不爱自己，从而失去与父母沟通的欲望。只要条件许可，父母都应当尽量认真而耐心地倾听孩子的话。做父母要耐心"听"、善于"听"，只有通过"听"，才能让孩子感觉到家长的关心。而亲子间良好的交流，也是在孩子的"说"，家长的"听"里开始的。

其实，随着孩子越来越大，她的某些意见未必是没有道理，家长需要的是耐心倾听。

当然，家长除了有耐心倾听，还需要在有必要时，及时对孩子进行指导，这就是家长的"说"。当家长与孩子交流时，尽量别用负面的语气，比如"真笨，这都不会。""你长耳朵了吗？还要我说几次！""你跟你爸一样。"这种否定、明显带着情绪发泄的话，不仅对给孩子帮助无益，还会让孩子自卑、压抑，将孩子探索学习的热情掐灭。更严重的情况是，孩子在父母这里得不到认同与指导，他就会在其他方面证明自己，如果遇到的是居心不良的人，情况就糟糕了。

其实，仔细想想，孩子们也挺可怜，尤其是遇到比较"专制"、缺乏耐心的家长。当家长心烦时，可以选择冲孩子发火；在学校，老师心烦时，也可以冲孩子们发火，可孩子心烦的时候，该冲谁发泄呢？在某些家长面前，孩子甚至不能表达自己的不满，轻则被斥责，重则挨打，因为在这些父母的观念里，对父母说"不"，就意味着不孝顺、叛逆，在这样的家庭里成长的孩子，该遭受多大的心理创伤？

家长应该在心里留一点空间给孩子，倾听孩子那些也许对你来说"无关痛痒"的芝麻小事，正是这些"芝麻小事"却因为家长的冷漠，而让孩子失去了与家长交流、倾诉的欲望，当家长发现"自己不知道孩子想什么时"就已经为时太晚。

善于倾听孩子的诉说，可以听出许多孩子不愿意、不好意思告诉家长的"弦外之音"，家长可以及时了解孩子的想法，及时阻止孩子的不当行为，同时，也能了解孩子的困惑与梦想，走入孩子的心灵深处。

璐璐小学一年级时，有段时间突然对搭配衣服有了狂热的兴趣，每个周一早晨都要按照自己的意愿搭配衣服。但很明显，许多时候，她自己挑选的衣服搭配起来都非常不合适。有一次，她穿一套小西服的套裙，因为衣服本身是黑灰色的，她又挑选了一条黑色的紧身裤，对于一个小姑娘而言，这就太沉闷了点。

我站在一边说："嗯，这套衣服穿起来很有精神，璐璐搭配得也不错，很协调。不过，璐璐，妈妈想看看搭配这条蓝色裤子会不会好看啊。你看杂志上是搭配的桃红色，这种颜色搭配很挑人呢。"

我这样一说，璐璐一般都会先换上蓝色裤子："妈妈，我觉得不好看。"我就顺势说："那照着书上试试桃红色。"璐璐一试桃红色，加上爸爸在一边说："嗯，璐璐穿上桃红色，显得很活泼。"璐璐就高高兴兴地穿上桃红色的裤子上学去了。

有朋友问，如果璐璐执意要穿黑色的裤子呢？我的答案是平和地告诉璐璐这样搭配可能会沉闷，如果她实在坚持，那我就尊重她的意见。但我会在其他场合，比如逛街、看杂志时，"无意"地跟她讨论："这样搭配就好看了，看来粉红色配咖啡色挺好看。"时间长了，璐璐就会自己搭配了，而我的提议也越来越少。

有的家长抱怨："不管我怎么说，他就是不听。"那家长就要反省，自己是不是"说得对"。同样的事情，语气不同，孩子的反应也不同。家长的语气不能太强烈，态度要平和，不能有高高在上，随时用教训的口吻，否则很容易让孩子反感。孩子如果反感家长，有了对立情绪，家长的话他能听听进去多少？而用家长的架子逼迫孩子，即使孩子妥协了，也是暂时的。家长的这种独断，会让孩子失去跟父母讨论的兴趣，最重要的是，会影响孩子以后与他人的相处，因为他从父母这里没有学到良好的沟通方式。

家长要跟孩子说，首先要在心态上将自己与孩子放平等，沟通是跟孩子进行一场讨论，不是要教训孩子。家长有了这种心态，态度上就很容易表现出来，孩子感觉到的就是父母的关心以及对自己的尊重，他才会用心听父母的观点，与父母讨论。而父母也可以通过这个机会，告诉孩子他的做法欠缺考虑的地方在哪里，会有什么不恰当之处或者危险。

与孩子交流，对孩子"说"，并不是答应孩子所有的要求、对孩子的错误也不提出批评。在必要的时候，家长也可以拒绝孩子的要求。

当然，如何拒绝孩子，也是学问。在与孩子交流中，我不太喜欢讲太多大道理：孩子小了，讲了也不懂；孩子大了，比家长能讲大道理。我总是简单而清晰地阐述原因，然后告诉她，她自己这样做的后果。

教育无小事，父母的一言一行，哪怕是"说"与"听"这样的小事都可能影响孩子一生，而对孩子的人格、性格、品德的培养，也是在一件件的小事，一天天天的经历中进行的。孩子在家长的耐心倾听、平等沟通里，会学到如何尊重他人、如果管理好自己，不断地修正缺点，做一个自尊自立自律的人。

9. 合作比"听话"重要

规矩 9: 你不用"很听话"

许多同事朋友都羡慕我有一个"听话"女儿，他们说："看起来，你没费什么力气教璐璐，怎么她就怎么'听话'？"当我告诉他们我对璐璐的要求从来不是"听话"时，他们一副将信将疑、匪夷所思的表情。

这并非是我卖弄玄机，而我确实是从不要求璐璐"听话"：家长的一切都是正确的吗？家长能代替孩子去思考吗？家长的知识与经验，真的足够应付孩子学习生活中的种种问题吗？

如果父母能承认以上三个问题都存在否定回答的可能，那么，在孩子"听话"问题上可能没有那么强烈的要求。一味地让孩子"听话"，不仅是教育方式的粗暴，更是家长的惰性。有些自我意识较强的家长，希望孩子能像部队那样"服从、服从，还是服从"，但家庭不是部队，父母也不是军官，家应该是孩子感到安全、放松、快乐的地方，而父母应该是最能给孩子带来温馨、安全感的人，如果要让一个小学生，在学校听了一天老师各种要求、指令后，回到家，还要一切听从父母的"指挥"，我不知道孩子能感受到多少家庭温暖，对家庭会有多少依恋之情，如果一直发展下去，在孩子稍微大点，上了中学以后，出现种种逃离家庭的行为：晚归、甚至不归，交上不良朋友……就不足为奇了。

有的父母很得意，因为孩子"很听话"，我却感到情况其实比"不听话"的孩子更糟糕。6岁的孩子已经有了自己独立的情感与精神世界，父母的想法与孩子的渴求未必能完全统一，既然不完全一样，那么孩子的"听话"就有两种情况。一是孩子完全抹杀个性的需要，一切以父母的需要为需要，盲目听从父母安排的一切。这样的孩子，在长大成年以后，不懂得选择，就更谈不上责任。这样的孩子看起来"乖巧"，父母当起了也省心，但当孩子变成"啃老族"、"奶嘴男"以后，父母才悔之晚矣。

另一种情况就是家长用"高压"甚至是"武力镇压"或者所谓"奖励"（其实是贿赂）孩子的方式来换取了孩子的"听话"。被强迫按照父母意愿做事的孩子，一旦到了有反抗能力的青春期、叛逆期，就会对父母曾经的"高压"激烈地反抗，即使父母的建议是正确的，孩子也因为反抗而反抗，不仅激化了父母和子女的矛盾，更让孩子失去了判断与分析的理智。

物质匮乏早已与00后、10后的孩子无缘，因此用物质"奖励"的方式去贿赂孩子，效果可能不会很理想，即使短时间内可能起到一定的作用，可一旦父母达不到孩子的物质要求，孩子的"听话"自然也会懈怠下来，甚至为了达到目的，逼父母妥协。而且，父母的这种贿赂行为，所传递给孩子的，是极为功利的思想。

当孩子真的养成了某些不良习惯，需要家长帮助纠正时，合作也远比"听话"更重要。许多抱怨孩子不"听话"家长，往往首先在有意无意间给孩子贴上了标签："这孩子就是不会自己整理房间"、"真烦人，学习一点不自觉"……即便孩子有心改正，在家长唠叨的"强化"中已经被贴上了标签的孩子，还有多少想要修正自己的动力？

"标签"是一种强烈的心理暗示，家长如果要给孩子贴标签，也应该贴上积极正面的，如"美食家"、"建筑师"、"小老师"等等。父母不仅要在嘴巴上管住自己，更要在心态上避免给孩子贴标签。因为孩子还小，所以对父母的一举一动更为敏感，他们能从家长的细微反应，捕捉到父母的想法与感受。

当我们需要孩子做某件事情时，不妨也用上"敬语"，以商量式的口吻讲出自己的要求。这一点，我有切身体会。当我用命令式的口吻对璐璐说话时，她表现得磨磨蹭蹭，漫不经心，而当我换成比较礼貌的语言，带着一丝商量意味说："请去刷牙，好吗？"璐璐往往会很乐意地去做。即使不马上做，她也会给出积极正面的回答："妈妈，我想吃完水果再刷牙。"在孩子的教育问题上，我始终认为良性的"沟通"比狼性的"要求"更有意义。

许多长篇大道理的灌输，看似苦口婆心："不能吃手指。手指上有很细菌，不卫生，会生病，会打针，不是乖孩子，妈妈也不喜欢，下次别吃手指啦。"这么大的信心量，孩子消化不了。

许多讲了长篇道理的父母，因为孩子不能理解，渐渐失去耐心，从"循循善诱"变成"抓狂"式样的责问："都跟你说了多少次了！怎么还这样！"父母应该采取"合作式"的沟通方式。

有段时间，璐璐很不喜欢整理房间。我没有直接提要求，而是在某个周末，对她说："璐璐，来，我们一起打扫房间吧。"当全家人都开始行动起来时，璐璐也就自觉地打扫整理自己的房间。时间一长，不需要我们再提醒，璐璐也就养成了自己整理房间的习惯。

激发孩子的合作兴致，远比喋喋不休地说教、打骂更有效。当父母变成积极的参与者，不仅有助于引导孩子，还避免了与孩子情绪上的对立。"让我们一起……"远比"你怎么……"、"限你二十分钟内……"往往更有效。

想培养出富有自律性、并且有合作精神的高情商孩子，父母一定要注意自己的沟通技巧，任何简单与粗暴的方式，都可能成为孩子未来成长中的隐患，甚至影响孩子一生。

孩子会迷惑，爸爸妈妈到底是要告诉我什么？是让我别吃手指，还是要告诉我手指很脏？发展心理学认为，对于七八岁以下的孩子，讲道理孩子大多数都听不明白，而当孩子更大一点，其实，父母讲的道理，他都懂，更不愿听父母讲道理。父母只需要告知孩子"该怎么做"，至于为什么要这样做，简单解释即可。

孩子频繁地犯相同的错误，他自己也很沮丧，而家长的指责会让孩子在沮丧之余丧失改正错误的兴趣与信心。所以，家长要做的不是提醒孩子他所犯的错误，而是努力营造一种环境，让孩子主动去改正坏毛病。

10. 别让孩子对沟通、协商失去信心

规矩 10：学会说"不"

这天，我与猪猪、猪猪妈妈一起逛街，主要是替猪猪购买过年的新衣服。与两个大人高昂的情绪相反的是，猪猪似乎并不太兴奋，从出门开始就磨磨蹭蹭。当我们兴致勃勃地替他挑选衣服时，猪猪却是一脸事不关己的漠然，没有一套衣服得到他的认可。逛到第三家童装店时，他甚至开始不耐烦。这对脾气本身就急躁的猪猪妈妈简直是种挑衅。猪猪妈妈强忍怒气，拿着一套牛仔服问猪猪："我看这套就不错，你觉得呢？"

我看得出猪猪对这套牛仔服也不是很满意，但一接触到妈妈的眼神，嗫嚅着点点头，然后很快地低下头，丝毫没有买到新衣服的喜悦。我拦住了就要付款的猪猪妈妈，看了看时间，装作惊讶地说："啊，时间不早了，我得回家教中心了，猪猪，咱们改天再买，好吗？"猪猪无所谓地点点头，然后，我们一起坐上车。猪猪妈妈开车，我与猪猪坐在后排。对猪猪今天的表现，我很诧异，一个8岁的孩子居然会对新年礼物不感兴趣甚至排斥，这是为什么？

我故意对猪猪妈妈说："我还记得从前，我小时候过新年时，大年三十，提着自己做的灯笼走街串户。"

当孩子的个人愿望与诉求屡次被忽略、甚至被家长以自己的意志强制替代后，孩子会觉得父母不理解自己。另外，从父母的态度里，他会这样想："我的意见是不重要的。"有了这种想法的孩子，容易变得敏感、自卑、没有主见。所以，家长应当充分尊重孩子的意愿，允许孩子有自己的喜好，鼓励孩子多尝试。

猪猪妈妈说："是啊，我还记得每到过年时，我妈就要替全家人做新衣服。有一年的年三十，枕着一件花布棉袄，我一夜没合眼。"我与猪猪妈妈聊得开心，猪猪却表示出了一种不屑。我突然察觉，也许，猪猪不仅对新年礼物，甚至整个新年对他都没有吸引力。

我让猪猪妈妈先回家，我则带着猪猪步行去家教中心。一边走，我一边感叹："如果天天是新年就好了。"猪猪却说："舅妈，我不想过新年。"话题被自然引出，我立刻抓住苗头："为什么？新年有压岁钱、有新衣服穿，还可以跟小朋友们尽情玩，还可以收到礼物，为什么不喜欢？对了，猪猪希望舅妈送你什么新年礼物？"猪猪抬起头看了我好一会儿，确定我是真诚地向他询问后，等了好一会儿才小声地问："舅妈，可以不可以把礼物直接折成钱？"我点头："当然可以啊，反正也要发压岁钱啊。"猪猪又提出了要求："舅妈，能不能不告诉我妈？"我点了点头，认真地说："没问题，但你方便告诉舅妈，你要钱来做什么吗？"猪猪皱紧的眉头松开了，说话的声音也大了："其实也没什么，我想买一双旱冰鞋。"

"你不是有一双了吗？"我问。猪猪的眉头又皱了起来："那是妈妈选的。"经过了解，我才知道，猪猪参加了学校的滑冰队，要好的几个队友组成了"闪电"滑冰队，承诺要买相同的滑冰鞋，结果猪猪妈妈一看那双鞋子，直接就拒绝了："质量不好，根本不值这个价钱。"然后，她自己在网上花了600元，给猪猪买了一双据说质量好、安全系数更高的名牌溜冰鞋。然而，猪猪却不领妈妈的情，宁可不溜冰，也不穿新买的鞋，猪猪妈妈又气又急，差点又揍猪猪一顿。

我说："你不喜欢，可以直接告诉妈妈啊。"猪猪摇摇头，轻轻地说："妈妈不会答应的。"我心里一震，猪猪对跟妈妈沟通协商意见失去了信心，这可不是好现象。

后来，我与猪猪一同去买了他喜欢的溜冰鞋，然后当着他妈妈面，当成新年礼物送给了他。由于是我送的礼物，猪猪妈妈也没好说什么。但这双溜冰鞋却没让猪猪的好心情持续几天。他莫名其妙地叹气。我觉得挺好笑，一个8岁的小孩子，能有什么大不了的烦心事。没等我细问，猪猪就把他的烦恼告诉了我。

原来，每年春节，猪猪爸爸一定要把猪猪带回奶奶家。奶奶虽然喜欢猪猪，但对猪猪妈妈却一直有看法，因此难免要在猪猪面前数落他妈妈的不是，猪猪回去一次，就听一次，几次以后，猪猪不乐意了。此外，奶奶家在农村，也没几个孩子，猪猪感到并不好玩。每次猪猪回来以后，听到小伙伴们描述自己快乐精彩的新年时，猪猪眼睛都绿了。

我说："猪猪，你不想回奶奶家，完全可以告诉爸爸妈妈。不去奶奶家，并不代表你不喜欢、不孝顺奶奶。"猪猪说："不行，舅妈，如果我说我不想去，我爸爸会揍我的。你也不能告诉我爸爸妈妈。"

我叹口气，开始观察猪猪，发现了他较其他孩子敏感，很会察言观色，大人们喜欢听什么，他就说什么，好像他的一切行为就是为博取大家的欢心。

所幸，当我跟猪猪妈妈提起这个问题时，她很惊讶："猪猪从来没对我说他不喜欢、或者不高兴。"我不客气地说："那是因为他觉得说了也没用，不仅不能获得帮助，也许还会挨骂。"猪猪妈妈开始反省自己："也许是我把他压制得太厉害。现在怎么办？"我说："现在要培养猪猪对成人说'不'。你要鼓励猪猪有自己的想法，并且勇于表达。"

由于，猪猪跟我比较亲近，喜欢跟我交流，那就从我开始。这天，跟猪猪聊天时，我故意念错几句诗，猪猪愣愣

> 会"察言观色"的孩子，其实是受压抑较多的孩子，他们会暗自揣摩家长、他人的喜好，觉得这样做会让家长更喜欢他，从而避免一些指责与惩罚。在某些时候，孩子会表现出"骑墙"的现象。当孩子有这些行为时，家长应当警醒，如果长期这样发展下去，猪猪会失去自我，讨好与谄媚，就是他与外界交流的方式，而这种讨好与谄媚，又是以压抑自己本身的需要为代价的，时间长了，孩子的身心都会扭曲。

地看了我几眼，最终什么也没说，反而是一边的璐璐马上说："妈妈，念错了。不是这样。"我立刻表扬了璐璐："哇，璐璐的知识很扎实。"看到璐璐得到表扬，猪猪就小声地说："其实，我也知道舅妈念错了。"我温和地说："舅

妈相信你一定也知道这句诗，但你怕说了舅妈没面子，怪你，对吗？"猪猪点点头，我继续说："怎么会呢？人都有犯错的时候，也有表达自己需要的自由。如果我错了，你们不告诉我，我就不能进步，同样，如果你不喜欢，你不告诉我们，我也不知道。"

第二天，猪猪在我家吃饭，做饭前，我故意问："做水煮鱼，好吗？"猪猪还没说话，璐璐就说了："妈妈，水煮鱼太辣了。"我说："那酸菜鱼，怎么样？"璐璐说："太好了。"这一幕，一直被猪猪看在眼里。

到了晚上，猪猪妈妈来接他回家，在我眼神的鼓励下，猪猪终于说："妈妈，我还想在舅妈家玩。我可以睡沙发。"猪猪妈妈跟我对视了一下后，爽快地答应了猪猪的要求，一整晚猪猪都很兴奋："舅妈，原来，我也可以跟妈妈说'不'。"我说："是啊，今天猪猪表现就很不错，不仅提出了请求，还找出了解决问题的办法。"

这年春节，猪猪果然没回奶奶家，而是留在家里陪妈妈。猪猪妈妈私下里说，是猪猪帮了她的忙。其实，她也不太想去奶奶家，猪猪对爸爸说不去，反而让她有了留下来的借口。

我们要孩子有独立思考的能力，要让孩子不失去自我，要让孩子学会辨别是非，就不能压抑孩子的批判精神。有了正确的批判精神，敢于对成人的要求说"不"，孩子才不至于陷入谄媚与奴性，才有更健全的人格。

父母应该仔细倾听并尊重孩子的"不"，孩子学会了说"不"，才会说："我认为应该……"。对成人勇敢地说"不"，拒绝家长不合理的要求，提出自己的看法，是儿童走向精神独立的第一步，家长应该充分理解，甚至要鼓励孩子表达自己的真实意愿，无论孩子的观点是对还是错，都应该给予尊重。

11. 奖与罚的艺术

规矩 11：没有物质奖励，是因为不想让你变得功利

因为我理科不好，甚至可以说偏科严重，所以高考时与理想的学校失之交臂，这是我一生最遗憾的事情之一。怕璐璐也出现偏科的情况，我对她谈的比较多的，反而是关于自然科学类的话题，最早送给她的书就是《十万个为什么》。而文学类的东西，其实璐璐已经通过看我满满几书柜的书得到了充分的营养，这种潜移默化的渗透更自然，孩子吸收得更快。我的苦心没有白费，直到高中璐璐也没出现偏科的情况，而且越到后来，璐璐的成绩越是呈现上升趋势，到了高二时，已经是班上的前三名。

家长会上，老师表扬了璐璐，顺便让我谈谈经验。我站在讲台上，看着台下家长充满了信任与渴望的眼神，真觉得惭愧，不知道从哪里说起。老师体谅我，最后让家长们提问，我选择回答。一张张的纸条传了上来，我看到一个让我印象深刻的问题："你怎么鼓励或者奖励孩子？"这是第一次有人提到奖励的问题。我选择了这个问题。

我说："其实我很少奖励孩子。"此话一出，台下窃窃私语。我举了一个例子："初中的几何题，让孩子们很头疼，但璐璐却很喜欢。她经常自称是'福尔摩斯'，要从给出条件里的蛛丝马迹里挖出线索，然后证明出结论。每当她用10分钟、半小时完成一道证明题时，那种解题后的喜悦与满足，还有随之而来的信心，就已经是极大的奖励了，家长尽量不要去打扰孩子享受这个过程。"

我再举例子："再比如，璐璐用了大半天整理好房间，我也同样不奖励。"因为打扫完房间，她待在干净整洁的房间里，舒畅而愉悦，这也是奖

励。事实上，孩子体会到这种事情本身的、内在的奖励，远比外在的奖励更能让孩子快乐自信。当然，我也经常使用外在的奖励方法，比如买一小袋她喜欢的零食。不过，在我对璐璐的奖励过程中，我一般不采用物质的方式，更侧重精神奖励。

物质奖励有许多弊端，孩子本身是向往美好的，想要认真学习取得好成绩，但家长的物质奖励，破坏了孩子良好的天性，让他把注意力放在了奖励上。

比如孩子考了满分，就送他想要的遥控飞机。这一次，他满足了，但人的欲望是无限攀升的，下次他的要求，家长还能满足吗？一旦家长不能满足他的要求，他就失去了学习的动力。这种方式不仅让孩子的学习变得功利，更会让孩子有"替家长学习"的想法。所以，我对璐璐奖励的原则是：尽可能让孩子从解决事情中获得满足感，并深化这种感觉，这也就是心理学上的"内部奖励"。首先是孩子自我发现的"内部奖励"，如果要进行适当的外部刺激，那么也是精神奖励重于物质奖励。

我记得唯一一次物质奖励，是璐璐英语考取了满分后，我们送给她的一个MP3。当时买MP3的初衷也是为了让她把英语学好，相当于奖励了她一个学习工具。"

奖励，以精神奖励为主，物质奖励容易让孩子产生功利心理。尽量少用，或者不用物质奖励。

其实，现在的90后、00后们，在物质上父母都给予了充分的满足，因此物质刺激对他们来说，并没有太大的吸引力。还容易让孩子养成贪图享乐的恶习。

而说到惩罚，我觉得许多家长并不懂如何惩罚孩子。孩子犯了错误，

> 当孩子通过自己的努力完成一件有意义的事情时，孩子的内心是充满了喜悦的：孩子通过自己的行为证明了自己，肯定了自己，获得了极大的信心。这时候，家长要做的不是泼孩子的冷水，也不是表现夸张地表扬孩子，而是需要客观地对孩子的行为表示认同，分享孩子成功的喜悦。

要接受惩罚，我见过许多愚蠢的惩罚方式：罚做习题、罚抄书、罚做家务、罚写小字、罚跑步……之所以说愚蠢，是因为家长用这种惩罚暗示孩子：学习、做家务、锻炼都是痛苦的事情，所以才能作为惩罚手段。家长种下了这思想，又怎么保护孩子对学习、劳动、锻炼的兴趣与热情？

当家长把学习、劳动当作惩罚的手段时，孩子会这样想："爸爸妈妈怎么不把去游乐场玩当作惩罚，可见学习（劳动）果然是痛苦的事情。"所以，为了让孩子有学习、劳动的兴趣，不仅不能当作惩罚手段，甚至还应当当作奖励，比如可以买一本孩子喜欢的图书，学一首优美的诗歌等。

我当然也惩罚过璐璐。一次，我正赶一篇稿子，之前我就告诉过璐璐，妈妈在工作，今天必须把这篇稿子交上，答应了编辑，就要说到做到，讲诚信。你先自己玩，妈妈交了稿子，再跟你去楼下玩。

璐璐答应了，但可能一个人玩确实无聊，她开始磨磨蹭蹭地走到电脑前，我提醒过好几次："璐璐，妈妈忙，待会儿妈妈陪你玩，这篇稿子很重要。"但璐璐还是伸手在键盘上乱指，等我上卫生间回来后，我傻了：我快写完的稿子居然是一片空白，我急忙要撤销，却发现璐璐已经无意间点了"保存"，我的文稿彻底没有了，被璐璐删除了。

我又气又急，璐璐也该接受惩罚。她也知道自己犯错了，傻傻地看着我，她从未看到我这样怒气冲冲过，表情里满是惊惧。我拎起她就塞到两张沙发间的墙角处，让她反省。这就是我对璐璐采取的较激烈的惩罚方式，通常是45分钟。其实，这45分钟也是家长的自我调整时间。我也是个性子急的人，有时候对璐璐也缺乏耐心，当她把我激怒到要抓狂的时候，我也想狠狠地揍她一顿，以发泄怒火。但我知道，打骂孩子的教育方式是所有的教育方式中最应该舍弃的，不仅对孩子的教育无益，还容易给孩子留下阴影，对孩子的性格非常不利。

我通常是把璐璐塞到墙角之后，走到自己的房间里去冷静。往往只需要10来分钟，就已经冷静了下来。然后，走到璐璐面前，心平气和地跟她讨论，今天为什么会犯下这样的错误。这次，璐璐很委屈："我没想要弄没你的文档，我就是无聊，想要你陪我玩。"其实，换个角度想，正是因为良好的亲子关系，孩子才这样"粘"着我。而且，这段时间由于准备一个知识竞赛，确实忽略了孩子，难怪璐璐会有这样的情感需求。

于是，我对她说："最近妈妈因为工作忙陪你的时间少了，你想要妈妈多陪陪你，这点妈妈能理解。但妈妈在工作的时候就像你学习时候不能让人打扰一样，妈妈越专心投入，效率越高，才有可能早点儿做完陪你玩。如果你让妈妈分心了，那我就真的没有时间陪你了。璐璐可以想一下，如果下次你还想妈妈陪你，那你要怎么做？"璐璐想了一会儿说："妈妈，咱们可以预定时间吗？你告诉我你的工作需要多长时间，我决定等你或者不等你玩。"

我说："好啊，这个办法真不错。如果妈妈超过了预定时间工作还没完成，那妈妈也一定停下手里的工作陪你。璐璐，你看，妈妈也需要你监督快点做完工作。"

事情到这里似乎解决了，我耸耸肩说："但今晚说好去姑姑家玩的……"璐璐低头说："我在家看新买的图书陪妈妈。"

惩罚孩子，甚至让孩子认识到自己的错误，也不是目的，惩罚的目的在于让孩子反省，通过反省找到解决问题，不再犯错。

对于家长来说，无论是奖与罚，都要态度明确，奖励要郑重其事，而罚也要果断及时。此外，奖与罚，都要避开家长心情特别激动或者特别恶劣的是候，要保持足够的客观。

12. 为攀比而买东西是虚荣和自卑

规矩 12：把愿望冷冻几天

璐璐上四年级时，有阵子非常苦恼，看到班上许多同学都换了新自行车，她也不免跃跃欲试。但她知道，我跟她爸爸不会同意。因为她的那辆自行车才刚买一年，性能良好，再加上璐璐保养得不错，看起来还是半新，没有换的理由。

能骑上崭新的自行车跟同学一起去郊游，是多么惬意的一事情。加上同学极力劝说："买吧，买吧，买了咱们的车都是新的，咱们的'少女单车队'才名副其实。"

璐璐毕竟是个孩子，要好的同学这样一撺掇，心里对一辆新自行车的渴望日渐强烈。虽然，她自己管着零花钱与压岁钱，但为了让自己不乱用钱，新年里，璐璐就把钱存成了定期，实在需要用钱时，她可以在我这里"借支"，然后在新年后归还。况且，这样"大宗"的开支，她还是要告诉我们的。

当璐璐吞吞吐吐地告诉我时，我没有立刻反驳她，而是首先认同了她的想法："的确啊，新的单车比旧的自行车起来好看。但如果买了新的，这辆旧车又怎么办呢？"璐璐现在的自行车已经是挂在了阳

> 当孩子向家长提出要求时，孩子的内心是犹豫而忐忑的，他会猜测父母会不会答应，如果不答应，自己又该用什么理由、什么方法说服父母。所以，当孩子的要求不太合理时，家长也不要生硬地拒绝，要耐心地听完孩子的理由，然后让孩子学着站在家长的立场去考虑，让孩子了解父母的想法。

台的墙上，如果她另外再买一辆，确实没地方放，这是现实问题。璐璐所面临的选择无非是：送人，当废旧物品处理掉。

这辆自行车是璐璐的第一辆自行车，是我跟她爸爸送她的生日礼物。之前，她很渴望有一辆自行车，经常在自行车店徘徊，对一辆枚红色的小单车情有独钟，所以，当我们把单车放在院子里，她刚走到楼梯间时，几乎是飞了过来。之后，她对这辆单车非常珍惜，每次骑了回来都要擦得干干净净，然后再小心翼翼地挂在墙上。

我们一家三口各自骑着单车，去许多地方游玩过。所以，这部单车对璐璐也有特殊意义，她是不愿意轻易舍弃的，送人或者干脆当废品处理，都是她不愿意接受的。

璐璐陷入了沉思，显然很为难。我说："这样吧，璐璐，咱们来拟定一个"愿望清单"，就是把你想要的，想买的，不管是近期还是远期，都写上。然后，我们再来做选择，行吗？"璐璐点点头，开始进房间低头写。不一会儿，一个清单就出现在我眼前。不看不知道，一看吓一跳，我原本以为我们对璐璐的合理要求，已经尽量满足了，但哪知道，她的愿望清单居然还有十几项。璐璐有点儿不好意思："妈妈，是不是太多？"孩子既然把她的愿望写给我，就是一种信任，而且她列在单子上的愿望，其实她的同学早就有了，所以不能一下否定，甚至打击孩子。我笑了笑说："欲望才是进步的动力。你看，理想也好，梦想也罢，说到底，不都是欲望？当然，并不是所有的欲望都是物质的。"

但这份清单也让我看到了璐璐开始萌发的在物质上的攀比心。这当然不是好现象，我在思考，如何才能将孩子从攀比的旋涡里拉出来。

放在璐璐清单第一位的便是那辆自行车，然后是手机。我把璐璐的清单放在一边，对璐璐说："你好好考虑一下，如果确实需要，我会借钱给你买。不过，因为这个月办喜酒的朋友太多，我跟你爸爸要准备很多礼金，可能暂时抽不出那么多钱，要买，可能也要下个月了。反正，好饭不怕晚，说不定到时候咱们看到更便宜更好的也说不定。"

我这样说，璐璐也无话可说，只是有些情绪低落。

我跟她爸爸说了这事情，她爸爸叹息现在的孩子物质上几乎从不匮乏，但攀比心理却越来越严重。

我说："孩子爱攀比，一方面是虚荣，另一方面是没有自信的表现，当然，咱们也需要做一个调查，如果全班８０％的同学都有手机，那咱们确实应该考虑给璐璐买一个，如果只有２０％的同学有，那就不必了。现在的问题是，要把孩子的注意力从物质攀比上转移开。"

成人购物都经常会头脑发热，何况孩子？过了几天，我跟璐璐重新谈起买自行

> 当孩子的物质要求没有立刻满足时，他会把不能满足自己的要求跟父母爱不爱自己联系在一起。所以，父母在拒绝孩子的要求时，态度要温和，要认同孩子要求合理的一面，同时也要让孩子自己意识到其要求不合理的部分，不能用生硬的态度拒绝孩子。

车的事情。经过了几天强烈想要新车的愿望，好像燃烧过头的火焰，没有了后劲，璐璐懒懒地说："妈妈，我不太想换了。'少女单车队'都快解体了。"我没多说什么，又提起手机。璐璐显然很想要手机，提起手机就滔滔不绝。我说："这样吧，如果你实在想用，就把我的手机拿去用段时间吧。"璐璐问："那你呢？"我说我没多少电话，再说手机的功能只是加强联系而已，我不做生意，没那么多需要联系的。有时候，写稿子正写得投入时，一个电话打过来，我还很烦。璐璐最终还是决定等等，不用我的手机。

转个月，再问璐璐时，她的愿望清单已经变了，手机已经从里面删除，替代手机的是一个更为"宏大"的目标：她要攒钱买一台雅马哈电子琴。我又说好。璐璐很奇怪："妈妈，你为什么都不反对？"我说："不都没买吗？反对什么？如果一件事情、一样东西，让你一个月、半个月都魂牵梦绕，就证明你是真的想拥有这样东西，那你为之努力拥有它也没什么错。但如果在'冷冻'一段时间后，你发现自己并没有当初那么喜欢，那就证明，这种渴望带着明显的冲动，是不成熟的。"

璐璐笑了起来："妈妈好狡猾，一早就在'冷冻'愿望，不过，这个方法，貌似还十分有效。"我邀请璐璐陪我去小区外买烤红薯吃，这也是她最

喜欢的零食之一。买红薯的时候，我故意与小摊主"砍价"，老板叫苦不迭："大姐，我这样一个红薯，一个也就挣你五毛钱，还要丢掉买回来坏的红薯，真不能少，一天到晚就守在这里，就指着卖这几个红薯给孩子换学费。"璐璐一直没说话。

傍晚出去买西瓜时，有个男人正想买小贩那个咧开的西瓜，一般的西瓜要买两块，男人想每斤5毛买回那个碎西瓜，他说："买给孩子尝尝。"但小贩拒绝了，坚持要卖一元，我看到男子几次把手放到口袋里想拿出钱，但最终还是放弃了，落寞地离开。

回到家时，我跟她爸爸讲了这件事情，说："老板太过分了，其实5毛卖给他，让他带回家给孩子尝尝，又怎么了？"她爸爸比较客观："可你想过吗？瓜农卖瓜要看天吃饭，如果西瓜成熟时被水淹了，那他一年就白干了。再说，瓜农也有自己的孩子，说不定，他还算着这车瓜卖了，去给孩子买手机呢。"璐璐知道她爸爸在揶揄她，没说话钻进了书房。但这件事情对璐璐的触动挺大，孩子的心是善良的，她轻轻地问："其实，爸爸妈妈也有和那个想买西瓜的叔叔一样的时候吧？"我趁热打铁，把家里的收支情况，以及为了她未来的教育储蓄，都一一地告诉她，璐璐吐了吐舌头："看来，我的清单真得'减肥'了。"

后来，璐璐自觉地学会了面对诱惑时写下"愿望清单"，然后"冷冻"起来。一方面清单成了她激励自己的动力，另一方面，她也学会了管理自己的欲望。有极强的自律性、自控力的人，才能真正管理、控制好自己的欲望。

13.怎样对待爱钻牛角尖的孩子？

规矩13：可以钻牛角尖，但是要有规则

同事向我询问她8岁女儿的问题。同事一开口就说女儿"爱钻牛角尖，遇事儿特别固执，斤斤计较"。我说："就凭这几句话，也知道你对孩子的要求很高，是比较严厉、强势的妈妈。"同事点头称是。

我首先说出了我的见解，她刚说的孩子的三个"缺点"，在我这里并不能算是缺点。比如爱钻牛角尖，爱钻牛角尖从某种意义上说，就是对事物的深入探索，追根究底，如果把这种精神用到了有意义的事情上，没准还能取得成绩。固执，如果在恰当的时候，就是坚持自己的意见。有些父母往往觉得自己学历高，或者阅历丰富，自己的见解就一定比孩子高明，其实未必。在思想上，父母应该充分尊重孩子，要发自内心地认为是在平等地跟孩子进行一场交流、辩论。如果家长的意见不适合孩子，孩子坚持自己的想法，也是固执吗？至于斤斤计较，某些时候的斤斤计较，恰好是孩子想要自律的表现，即使做的有些过了头，家长应该做的也是引导，而不是否定。

我的反驳让同事眼睛瞪得很大："在你眼里，这些难道都变成优点了？"我说："孩子出现这种情况，还要根据具体事例来分析。"

听我这样说，同事讲起了女孩的几件事情。女孩喜欢画画，妈妈当然也很开心，于是把孩子送到了少年宫学画画。小女孩也确实表现出了灵气与天赋，老师很喜欢，她的作品不仅经常出现在"优秀作品"展览栏里，还常被送去参加比赛。老师经常当着女孩的面夸奖她："将来没准是个画家，她是我教过的学得最快也最好的学生。"有老师这样的评价，家长跟孩子自

然都很高兴，女孩的妈妈更是对她说："老师认为你有天赋，你可要好好画。"

但有一次，她的作品没有被选上展出，对于别的孩子来说，也就是一次小小的挫折，但小女孩却不能接受，她执意要重新画那幅画，每一笔、每根线条、每一块颜色都仔细斟酌，反复衡量，后来，画出来了，却没有了灵气。慢慢地，她的画就变的很呆板、很僵硬，老师也很少表扬她了。现在孩子回到家的第一件事情就是画画，而且只要有一根线条不对劲，她也会擦了重新画，还经常发火撕掉自己画了一半的画。为这个，母女之间没少发生冲突，她妈妈明显感到孩子对画画已经不是单纯的

当孩子还没有能力去分辨家长的表扬是否基于现实时，家长过分的表扬，会让孩子产生"我是最棒的，别人都不如我"严重的自负心理。一旦孩子觉得自己是最棒的，就很难再接受失败与挫折。家长对孩子的表扬首先要及时客观，而当他人对孩子有过分的表扬时，家长要温和而冷静地告诉孩子真实情况。

喜欢了，其目的在于重新得到老师的表扬。现在，妈妈一提到不让她画画了，她就跟妈妈急。

我叹息，不恰如其分的表扬跟错误的批评一样，都是教育孩子的毒药。那位少年宫的绘画老师，当初无心而随意的一句话，严重误导了孩子，让孩子错误地认识了自己。她给了孩子一个错误的信息，却没有及时更正，虽然孩子现在每天都在画画，但内心是极其痛苦的。

同事问，那该怎么办？我说，首先不能伤害孩子追求完美的天性，但也不能否定老师的话。这时候是最考验家长耐心的时候，一方面不能强硬地阻止孩子画画，她是在通过画画证明自己。另一方面，家长要找到机会，委婉地告诉孩子："灵气天赋与偶尔的失误是两回事情。画画是为了心身的愉悦，如果在这个过程感受不到快乐，那画画本身的目的已经偏离了方向。也就是说，你虽然在画画，但已经感觉不到快乐，这时候，你再坚持画画，是为了得到老师的表扬，这样的坚持是没有意义的。"

我再补充，家长不要在画画这件事情上再跟孩子继续较劲，对孩子的

一切行为要保持冷静，同时，想办法引起孩子别的兴趣，转移她的注意力，重新找到能带给她自信的事情。

至于女孩妈妈提出的固执，事情是这样的：女孩英语不好，妈妈就想让她增加词汇，多背多记单词。她的意见是让女儿每天朗读记忆一页单词，天天坚持，但她女儿就是喜欢一天复习很多页，然后很多天不复习，效果当然不好。

我说，学习是孩子自己的事情，家长替代不了孩子的感觉。当孩子自己知道自己的方法效果不好时，家长再提出自己的建议，并且注意拿出实例，相信孩子还是愿意试的。在这个过程中，家长一定要心情平和，要用自己的态度告诉孩子：我只是建议，决定权在你。有时候，家长越是压制，孩子反而越是要按照自己的想法去做，当家长不再施压时，孩子反而会静心考虑父母提出的建议。

对孩子"钻牛角尖"不该一概而论，要跟孩子一起分析，他所坚持的有没有意义，如果有意义，那家长应该给孩子积极的支持，帮助他尽快地解决问题，从"牛角尖"中尽早钻出来。如果孩子的坚持没有意义，那就要引导孩子认识到这件事情是在浪费时间与精力。

要让孩子"不钻牛角尖"，放弃自己必要的固执，家长在跟孩子交流时，需要保持足够的耐心与客观，让孩子学会看到事物的不同面，甚至可以通过一些游戏，比如给故事编几个不同的结尾等，来让孩子逐渐明白事物的多面性与世界的多元性。

> 爱钻"牛角尖"的孩子往往固执己见，不容易听进别人的意见，喜欢以自我为中心，家长首先要避免把自己片面的观点灌输给孩子。另外，要努力拓展孩子的兴趣爱好，让孩子多接触生活，引导孩子学习辩证思维，提高孩子对事物的分析能力。

同事说，孩子的斤斤计较主要是遇到事情很"较真"。比如，她跟妈妈上街买菜，一定要揣一个弹簧秤，经常因为一两、半两的东西跟小贩争执，他们家不缺那几个钱，她妈妈很烦恼，索性上街就不带着她了。邻居的小孩把她的3D模型屋弄散架了，她回家就是一阵大哭，任凭人家父母怎么道歉都没用，最后人家承诺买一个新的给她，她才罢休，弄得她妈妈在邻居面前很尴尬。

我说这孩子在生活中，一定对自己要求很严格，而且她所"斤斤计较"的事情本身也没有错，只是孩子还不懂得宽容与谅解。

像这样的孩子，最开始因为她的认真与事事追求完美，被父母过分地表扬，于是她把这种追求完美的态度带到了生活中，同时也作为对周围、对其他人的要求。

对这样的孩子，不能直接批评否定，说她"钻牛角尖"，但可以通过制定规则的方式来进行：比如，告诉孩子，菜市场的秤可能有误差，但我们设置一个底线：误差超过二两，我们再去找小贩；管理好自己，同时对别人不会带来严重后果的错误行为原谅三次等，当然这些规则是要与孩子的年龄特征相符合的，而且规矩一次不能定太多，以不给孩子压力为准。当感觉孩子在一些事情上，把握得比较好之后，可以更换规矩。

家长要客观地看待孩子"钻牛角尖"，并且通过规则意识，让孩子深入研究事物，宽容他人的错误。

14. 做孩子的情感 "树洞"

规矩 14：孩子，心里不舒服，可以跟妈妈聊聊

璐璐经常会带着一点儿小情绪回到家，如果她选择独自躲在小房间自己消化，我就安静地等她出来。

如果她与我讨论，我也会放下手里的工作，认真地与她交流。当然，某些情况下，事情虽已结束，孩子仍有情感发泄的需要。

有一次，璐璐回到家就气呼呼地说："以后不练舞了，没意思。"不等我问，她就告诉了我事情的原委：为了参加学校的新年文艺演出，学校的舞蹈队已经排练好了一个舞蹈，璐璐她们也辛苦地练了一个月，眼看已经练得不错了，服装、道具都准备好了，却突然从北京来了一个新同学，这位同学的妈妈是一位舞蹈演员，结果新同学一来就让换舞蹈，而她妈妈则当起了舞蹈顾问。

> 当孩子在消化自己的不良情绪时，家长如果一再追问，孩子感觉到的不是父母的关心，而是父母对自己的过多干涉，是对自己不信任的表现。因此，当孩子情绪低落，而又没有表示需要父母的安慰时，父母应当做的就是心平气和地把空间给孩子。

璐璐跟其他舞蹈队的队友也很烦："都快参加比赛了，现在重新换舞蹈，一切重新开始，时间来得及吗？有这个必要吗？简直是折腾人。"

最让璐璐郁闷的还不止这点，依照她的个性，在一次排练后，她找到了老师，谈起了自己的想法。没料到，老师叹口气后回答她："实话实说，这也是学校的决定，我也没办法。她要给你们重新编舞，你们就重新跳吧。"

这次沟通很失败，如果说临时换舞蹈的做法让璐璐很烦躁，那么舞蹈老师的态度，则让她失望了。

她一口气说了很多，我没有打断她，而是积极地向她暗示，我听得很认真。听完了，璐璐问："妈妈，你有什么建议吗？"我笑了笑："其实，我觉得你不应该对舞蹈老师失望，她说得够直白，你听起来心里不舒服，但你要感谢她的诚实，至少她没有找一堆借口来敷衍你，对吗？"

> 当孩子的努力付出不被尊重、被忽视时，他会有深重的挫败感，甚至会对成人产生强烈的不信任感。家长应当正视孩子的努力，珍惜孩子的成果，并及时给予恰当的赞扬。

璐璐听了，点点头："好像是的。妈妈，你对临到比赛才换舞蹈没有看法吗？"

我反问璐璐："你有办法吗？"璐璐叹口气："我要是有办法，就不在这里烦了。"我又问："你打算怎么办？"璐璐已经懒洋洋地站起来："按照他们的要求，练啊，还能怎么办？不过，如果有机会见到校长，我想找校长谈谈想法。"我不置可否，过了一会儿，她又说："算了，既然老师都说这是学校的意思，校长肯定是知道的。"

我这才点点头。璐璐很惊讶："妈妈，今天你怎么不说话？"我笑着说："不是把说话的机会留给你吗？"璐璐可能意识到自己说得有点儿多，不好意思了，我连忙说："没关系，妈妈喜欢听。"

> 当孩子向家长倾诉时，也许孩子并非是想得到家长的意见，而只是需要一个善解人意的"听众"。面对孩子的烦恼，家长不要急着"越俎代庖"，而是做好听众，帮孩子理清思路，让孩子的情绪尽快平静下来。

然后璐璐就走进她的房间做作业学习去了，舞蹈的事情，已经不再是她的烦恼了。

随着孩子渐渐长大，各种念头会越来越多，也会以她的角度去思考问题，这种思考会让孩子长大，但也可能让孩子有不满。当孩子把这些不满向家长倾诉时，许多时候，孩子只是想发泄一下而已。家长要做的就是耐心倾听，在孩子没有做最终决定以前，不评价，也不急于安抚，当然也不要用"只是为你好"的观念去安慰孩子，不要阻止孩子正常发泄负面情绪。

我们小区有一对夫妻，丈夫经商，属于比较成功的商人，妻子在家做全职主妇，照顾孩子。对这个孩子，家里给的都是最好的，上学、放学有专门的司机接送。但孩子的父亲却是个典型的大男子主义，对孩子及孩子母亲关心不够，态度强硬冷淡，通常都是命令式的口吻。而孩子母亲因为需要在经济上依附于父亲，所以无论是丈夫骂孩子还是骂她，她大多数情况下都选择了忍气吞声。长期这样，儿子产生了对父亲的不满，妻子却总在孩子抱怨父亲时阻止他："别说你父亲的不是，他辛苦挣钱供养你，都为了这个家。"

> 当孩子向父母的一方"告状"时，孩子是很疑惑的，他会猜测另一方会怎么处理。所以，家长要客观地承认自己的错误，切勿找各种借口，这无疑是教孩子推脱责任。

后来，这孩子对母亲就特别不尊重，很冷漠。上了大学以后，这个孩子由于严重的心理问题休学一年。

这位母亲是典型的贤妻良母，但她忽略了，她保护丈夫的同时面对的却是自己的孩子。她没有站在公正的立场上去理解孩子，看似安抚孩子，然而这种苍白无力的安抚却阻止了孩子发泄自己的情感。她为了维持家庭表面的和谐，没有尝试让儿子与父亲之间沟通，而是压制孩子真正的情感宣泄。长期压抑，没有得到宣泄的情绪，会像一个逐渐膨胀的大气球，当这些情绪积聚到一定程度时，超过了孩子的心理承受能力范围，所带来的后果，就是孩子的严重的心理危机。

所以，家长不仅要善于引导，还要善于做孩子的"树洞"，让孩子的委屈、不满、愤怒等情绪可以在家长这里得到尽情宣泄。家长在让孩子宣泄的同时，要认真思考孩子的宣泄只是情绪的产物，还是内心真实需求得不到满足的表现，是让孩子单纯宣泄一下，还是需要父母的引导与帮助。

当孩子尽情宣泄过后，家长不妨直接问："心情好点儿了吗？现在该怎么办？"如果只是情绪上的发泄，孩子会显得心平气和许多，并且自己提出解决方案。

如果孩子依然忧心忡忡，那么孩子所面临的问题，可能需要父母帮助、引导。

另外，家长还可以主动教给孩子一些宣泄情绪的方法，比如听音乐、写大字、跑步、写日记等，只要不妨碍别人，不伤害自己就行。

宣泄情感也是控制情绪的一种方法，适当地宣泄不良情绪，对孩子的身心有益。家长在成为孩子"树洞"时，也要为孩子找到其他的"树洞"，让他学会控制地宣泄，从而更好地控制情绪，养成自律克己的习惯。

15. 身教永远胜于言传

规矩 15：看看爸爸妈妈是怎么做的

参加同学会，跟老同学们一见面，就有人冲我诉苦——说自己儿子15岁了，已经念初三，学习不认真，不听老师讲，成天就想着上网打游戏，只要一有钱，马上就消失。她说让我帮助她，改一下她儿子的坏毛病。

经过一番深入交谈后，我说："0-6岁是培养孩子的关键期，这个时期，你们让孩子跟爷爷奶奶待着，可能已经错过了，那么6-12岁是另一个关键期，你们怎么没好好注意这个时期？"

她有些委屈："我们也管啊，可是现在的孩子逆反心理特别强，讲道理比你还能讲。打吧，打几次好像就麻木了。到后来，打也不管用了，甚至一打他，他就离家出走。"

我说："既然打已经起不了作用，那就再也不要打骂孩子了。你们的孩子已经太大了，我不知道这个方法还管用不管用的，只能试试。"

她连连点头。我说："其实，我帮不了你儿子，现在能帮他的人只有你们。如果想让儿子改变，你必须先改变自己。我知道你们做生意忙，但孩子重于一切，你们需要把做生意的精力与时间分给孩子一些。对孩子的教育应是潜移默化的，你在努力，他是会感觉到的。有句老话'身教重于言传'，孩子看到什么、听到什么，比你告诉他什么印象深刻得多。另外，如果你给他的感觉是：对爸爸妈妈来说钱比我重要，那么无论你多辛苦，孩子都体会不到。无法体会也就无法理解，没有理解也就没有沟通的基础。"

后来，我又举出了一个与她情况相似的例子：阿里巴巴创始人马云的夫人张瑛的经历。她若有所思地听着，一整晚都沉默着。

后来，她打电话来告诉我，现在生意完全由她老公打理，她重新做全职太太，整天围着孩子转。她言语之间还是有些惋惜的："为什么牺牲的总是女人？"我说："别用'牺牲'这个词，教育孩子是父母的责任。做生意的机会还多，但孩子成长的时间错过就不再来了。"

之后，她经常打电话询问一些教育问题。但到后面，她的电话越来越少。一年后，她带着儿子上我们家玩，儿子考上了重点高中。

这次，我反而要向她请教，因为我认为15岁的孩子，改变的可能已经不大了，问她是怎么做到的。她说："刚开始我也没抱太大希望。但从孩子的日常行为来看，比如，吃饭从来不好好吃，睡觉不关灯，这都是我们没尽到责任，没给孩子足够多的关爱才变成这样。所以从一开始，我是以'赎罪'的心态在做的，这种心态反而让我对孩子的坏毛病更为宽容。不管孩子吃不吃我做的早饭，我总是每天早晨做好早饭等他，然后送他上学，中午接他回家吃饭，再送他上学，晚上等他吃饭。他不做作业，我也不催。但他要去网吧打游戏，我拒绝了：'儿子，网吧里抽烟的人太多，再说许多酒醉的人也经常去，太乱了。前阵子网吧里不是出现过命案吗？你等两天，妈妈去给家里装上宽带，你再打游戏好吗？如果你今天确实想去，那妈妈准备一下陪你去，怎么样？妈妈非常担心你。'"

儿子很吃惊，但最后还是放弃了去网吧。她也不食言，两天后果然给家里装上了宽带。她说虽然孩子跟她还是没有太多话，但抵触情绪明显减少了。她没有要求孩子少上网，而是适时提醒他："儿子休息一下再玩，陪妈去一趟超市，好不好？妈妈担心你的眼睛。"这个时候，他儿子往往会陪同她上超市。

我说："疏导比堵塞好，与其让孩子偷偷摸摸去外面上网玩，还不如在家让他坦坦荡荡地玩。但是，后来，你是怎么让他喜欢上学习的？"她说："这其实是我的一点儿私心，没想到无心插柳。"

面对家长的诸多"不行"，孩子不仅失望，还会认为父母不理解自己、不认同自己。所以家长不妨用"行"来代替"不"，站在孩子的角度与孩子一起分析问题。

宽带装好以后，正是假期，儿子天天就泡在网上打游戏。而她的空闲时间也多了，在商场拼杀多年，一下子回到家，让她有种"失重"的感觉，怕将来孩子大了，她自己反而被社会淘汰、被老公给"优化"掉了，于是，她重拾自己的大学书本，计划考"注会"（注册会计师）。起码将来重新进入社会时，不至于一无所长。

于是，家里出现了这样的情况，孩子在书房游戏，她在客厅专心学习。起初一两天，对孩子毫无触动。半个月过去了，终于有一天，儿子站到了她面前："妈，你还学这个干吗？真去考试啊？别人都笑死了。"她放下手里的资料，亲切而严肃地说："儿子啊，你不知道现在社会竞争有多激烈。妈是担心自己跟不上社会，将来如果重新踏入社会时，适应不了。"儿子说："爸不是能挣那么多钱吗？你完全可以做一辈子全职太太。"她笑了："孩子，一辈子的事情谁说得清？就像书里说的一旦人失败时树倒猢狲散，万一你爸爸的生意不行了，那妈起码得有谋生的本领。儿子，金钱始终是身外物，只有自己学到的本领才是自己真正拥有的。"

> 当孩子看的努力工作、坚持学习的父母时，内心是会有触动的，他会反思：爸爸妈妈还坚持学习，我也应该学习。所以，如果孩子贪玩、不想学习，父母应当反省自己的行为，想一想是否会为孩子营造了一个良好的学习氛围。

她没说儿子，但她儿子却开始反思。过了几天，她兴奋地告诉儿子一个好消息："儿子，我一个大学同学的公司正开发一个游戏，现在正缺人，如果你愿意，我可以带你过去试试。"

儿子当然很高兴，但去了以后才知道，他一直引以为傲的游戏知识在这里几乎完全用不上，而真正设计开发软件的知识他一窍不通。在公司里，他沦为替大家买盒饭、买水的小工，因为别的他都不会。有些女员工还议论："这孩子，放着好好的书不读，不知道为什么。"

公司要开发一个新游戏，大家不眠不休地加班，她儿子也被带上陪着熬。半个月后，儿子主动要求回家，之后，就开始扎进课本，还得妈妈软硬兼施地让他休息。

这时候，她儿子说："何阿姨，你不知道吧？其实我妈妈也通过'注会'考试了，我特别佩服妈妈。"他讲了一个故事："在软件公司里，有一次，我替老板复印资料慢了点儿，老板很不满意，我也不爽，就跟他顶撞起来。结果他说：'觉得委屈？不想干就别干了，说真的，就你这样的，如果不是你妈的关系，你连在这里拖地倒水的资格都没有。如果不是因为你，你妈恐怕早出国了，说不定会在'苹果'、'微软'这样的企业上班。你是你妈生的，但我在你身上看不到一点儿你妈的影子，你可连她一半的聪明、勤奋都没有。'"

这番话对她儿子刺激挺大，而他也学会了用另一眼光看妈妈，他发现妈妈真的在学习上有一套，于是，开始向妈妈请教学习方法，遇到难题，自己解决。因为他"我不想人家说我不配做我妈的儿子"。

这是一个成功的例子，主要原因是有一位善于反省、勇于改变自我的妈妈。

榜样的力量是无穷的，要想让孩子自觉学习、养好良好的学习与生活习惯，父母作为离孩子最近的人，日常生活点点滴滴的影响，胜过千言万语。如果父母的言行不一致，那么孩子感受到的是父母的矛盾，他只会觉得父母虚伪，对立与抵触情绪会更严重。

要想改变孩子，最根本的是父母自己的改变，只有改变了自己的模式与状态，才能让孩子有所改变。家长勤奋，孩子才会努力；家长善于自律，孩子才能学习主动抵御诱惑，自我控制。"身教重于言传"的意义就在这里。

[PART 3]

世界上没有绝对的公平，只有规则与秩序

——现实残酷，要把孩子培养成一个理智、从容、内心强大的人

16. 三岁看大，规矩要从小教

规矩 16：自己的事情自己做

在周围熟人的眼里，我是一个地道的"懒妈妈"：璐璐从两岁开始，就自己上卫生间了；3岁开始自己收拾玩具……她们常常感叹，很难相信，我这样的"懒妈妈"，居然没让我的"惰性"影响璐璐，反而让孩子在许多事情上更自觉，不需要我这个"懒妈妈"操心。

其实在怀孕时，因为看到了太多智商高而情商低、生活能力超低的"高分低能儿"后，我就下了决心，不能把孩子培养成除了分数之外什么都不会的"低能儿"。教育是一个滴水穿石的过程，不是许多父母自我安慰的"孩子长大了，懂事了就好了"。

如果一个孩子的习惯，从出生到小学阶段没有养好，那么以后修正的几率会大大降低，孩子改正不良习惯所要面临的困难也更多。这点我深有体会。我的童年大多数时间是跟父亲在一起，所以在家的收纳与整理方面，所受到的训练几乎是一片空白。

上了中学以后，我母亲惊觉我随手乱放东西，始终停留在"永远在找东西的状态"，虽然她苦口婆心、动之以情，晓之以理，甚至责骂威胁……但都没有用——我即使能保持房间在短时间内有序，时间稍微长了，一切故态重演。结婚后，这一习惯一度影响我的婚姻生活，老公对此非常崩溃。我为自己这个习惯所付出的代价还不仅如此。鉴于我自己的经历，我对璐璐生活习惯的培养从出生便开始。璐璐一岁多点儿时，刚会摇摇晃晃地走路，已经被要求扔自己的纸尿裤了。

到了璐璐两岁时，每天早晨，她醒来会叫："妈妈，尿尿。"我总是睡眼朦胧地说："璐璐，自己去卫生间吧。门开着。"然后璐璐就穿着拖鞋啪嗒啪嗒地走到卫生间小便，然后她还会自己放水冲小便。刚开始，璐璐并不太会自己配合，总是等着我陪着她尿尿。我并不直接拒绝，而是刻意慢腾腾地拖延时间，璐璐等不了，就会直接尿裤子。我也不会立刻就给她换湿裤子，照例要洗漱完毕后，再把睡衣换下来，然后对她说："璐璐，以后要是妈妈来不及陪你尿尿，你就自己上卫生间，行吗？这样，就不会尿湿裤子了。"当璐璐自己第一次从卫生间走出来时，她兴奋得两眼放光，我则认真地表扬了她："璐璐真能干，能自己上卫生间了，以后要保持。"

有了第一次，第二次、第三次就顺利成章，坚持下去就成了习惯。

璐璐两岁时，开始自己穿鞋。一般情况下，无论她穿得对错、时间多长，我都会让她自己穿。有一次，外婆带璐璐去玩，着急出门，就替璐璐穿上了一只凉鞋。这下，璐璐恼了，又是叫又是甩脚。外婆不知所措，我替璐璐把鞋子脱下来："这是咱们璐璐要自己穿鞋呢。"果然，璐璐自己重新穿上鞋子后，高高兴兴地出发了。

> 家长替代孩子做了孩子想做的事情，孩子失去了一次探索的机会，会非常失望烦躁，因此，当孩子表示自己要做自己的事情时，家长要付出的就是耐心与信心。

其实，孩子从小就有"自己事情自己做"与追求完美的天性。父母只需要因势利导、拿出耐心顺从孩子的天性就行。

璐璐9岁时，已经会自己整理房间。我是这样告诉璐璐的："你的房间是你的王国，你可以按照自己的喜好去整理、布置，因为只有你才知道怎么摆放才是最方便，最实用的。在没有得到你的允许前，妈妈不会进入你的房间。"

刚开始，璐璐充分发扬了我的"写意状态"，房间很乱，书桌堆得只剩下一小块儿放书本的地方。我对璐璐凌乱的状态视而不见，只是频繁地带璐璐逛家居店，买回来她喜欢的果盘、卡通书架、墙贴等等她喜欢的家居装饰品交给璐璐。她把这些带回家后，会发现凌乱的房间与美好的事物太不协调，会自觉动手整理房间。这时候，善于整理收纳的老公往往在旁边，给璐璐一点儿小小的建议。

只要璐璐的房间焕然一新，我就会拍照留念，放在她自己的博客上。有了热情与兴趣以后，才需要技巧的指导。我自问没有这个能力，于是借助了书本与电视。那时，我们正好要面临换房，于是，以准备装修房子为借口，拉着璐璐跟我一起逛书店看装饰收纳方面的书籍。此外，还每周让她看央视的《交换空间》。看了大半年以后，璐璐有了自己的看法，"这样放东西，好看是好看，但取东西太麻烦"，"书柜分隔应该有大有小，方便放各类书籍，教科书跟小说就应该分开。"当然，这些交流通常是她爸爸与她完成。作为一个"懒妈妈"我不在意在孩子面前表示："妈妈就是因为小时候没有养成好习惯，所以，现在还不懂得如何收拾才最好。希望璐璐能帮助妈妈，可以吗？"

> 当家长主动向孩子请教时，孩子感觉到的不仅是自己能力被父母的认可，还有父母对自己的尊重。所以，家长不妨在恰当的时候"露露短"，虚心向孩子学习。

只要父母态度够诚恳，请孩子帮助自己改正，而又积极配合，孩子通常是很乐意的，不会说"你都不会，凭什么要求我"。让孩子产生这种对立态度的，不会是父母"示弱"的原因，反而是父母的态度太过急切、强硬。

虽然我会向璐璐"示弱"，但我一直身体力行地告诉她"自己的事情要自己做"：哪怕是生病高烧，我也要完成家教中心的备课；即使连熬数个通宵，我也要完成答应编辑的书稿；我会主动向她"汇报"今天做了哪些工作，为什么这样做，有时候还会问问璐璐的意见。结果，大大出乎我意料，她已经会统筹时间，说："妈妈，你这样做浪费了时间。"

璐璐7岁学会手洗自己的衣服，8岁开始洗我们的衣服，10岁时，春节前的各种衣物被套床单，几乎都由她完成清洗。12岁时，她就会做简单的饭菜，即使只是简单的一汤一菜，我与她爸爸也吃得很香，并且给予积极地肯定。

我很少因为璐璐的考试成绩高而表扬她，但从不吝于在生活习惯上给予肯定。在我看来，有高智商的人，未必会有很好的情商与生活能力，而一个人有高情商与较强的生活能力，胜过单一的分数与智商。而培养孩子的情商与能力，就是从让孩子做自己的事情开始，从学习、生活到处理自己与他人的关系，孩子正是在自己解决的问题时，不断地学习、进步、领悟、强大。

　　往往是最勤劳最能干的妈妈培养出最懒惰与无能的儿子，所以，试试做做"懒父母"，让孩子养成"自己的事情自己做"的习惯，培养孩子自控力与意志力，这是影响孩子一生的"潜规则"。

17. 规则不是用来喜欢的

规矩17：享受了，就要付出；违规了，就有代价。

璐璐上小学时，我觉得是时候让她参与一些家务劳动了，璐璐对此也很乐意。我们三人郑重其事地坐在一起开了一个家庭会议。家庭会议已经是我们家的传统，许多事情都在家庭会议上解决，甚至换房、买车这样的重大事件，也在会议上商定。在她上小学五年级时，对钢琴感兴趣，想学钢琴，我经过反复询问以后，觉得璐璐是真想学。但她爸爸为了工作方便又需要买辆摩托车，于是，就到底是买摩托车还是买钢琴上，开了一次家庭会议，最后，决定先买钢琴。这样做，一方面是家庭的民主，另一方面，让孩子参与到家庭中，也有助于培养她的责任感，学会体谅父母。

> 让孩子参与到家庭决策中来，会让孩子感觉到自己被充分重视，有助于培养孩子的家庭责任感。父母应当让孩子主动参与到家庭决策与管理中来。

这一次的家庭会议上，我跟她爸爸并没有一开始就提出要让她做家务，而是客观而现实地分析，我们工作繁忙，许多家务事上可能做不到位。其实，我们的目的璐璐一早就知道，因为我一直跟她强调权利与义务的对等，用一个朴素的道理讲就是：享受了，就要付出。家为她带来了种种温暖与舒适，那么，她为这个家作出应有的贡献也是应该的。

没有费太多劲，璐璐就表示她可以承担一部分家务，但她希望能以游戏的方式进行：她买回一个家务色子，三人轮流扔，扔到哪项工作就做哪项。

这是她在电视里看到的，立刻就搬到我们生活里了。我跟她爸爸欣然同意。我有朋友听说后，叹息我对孩子"太费周折了。"在她看来，只要她一声令下，孩子没有不从的。她得意的样子，让我为她的孩子深深地悲哀与担忧。家长强加于孩子的意识，都不是孩子的，即使孩子想要去做这件事情，但由家长要求、甚至强迫去做，孩子不仅失去了原有的兴趣，甚至还会产生厌倦情绪。这就是许多小学时候看起来非常"乖"的孩子，进入初、高中后，反而变成"问题少年（女）"的原因：孩子一但稍微有点反抗家长的能力时，便竭力让要这能力无限扩大，以此来摆脱被父母控制的阴影。

　　家务色子买回来以后，璐璐兴奋了一整星期，甚至还把这件事情以日记的形式写了下来交给了老师。老师因此展开了"爱做家务"的讨论班会，璐璐因此备受瞩目，十分得意，跃跃欲试。第一周，她只抽到一次扔垃圾、一次拖地，其余的家务，还是我跟她爸爸包揽了。可第二周她频繁抽到家务活，从整理房间、洗碗到拖地，连续几次以后，璐璐发现做家务确实没有看漫画书、看电视好玩。她开始倦怠，甚至拒绝扔色子。

　　我温和地说："璐璐，你要是弃权，我们就当你扔到了所有家务。其实，如果你实在不想做，也有办法。"璐璐急忙问是什么办法。我说："拿出你的零用钱，请我或者你爸爸帮你做。"璐璐一听："那可不行。"我把问题抛给她："那你觉得怎么办？"

　　璐璐撅起嘴说："重新安排，不玩了。"我说："即使不玩了，你也得把今天扔到的家务做完，另外，还得征求你爸爸的同意。"

> 把问题交给孩子，孩子才会积极思考。

她爸爸当然不会同意，璐璐急了："这不科学也不公平。"我摸摸她的头，轻声道："对你来说，也许这种方式真的不公平。但是璐璐，这是咱们都同意的方案，你一旦同意，就要执行，无论现在看来公平与否。规则，本身不是用来喜欢的。你看，国家队的运动员，如果在比赛前的训练时受伤了，原本胜算很大的金牌，也有可能失之交臂，运动会不会因为他受伤而另外安排一场赛事。运动员错过了，就只能等下次机会。规则，是用来遵守的，不是喜欢的。"

　　璐璐想了想，走进了厨房洗碗、拖地，之后坚决要求修改这种家务分配的方式。我跟她爸爸爽快地答应了，虽然新的方式工作量未必减少多少，但这是璐璐自己作的决定，她也乐得遵守。而且，很快，我就发现了璐璐找到了做家务的乐趣：边听音乐边做简单家务；把整理房间、拖地称为"变魔术"……

建立孩子遵守规则意识的前提是，要让孩子有充分参与的自由。没有孩子认同，被强迫交给孩子的不是规则，而是指令。这些主观粗暴的指令，会让孩子产生焦虑与不适。我想，没人愿意在指令下工作，没有人会在自我专制的上司下工作而找到快感。孩子在强大的成人面前，永远是弱势，而对他们有生育之恩的父母，似乎天生有管理、命令他们的权利。如果不需要学习，那做父母真是天底下最痛快、最简单的事情。很可惜，做家长做父母，恰好是最需要学习与不停探索的一个领域。然而，总有那么多烦恼的家长与痛苦的孩子。相比家长，我更同情孩子，因为我们可以选择工作环境、上司，甚至国度，但孩子没办法选择自己的父母，周围的环境告诉他："父母生养你，你需要感恩。"我其实内心不以为然，生养孩子往往是父母自己的情感需要，如何需要孩子去感恩？如果一旦有了让孩子感恩这种想法，在教育中，难免会有"施与"的态度。这样的态度，已经不平等了，怎么谈得上平等地对待孩子？一旦孩子觉得自己被限制、被控制的时候，无论是自身成长的精神需求，还是仅仅出于情绪的宣泄，都不利于孩子对外界的感知，就更谈不上能平心静气地听取父母的意见。所以，我强调孩子必须遵守规则，但这种规则的制定，应当有孩子的积极参与。而一旦孩子选择了遵守规则，那么，就应当让他坚持。

孩子违反约定或者规则时，肯定是感觉到"不好玩"、"不喜欢"了，所以才排斥，家长要做的就是也让孩子尝试一下别人"违规"的感受，孩子自然就有理解规则的意义。

当然，璐璐也曾经"挑战"过规则，我没有直接指责她，而是"频繁违规"，比如与璐璐下弹子跳棋时，我开始随心所欲地乱下。璐璐急了："妈妈，不是这样，应该这样……"我慢悠悠地说："我知道，但我这样走要快点儿啊。"璐璐说："不行。

如果你那样走，就乱套了。"我点头认同："嗯，也是的。如果你再想怎么走就怎么走，真没办法往下下了。"璐璐突然说："妈妈，要不咱们改一下规则？"我说好啊，然后积极配合她。最后，我看似无意的感慨："看来，没规则、不遵守规则，这世界真会乱套。"璐璐默默地收拾好棋盘，什么也没说。但我从孩子的表情里知道，关于规则，她有了自己的领悟。

家长的口是心非、违规动作，孩子都看在眼里，一方面孩子会迷惑"爸爸妈妈说的跟做的，到底哪样才是正确的"，另一方面，孩子会为自己违规行为找借口"爸爸妈妈都是这样做的"。所以，家长应当主动遵守规则，尊重规则。

从小树立孩子的规则意识，明白规则存在的意义，才会让孩子主动遵守规则，约束自己的行为，逐渐培养孩子从遵守规则到自律的能力。但家长在给孩子制定规则的时候，一定要充分尊重孩子的意见，不能妨碍孩子正常的娱乐学习，也不能伤害孩子的自信与热情。同时，家长与孩子制定规则时，要充分地客观，不要轻易去改变规则，一旦制定了规则，家长要比孩子更严格地要求自己遵守。

18. 坚决不帮孩子撒谎

规矩 18：孩子，你得为自己的失误买单

自从璐璐上小学三年级以后，随着科目的渐渐增加，家庭作业也开始多了起来。而璐璐总是做完作业就把作业本堆在书桌上出去玩，晚上回家后洗漱完毕又困了。于是，她经常在早上上学前匆匆忙忙地收拾书包，因此经常有忘记带书、带作业本去学校的情况发生。

有一天，我在家教中心的授课刚结束，就接到璐璐的电话。在电话里，璐璐说："妈妈，今天有体育课，我早晨忘记了，你能不能给我把球鞋送到学校？"事实上我曾经数次提醒过她：当天晚上就要把书包、鞋、画具等等工具准备好，第二天带上就走。可她总是说自己会记得。

我觉得，璐璐一个电话我就把鞋送过去，她为自己的粗心所付出的代价太少，根本吸取不了教训。

于是，我平静而温和地说："璐璐，妈妈下午还有课，需要休息一下。你自己想想办法吧。"回到家，我也没问她是怎么解决的，甚至也没提这个话题。

可能是鞋子的问题很好解决，她们年级一共有7个班，每天至少有4个班有体育课，随便找一个关系比较好的其他班女同学换换就行。所以，璐璐依然对上学前的准备工作马马虎虎。提醒了几次以后，我也就不提醒了。家长在教育中，有时候确实需要顺其自然，要明白自己不是万能，不可能让孩子一点儿缺点都没有。顺其自然的"无为"的教育方式，就是让孩子自己调整，给孩子自己改正错误的机会。

忘记换鞋没有引起璐璐的重视，不久以后，她又一次打来电话："妈妈，我忘记带数学作业了。数学老师很严的，会批评、罚站的。妈妈，你知道我是做了作业的，你能不能给我送来？"我当然也说抽不出时间，可是接

着璐璐又提出了新的要求："要么，你给老师打一个电话告诉她，就说昨晚你辅导我完成了作业。"

孩子在拉我做同谋，并且有要让她帮她撒谎的嫌疑：一直都是她自己做作业，我并没有辅导她。

想了想，我这样回答璐璐："璐璐，你这样是让妈妈帮你撒谎了。没带作业本身已经不对了，还要用谎言去掩饰，那就错上加错。我相信璐璐可以找到办法解决你的作业问题。"璐璐说："妈妈，那你告诉我怎么办吧。"我说："现在看起来情况无非是两个，你主动给老师说明，然后回家拿作业；被老师批评以后，明天交给老师。你看，就这两种选择，当然，还有另外一种选择，那就是你重新把作业做一遍。"

璐璐沉默了半晌说："我把作业重新做一遍。"我说好，然后就挂了电话。

下午放学后，璐璐有些沮丧地回家，告诉我，由于是临时赶作业，效果很差，跟老师说作业本忘记带了，老师也不相信，反而说："如果真没做作业，诚实地告诉老师，明天补上就行。但你因为这个撒谎，老师觉得很遗憾。"

璐璐很委屈，我说："换了我是老师，也得这样说啊。因为没做作业而对老师撒谎的孩子太多了，而你又经常忘记，老师当然有理由怀疑。璐璐，你说，你为什么会被老师误解？"璐璐说："因为经常忘记带作业。"我说："这就对了，如果你天天都自己带着书、作业，从不遗落，老师怎么会误解你？"

从那以后，璐璐总是在上学前晚上主动地收拾书包，把第二天要用的东西，放在书包边或者床前。

我见到过，一听说孩子忘记了东西，只要一个电话，就请假赶紧送过去的"痴心"家长。这样让孩子觉得忘记东西，也不是件大事情，没有为自己的这个错误付出代价，以后他照样会犯。

> 孩子会因为家长的误会而感到委屈不满，家长需要帮孩子分析为什么会造成这个误会，如何避免再产生这种误会，切勿与孩子"同一阵线"批评误会孩子的人，那会让孩子失去一个宝贵的反省进步的机会。

19. 你应该为你的迟到道歉

规矩 19：一定要守时

璐璐一直被她的朋友称赞的是她的守时，从小学到高中，无论是上课还是与同学的约会，她总是最守时的一个，而且时间精确到分。

其实，璐璐由于受我的"散漫主义"的影响，时间观念也不是很强。上课时间，她能遵守，但跟同学们约好时间出去玩，就会小迟到一下，因为也就三五分钟，小伙伴们也不在意。

也许是我们的"放养"式教育，另外可能还有我时间观念不强的影响，璐璐虽然尽量守时，但显然对这个问题不够重视。

一个随父母来中国定居的德国小男孩尼克改变了璐璐。

尼克的父母是工程师，来对中国引进的一个大型项目进行技术指导，为期五年，于是夫妻俩就把正在德国上学的尼克一起带到了中国，一方面便于照顾，德国没有"留守儿童'一说，孩子待在父母身边天经地义。另一方面，他们也想利用这个机会，让孩子了解中国，丰富阅历与视野。

尼克会德文、英文，就是中文不太好，于是来到我的家教中心，由我单独给他授中文课。因为璐璐也经常到家教中心玩，很快两个相同年龄、不同国籍的孩子就成了朋友。

这天尼克很遗憾地说自己还没逛过书店，想去逛逛。璐璐立刻自告奋勇要做他的导游，带他逛遍城里的书店。尼克很开心，第二天，璐璐很早就做好了准备，看时间差不多了，就不紧不慢地走到了约定见面的公园。璐璐刚坐下，尼克就气喘吁吁地来了，并看了看表："幸亏没迟到……哦，不，迟到了一分钟。抱歉，真是抱歉。"说完很郑重地连连道歉，璐璐觉得有点小题大做："没关系，一分钟而已嘛，不算迟到。"尼克认真地说："我浪费了你一分钟，剥夺了你生命中宝贵的一分钟，怎么能不算迟到，我不仅要道歉，还要补偿你。"

尼克所说的补偿，就是逛了书店以后，送了一套璐璐喜欢的书给她。璐璐心里不以为然，回家跟我谈起这件事情时，觉得有点小题大做。

我提醒她以后跟尼克约会一定要准时，因为德国人是全世界里严谨到呆板的民族，要尊重他们的习惯。我的忠告璐璐并没有听下去。这天，尼克邀请璐璐去他家做客，吃他妈妈亲手烘焙出的巧克力提拉米苏。因为两家距离很近，再说，我也想璐璐亲自感受一下德国家庭，因此鼓励她去尼克家做客，并且我还特意准备了一套小巧精致的中国瓷器作为礼物。

第一次去德国家庭做客，璐璐自然非常兴奋，反反复复地检查自己的衣着、礼物，直到都感觉准备得万无一失了才出发。等她赶到家教中心时，已经迟到了三分钟，尼克非常不开心，沉着脸不说话。璐璐说："尼克，咱们走吧。"尼克冷冷地说："你不觉得你应该为你的迟到道歉吗？"璐璐一愣，然后脸红了，不情愿地说了声："对不起。"尼克生气地说："如果你不能在约定的时间出现，可以提前说，但一定约定了，就请一定遵守约定。"

璐璐还在分辩："我也不是故意的，再说，不过三分钟而已。"尼克更生气了，严肃地说："如果你连守时都做不到，就是对你、对别人的不尊重、不负责任，我要考虑是否要跟你继续做朋友。因为你的迟到，今天的约会取消。"说完，尼克大步离去。璐璐呆呆地看着他，眼泪在眼眶里打转。虽然经过璐璐的再三道歉，尼克最终原谅了璐璐，却再也没有邀请璐璐去过他家："我爸爸妈妈特意请假准备晚餐，我妈妈忙了一天，准备了提拉米苏，结果你迟到，让他们失望了。他们不愿意再为不守时的人浪费时间。"

这一次的经历与教训，对璐璐，对我都有极大的冲击，"哪怕一分钟也是迟到"成为了璐璐的口头禅。

守时是守信的重要内容，也是一个人是否诚信的重要标志。一个对时间没有概念，不守时的人，我们很难相信他的诚信，同样也会对他的自律性、控制自己的能力产生质疑。

　　要养成孩子守时的习惯，要从小培养。是德国小朋友尼克，帮我给璐璐上了人生里最难忘的一课，得到了她最宝贵的教训。

　　我的另一个朋友培养孩子守时习惯的方法，值得借鉴。说起来也很简单，她与孩子约定去水族馆看海豚，超过了约定时间孩子还没出现，她立刻回家，一分钟也不多等。原定周六一家人去森林公园烧烤，结果孩子周五晚上看电视太晚，她再三提醒，孩子要坚持看完电视。到了周六，果然孩子起不了，朋友在提醒孩子起床了两次后，与老公安静地吃饭，然后留了言给孩子："我们去森林公园了，你自己在家好好玩。祝你快乐！爸爸妈妈"。等到孩子迷迷糊糊、磨磨蹭蹭地起床后，看到这张父母去烧烤，单独撇下他的留言会快乐吗？估计一整天他都要在郁闷中度过。

　　现在，她儿子也进入了高中，学习成绩不错，尤其是学习效率高，这都得益于他妈妈对他管理时间的能力的锻炼。

　　所以，守时看起来是个诚信问题，但如果深究起来，也体现了孩子的自律性。教会孩子守时，就是教会了他尊重自己、尊重他人，同时，也让孩子善于管理时间、管理自己。

　　当孩子失约，如果家长只是口头上劝告，孩子会觉得不守时只是一件小事情，认为晚几分钟无所谓。所以家长一旦与孩子约定了时间，孩子没有遵守约定，家长应当用行动替代语言，让孩子承担不守时的后果。

20. 挫折是成长必修课

规矩 20：正视失败

国内兴起了"赏识教育"之后，得到了许多年轻家长的推崇，但过多的表扬与认同，不知不觉间让孩子越来越好强，不能接受失败。

璐璐最开始还很乐意跟自己"较劲"。小学一年级时，体育老师安排孩子们回家跳绳，并要在班里展开跳绳比赛。那段时间，一吃过晚饭，璐璐就拿着绳在小区里练习。结果有一天，她遇到了同是练习跳绳的小娟，两人决定按照比赛规则比赛一次，一分钟内跳出的次数多者获胜。

应该说两个小姑娘都跳得不错，但璐璐还是以比小娟少跳五个的微小差距输了。我刚想安慰璐璐几句，没想到她已经说："不行，上次我没发挥好，再来一次。"小娟同意了，然而，这一次又是璐璐输了，而且比上次输得更多。璐璐立刻不开心地把绳子一收："不玩了。"说完，头也不回地离开了。

第二天是周六，她还记着昨天跳绳的事情，上午做完作业，下午就拿起绳练习。刚开始状态不错，越到后面状态越来越差，璐璐整个情绪也开始低落。我安慰她："璐璐今天比昨天进步了，这个成绩已经不错了。"她不做声，过了一会儿小区里另一个阿姨也安慰她："璐璐，你比阿姨当年跳得好多了。"璐璐立刻很烦躁地说："不行就是不行，你们别安慰了我。"阿姨立刻认真地说："璐璐，你想，你跳了一下午，体力消耗太多，你太疲惫，'疲劳战'当然不会有好的成绩。"

阿姨的话刚说完，璐璐立刻反驳："可是，我已经休息了很长时间了。"说完，璐璐看到一辆汽车过来，立刻跟我说："妈妈，你看，这里有汽车，我怎么练习？"于是，我说那么我们去广场练习吧，璐璐又说："广场上人太多，还是不好练。"接着我提议的每个练习地，都被她否决。最后，我把问题抛给她："你觉得什么地方练习合适？如果今天太累，就先暂时不练了。"

我以为跳绳只是偶然事情，没料到，这只是璐璐好胜的序曲。家长会上，在与老师进行交流时，老师说璐璐别的都好，就是太好胜，不能接受挫折：手工课上，别的同学做的手工比她好，她就立刻把自己的手工课作品撕毁。在课堂上做游戏时输了，居然要老师改游戏规则，遭到拒绝后，索性赌气不参加游戏。

我意识到问题的严重性，孩子自尊自爱是好事，但发展到好胜，不能接受失败，那就是孩子的心智以及心理素质的问题了。

孩子的成长有许多的"阶段性问题"，比如撒谎、执拗、自私等等。家长在教育引导时，一定要把孩子的"阶段性"考虑进去。好胜逞强，是在小学阶段，特别是低年级阶段容易出现的"阶段性问题"。这种"阶段性问题"家长应引导教育让孩子意识到，只要有比赛就一定有输赢，让孩子了解输赢的辩证关系，接受现实。如果采取比较极端的手段，比如让孩子连续地失败，不是值得提倡的办法。

> 当孩子的争强好胜被批评时，他们容易产生混乱的想法："爸爸妈妈鼓励我做到最好，现在我就是在努力做到最好，为什么还是要被批评？"孩子不能接受失败与家长的期望有密切的关系。所以，孩子过于好胜时，家长不仅要耐心引导，更重要的是要把握好尺度，不能矫枉过正。

家长应有足够的耐心，耐心引导的同时，给孩子自我调整的时间，等待孩子心智成熟到可以解决这个阶段的问题。

在上学之前，也许游戏的对象大都是熟悉的人，璐璐对输赢没有太在意，即使别人远远地超过她，她也很开心地继续把游戏玩下去。

但上了小学之后，或许面临的都是同龄的孩子，璐璐对输赢开始在意起来，并且喜欢处处占上风，一旦别人赢了就会不开心，不是要赖就是要重新来一次，直到真正赢了对方，才罢休。

让孩子看到自己虽然失败了，但也有值得称赞的地方。另外，要着重培养孩子"输得起"的品质，要及时肯定孩子"能接受失败"，表扬孩子面对挫折本身的态度。

适时引导，让孩子更在意比赛的过程，淡化结果。其实，逞强好胜也是孩子情感发展的一个阶段，只要家长不急不躁，耐心引导，让孩子更多地体会比赛竞争的过程，淡化结果，随着孩子心智成熟到更高的层次后，她就会慢慢地学会接纳失败，承认自己会输，并坦然地接受这个结果。

璐璐为了表现自己的车技非常好，一定要刚满三岁的小表弟坐在她自行车的后座上。结果，她骑了还不到10米，自行车一个急转，她把持不住，小表弟从后座上掉了下来，手上擦伤了一块皮，哇哇大哭。舅舅虽然没有责备她，但舅妈抱着小表弟心疼的表情，璐璐感到了舅妈没有说出口的责怪。回到家后，璐璐闷闷不乐，我毫不客气地说："你今天这样做，并不是勇敢或者有能力的表现，而是非常愚蠢的行为。"我很少用这样严厉的语气，璐璐有些吃惊，我接着说：你想，如果今天小表弟摔坏了，舅舅舅妈该多难过？如果你也摔了，爸爸妈妈该多难过？"璐璐低头不说话，我接着说："为了好玩，或者为了表现自己，而把自己或者别人至于危险的境地，是最愚蠢的行为。"

> 当孩子的行为对他人造成了伤害，家长应该提出严肃的批评，要杜绝孩子"还好，没出什么大事情"这种无所谓与侥幸的心理。

要让孩子明白，将要面对的这个世界，她不是唯一的中心，她将要面临各种挫折，要学会调整自己的心态，然后从挫折中学习经验。作为家长，可以表扬她接受失败的态度，称赞她"输得起"。

21. 抗挫力要从小锻炼

规矩 21：去战胜困难，而不是躲着它

近几年媒体屡屡爆出中小学生自杀的事件，令人心痛之余不免叹息：这些凝聚了父母关爱、物质上从不匮乏的孩子，作出这样的选择，太遗憾也太让痛心了。追其原因，固然与家庭、学校给孩子的压力过大有关，但最重要的原因还是孩子的抗挫力没有得到锻炼，稍微遇到一点挫折，就想逃避，实在逃避不了时，就选择了更为彻底与消极的逃避方式——轻率而不负责任地选择了结束自己的生命。

我发现一个现象，在学校里，反而成绩比较差孩子的抗挫力远比成绩优秀孩子的抗挫力要强。仔细想一下，不难明白其中原因。成绩好的孩子，普遍得到的赞美就多，对自己的期望就高，也许表扬对孩子来说是家常便饭，但批评就接受不了。我见过一个成绩好的女孩，因为新老师一句无意的批评，就摔本子发脾气，对这位老师敬而远之，从此对这门功课失去兴趣。这就是抗挫力差的表现。只能接受赞美，不能接受批评，凡事只能赢不能输。

> 孩子"输不起"还是基于"别人都说我很棒，你凭什么说我不好"的心理。家长在平时就应注意，不轻易对孩子评价，赞扬也要适度客观。

后来，女孩的妈妈联系到我的家教中心，希望能帮孩子把这门功课补起来，才能不影响孩子转年的小升初考试。我直言不讳地告诉她妈妈："如果仅仅从学习成绩层面去考虑孩子，那很危险了。成绩差是表面现象，背后是孩子的消极逃避。说现实一点，谁也不能保证明年您女儿小升初考到重点初中，如果她失败了，这将会是一个多大的打击？孩子能承受吗？"
她妈妈问，那还有办法吗？该怎么办？

我说，办法是有，但必须尽快，并且要家长付出耐心，抗挫力的锻炼
也需要循序渐进。

她妈妈频频点头："何老师您说，我一定照着做。"我说，我的建议也只
是参考，针对您的孩子，你还是要自己斟酌，毕竟每个孩子都是不同的个体。

我建议她现在不妨从小事，比如带有游戏性质的竞赛上让孩子知道"强
中自有强中手"。当孩子遭受失败时，家长要安慰孩子，学会接受失败的事
实，同时要客观地指出孩子的其他优点。这一步是让孩子有对挫折的容忍力。
要战胜困难与挫折，接受事实是第一步，这是忍受挫折、不肯退让的心理
力量。有了这种心理力量，才有对挫折的超越力，简单地说，就是战胜挫
折的能力。

接受事实、忍受失败带来的痛苦，是一种消极的抗挫力；而超越力，
则是经过失败后，痛定思痛，找原因、想办法，变消极为积极，主动战胜
困难的能力。忍受与超越，是抗挫力的两个部分。

从璐璐三四岁开始跟别的孩子赛跑到小学，陪她一起下跳棋，我从不
为了孩子一时的开心故意让她赢。在她很小的时候，摔跤了，我总是鼓励
她自己爬起来，告诉她："没关系，下次我们走稳一点。"璐璐的抗挫能力
就这样自然而然地建立起来。

最近，看到一则新闻，妈妈为让女儿更努力，从小就告诉孩子自己是
她的继母，不是亲生母亲。女儿果然很努力，非常优秀。在孩子获得了世
俗意义上的成功以后，妈妈告诉她自己是她的亲生母亲，之所以告诉她不
是生母，就是因为想让孩子珍惜眼前，好好努力。

结果如何呢？这位从小生活在"失去亲生母亲"阴影中的女儿，不相
信她妈妈的话，非常疑惑而矛盾。当记者采访她时，对她与她母亲的关系，
她说得最多的是："不知道该怎么办，不知道（她说的）是不是真的。"

我替这对母女遗憾，锻炼孩子的抗挫力与给孩子足够的关爱并不矛盾，
我深切地同情这位女孩，在她正需要爱与呵护的童年、渴望理解与关爱的

青少年，事实上，都远离了母亲，她获得的母爱是残缺的，这对孩子的心理伤害是不可逆转的。我猜，女孩在以后很难再对他人建立起信任。

想锻炼孩子的抗挫力，并不需要刻意给孩子的生活设置困难与障碍，只需要让孩子积极体会生活，就需要直面挫折与困难。让孩子意识到，挫折与困难是生活的一部分，遇到挫折是正常的事情，让孩子在心理上做好应对挫折的准备。

璐璐从四年级开始阅读一些名人传记，这些人的经历，尤其是屡败屡战的精神，在某种程度上让她了解：挫折有时也是机会。而生活中处处有挫折，只要勇于面对，挫折就没什么大不了。

我们对璐璐的教育始终秉承"先观察，再引导"的原则，总是鼓励璐璐尽可能地尝试做各种她想做的事情，当她遇到困难时，我们并不会直接给予帮助或者立刻纠正，而是让她感受挫折，然后通过引导，让她自己战胜困难。

璐璐的抗挫力就这样在一点一滴的小事中得到了锻炼。在后来，璐璐逐渐积累了一套自己面对挫折的经验与教训。

有一次，谈到这个话题，璐璐爸爸说："挫折就是'纸老虎'，你强它就弱。"我立即纠正了她爸爸说法："挫折不是'纸老虎'，而是'拦路虎'，不管是多么小的困难与挫折，璐璐都要认真面对，即使是试卷上一两分的失误，甚至只是因为书写不工整被扣掉的，都要充分重视。"我们应当让孩子客观地评估她所遇到的困难，不能有轻视的心理。否则，一旦遇到大的挫折，孩子可能照样过不去那个"坎"。

在高二的学年考试中，璐璐因为手表出了问题，看错时间，缺考了一门功课，没有进入学校高三的"火箭班"，而按照分数被安排在了"普通班"。璐璐在经历一个假期的调整以后，精神饱满、充满信心地坐在了普通班的教室里。一学期后，璐璐又重新被调回了"火箭班"迎接高考。

如果说爱、理解、宽容、鼓励都是孩子健康成长必不可少的养分，那么挫折也同样是孩子所必需的养分之一。只有经历过挫折的孩子，才能有坚强的意志与克服困难的勇气与毅力，同时拥有良好的对环境的适应力。

[PART 4]

从小事、小习惯开始学习坚持

——培养坚毅、果敢的孩子

22. 督促孩子养成坚持不懈的品质

规矩 22：毅力，需要训练

与其他孩子不同的是，别的孩子是晨读，而璐璐则是"晚读"，别的孩子觉得早晨起床后是脑袋最清醒的时候，而璐璐却觉得睡觉前的半小时是她最容易记忆的时候。

每天晚上 9 点，璐璐就准时上床，靠在床上，开了床头灯，按照她自己每天的学习计划记忆背诵功课。从小学二年级开始到高中，她一直都保持着这个习惯，而且效果还不错。

最开始璐璐也是跟其他人一样早起读书，但她觉得那个过程很痛苦，而且，她总是睡眼朦胧地边打哈欠边跟睡意做斗争，哪里还有精神念书。后来，她提出晚上背功课，我答应了。璐璐刚开始设定的时间是一小时，我没有因为璐璐主动把学习时间设置得长而高兴，反而提出了反对意见，建议她将学习时间适当缩短。因为成年人注意力集中的时间也不过 40 分钟，让一个孩子坚持 60 分钟，即使勉强撑过一两天，很快就会疲惫，由疲惫很容易滋生厌倦情绪。所以，我提出只要读 15 分钟就行，但必须每天坚持，除非有极其特殊的情况，否则都不能中断。

因为只有 15 分钟，往往还不够她背诵功课，因此几乎每晚她都超过了15 分钟，但孩子因为超过了设定的目标，会特别有满足感。我的目的不在于要让孩子真正背多少课文，而是要训练她坚持不懈的品质。所以，从开始就不能给孩子提太多、太高的要求。要不断让孩子体会成功的喜悦，孩子才有坚持下去的动力。

我对璐璐的要求是，不要轻易设置目标，一旦设置了就要全力以赴。

小学三年级开始，爸爸要求璐璐每天早晨跟自己一起晨跑，璐璐答应了。开始的一周，璐璐只需要围着学校的操场跑一圈就够了。她爸爸告诉她，如果跑不下去，快步走完也可以。可惜璐璐有点儿急于求成，第一天就让自己跑了三圈，结果，从第二天开始脚就开始酸疼，连下蹲都困难。这样的状态，跑步是不可能了，我告诉璐璐细水长流，坚持不懈的道理：只要坚持每天跑一圈，也比一天跑十圈起到的作用大。许多事情的成败，到最后拼的就是人的韧性，好多人在即将成功时却选择了放弃，而事实是，只要他们再稍微坚持一下，就会迎来他们为之努力已久的成功。

说到底，坚持不懈是一种品质，而要把这种品质变成孩子的品质，就需要经常的、长久的训练，使得它像吃饭、穿衣一样地自然而然。

小学三年级时，英语跟语文都需要记忆，背诵，璐璐很苦恼，她说："妈妈，我昨天晚上明明可以的，但到了老师抽查时，一紧张就忘记了。"我说："那是因为你记忆不深刻。"这时，璐璐爸爸说："你妈妈可是背书高手，你要向她好好取取经。"璐璐眼睛一下子亮了："妈妈，快教教我。"我沉吟了一下，故意说："还是算了，你做不到的。再说，这是个笨办法，你坚持不了的。"

璐璐一听有办法，哪里肯罢休？于是，我慢慢地向她解释："其实，妈妈的办法是把书读八遍，当然，这八遍不是一天读完，而是分段重复。"其实，这就是"凯斯宾遗忘曲线"。事实证明这个理论对记忆确实有好处，但这条理论所要求的，恰好就是持之以恒，不断地重复。

我说："璐璐，你没发现吗？小学时候，每天的早读课，你们都会读思想品德里的课文，时间长了，你就能一字不差地背下来，这就是坚持读、不断重复的结果。"

我让璐璐把需要记忆的课文、单词进行分组，然后按照遗忘曲线，一天背诵一组，复习昨天背诵的……以此循环，逐渐拉长复习的时间间隔，比如第一组，最开始是一周复习一次、然后是半月，再然后是一个月后……最后半期、期末总复习一次。

璐璐非常感兴趣，每天背诵一组，复习另一组的学习量并不大，而且她对我的"法宝"充满了好奇，急切地想试试到底有没有爸爸妈妈说的那么厉害。

第一个星期下来，璐璐发现确实挺有用。然而，第二个星期，她有点倦怠了，我立刻提醒她要坚持："如果你今天不坚持，曲线就等于断了，你前面的努力就白费了。"而璐璐在坚持了一个月后，这种循环记忆、复习的方法，就成为了她学习习惯的一种。只要不是寒暑假这样的假期，包括周末，她都会自觉按照预先进行的分组进行记忆、复习。她之所以能坚持下去，是因为她充分感受到这种坚持给她带来的进步，她更深刻地体会到持之以恒对于学习、生活的意义。

家长要做的事情，不是替孩子制定计划，而是要让孩子明白，如果他选择了一件事情，就一定要坚持不懈。当然，在日常生活中，我们不可能要求孩子每件事情都坚持下去。但在训练孩子持之以恒的品德时，可以先从最容易的事情做起，比如每天替家里扔一次垃圾。

培养孩子坚持不懈的品质，重点不在于孩子真正学会了什么，而是通过家长的暗示，让孩子在自己内心建立属于他自己的内在的

> 当孩子感觉到坚持是一件很难的事情，不想继续下去时，家长应当从最容易的事情让孩子尝试，只要有一次坚持成功的例子，孩子就会觉得坚持也许并不是那么难，从而树立起信心。

动力。家长要做的就是引导孩子树立正确的目标，然后让孩子按照自己的节奏去实现这个目标。

我们可以选取一些对他具有长远意义的事情，进行锻炼，比如跑步、阅读等，事情从易到难，时间从短到长，逐步培养起孩子坚持不懈的良好习惯，训练孩子的自律能力。

持之以恒，坚持不懈，是人能够达到目标，取得成功最重要的因素之一，同时也是是否有自控力的重要体现。现在的家长，往往忽略了对孩子坚持不懈品质的培养，太过于重视目标，从一开始就给孩子提太多要求，而这些要求往往超过孩子的承受能力。比如，家长让孩子每天练3篇小字，孩

子练3天就放弃了，不如每天让孩子练半篇，让孩子能坚持下去，直到练成一手工整漂亮的钢笔字。

这里面有一个逻辑：许多家长从开始就希望孩子能有自控的能力，能有控制自己的欲望，于是喜欢讲伟人的故事给孩子听，希望孩子能像伟人那样有惊人的自控力。给孩子树立榜样没有错，但我觉得即使是伟人的自律性，也并非天生而成，也是通过种种练习、磨练之后才有的。所以，家长要把故事的重点放在"伟人如何坚持了下去"，帮孩子找方法，即使别人的方式未必适合孩子，但这会让孩子有自信：原来伟大人物，也是通过努力才成为了伟人。

23. 让孩子学会下决心

规矩 23：将短期目标变成长期决心

璐璐二年级的时候，有一天放学回来，小脸红扑扑的，她有些兴奋又有些忐忑地说："妈妈，这个星期班上要竞选班长，老师鼓励我参加。"

我问："那你打算参加吗？"璐璐说："我有点儿害怕，如果竞选不上多丢人。"我蹲下身亲了亲她，然后看着她的眼睛说："妈妈相信你有做好班长的能力，也相信你有去竞选的勇气，而且你看，老师也这样认为。如果妈妈是你，不会放过这个锻炼自己的机会，不过，璐璐，参加不参加还是由你决定。"

过了几天，璐璐还是没动静。送她上学时，遇到了班主任，其实，老师很看好她，也希望通过这个机会，让孩子们得到一次锻炼。

璐璐回家时，我温和而郑重地与她进行一次谈话。我说："首先，妈妈不是一定要你参加竞选，爸爸妈妈立场不变，参加与否完全由你自己决定。妈妈只是想谈一下，我对这件事情的看法。假如你参加了这次竞选，首先你会最直接地体会到竞选到底是怎么一回事。同时，你要注意与同学们搞好关系，既要让他们支持你，又要让他们听从你的安排，遵守学校纪律。这对你能力的锻炼，是一次很好的机会。假如你竞选成功，当上了班长，那你就要以身作则，给同学们树立好榜样，这对你的意志力、领导力都是很好的锻炼机会。当然，如果失败了，起码你会知道自己哪里还不足，哪些地方还有待提高。另外，全部40多名同学，班长、副班长却只有两名，所以，即使竞选失败也没什么可丢脸的，反而充分地证明了你的勇敢与承受失败的勇气。"

说完，我顿了顿，更清晰而缓慢地说："妈妈并不太关心是否能竞选成功，因为在妈妈心里你是个有能力有意志力的孩子。相比结果，妈妈更在意你是否能利用这个机会锻炼自己、提升自己。最后，妈妈要说的是，如果你实在不想参加竞选，虽然妈妈有点遗憾，但丝毫不会影响你在妈妈心里的印象。"

当孩子表现出对某种尝试的恐惧与担忧时，父母不能强迫孩子一定要去尝试这种看似有益的尝试。家长可以提前把失败的后果向孩子分析，让孩子不再惧怕失败的结果，孩子自然也会愿意试一试。

我这样说，卸掉了璐璐心里的担子，我其实是要告诉她：享受过程，看淡结果。既然成功不成功、甚至去不去竞选都不会影响在我心里的印象，她也就没有了种种顾虑，下定了决心要去接受这个挑战。

第二天，璐璐高高兴兴地报名参加竞选，并为竞选做各种努力。为了写好竞选发言稿，甚至让我连历届美国总统的演讲稿都找出来供她参考。她在翻看资料时，我称赞："就你这精神与态度，别说竞选班长，就算竞选市长都足够了。"璐璐听后，特别开心。

几天后班上进行了竞选，当天结果就出来了，璐璐没能当上班长，但选上了文艺委员，另外又当上了中队长。因为之前对种种结果已经做过预测，对这个结果，璐璐有些遗憾，但并不失落，她说："妈妈，下次我会再努力。"我说好，无论怎样，妈妈都尊重你的决定。

孩子总要长大，总要离开父母，所以，我希望通过这一点一滴的锻炼，让璐璐学会自己分析事情的利弊，自己做决定，享受成功的喜悦，也要坦然面对失败。

在孩子做决定时，要耐心引导，不催促孩子，更不武断替孩子做决定。一旦孩子下了决心，就要鼓励支持他，分享他成功的喜悦。当然，假如孩子失败了，家长也不能责怪孩子，而要充分肯定在这个过程中孩子所做的努力与他所取得的进步。孩子的独立性与意志力，就在他自己一次次的决心中得到了锻炼。

我知道，许多孩子是在新年里"下定决心，重新做人"，制定新的学习计划，列出要实现的目标一大堆。家长看着喜欢，孩子也很振奋。但我不赞同这样的做法。因为这种决心，是在新年特有的氛围下产生的，是没经过深思熟虑、缺乏从实际出发的冲动。结果很可能就是冲动过后，那份过于美好的决心依然写在纸上，而孩子因为决心下得太冲动，实现起来困难重重，坚持不了几天就不了了之。

> 当决心与目标在孩子的严肃性在孩子心里打了折扣，孩子渐渐就会变成"常立志，而不立长志"。为了避免这种情况，家长在孩子制定计划时就要注意计划的可执行性，并且监督孩子坚持下去。

我从来不在璐璐期末考试以后、尤其是考试成绩不理想的情况下要她做决定、拟定学习目标与计划。因为这是孩子情绪不稳定时所下的决心，要么出于一时冲动，结果难以实现；要么因为孩子自信心不足，计划显得很苍白，不能成为孩子的动力。

我让璐璐做某个决定时，通常选择她精神与身体都处于良好状态时进行，这样能避免消极情绪或者身体的疲惫而产生的怠倦情绪。

鼓励孩子下决心做成某件事情，一定要视孩子的具体情况而定，一定要是孩子愿意做到并且他也相信自己能做到的事情，这样他们才会真正地下定决心，并且有实现的信心。当孩子通过自己的努力与行动，最终实现了计划与目标，在这个过程中，孩子的意志力也得到了很好的锻炼。

面对已经有过半途放弃经历的孩子，或者总是浅尝辄止的孩子，当孩子重新下定决心时，家长应该给予积极的鼓励，不要提及孩子上次失败的经历。家长不妨给孩子设置一个短期的目标：一天、一周或者半月。只要孩子坚持过了第一个较短的周期，那么他就有信心与决心坚持完下一个周期。在第一个周期内，无论出现了什么情况，家长都要监督孩子兑现自己的承诺。在孩子圆满地完成第一个周期时，家长要积极鼓励。较短期限经过反复训练之后，家长就可以建议孩子把周期稍微设置长一些。然后慢慢地把短期的目标与决心，变成孩子长期的决心。

24. 让追星成为"正能量"

规矩 24：你可以有偶像，但要知道去学习他什么

有的朋友找到我诉苦,说孩子是"玉米""凉粉",只要有她们的电视节目,再晚哪怕被家长批评也要看,买专辑,买演唱会的票,更是用光一年的压岁钱也在所不惜。

对于璐璐喜欢偶像,我们母女几乎没有产生过什么矛盾。其实,关于偶像这点,只要家长引导得当,完全可以当成孩子的"正面教材",给孩子"正能量"。当然,假如孩子喜欢的明星人品确实不怎么样,家长也不能生硬地否定,完全有其他更温和的办法。我认为,在遥远虚无的偶像问题上跟孩子产生矛盾,是得不偿失的做法。

其实,我记得我自己也曾经有过偶像,直到现在我依然喜欢看张国荣的电影,听他的歌。只是,那时追星远没有现在孩子的条件,我们对明星的了解,只能从家里订的《电视报》还有同学买的周刊里知道零星的一点儿。即使是在这样的条件下,也并不妨碍我对自己欣赏的明星的喜欢。

关于我的追星,我特别感谢我母亲对我的态度,她看我在书上都贴上张国荣的贴画,没有大惊小怪,反而问:"这人是谁? 长得真不错。"母亲这样一说,我挺高兴,把知道的有限的一点儿关于张国荣的信息一股脑儿倒出来,母亲听得很仔细,极大地满足了我倾

如果家长对孩子的"偶像"进行攻击,孩子会有一种"不是知己"的排斥感,这种排斥很容易导致孩子的叛逆:"你不让我喜欢? 那我偏喜欢。"所以,家长对孩子有"偶像"正确的做法是先了解,然后找出其身上值得孩子学习的部分。

诉的欲望。我叹息："如果能见上张国荣一面就好了。"母亲当时的回答是："这怎么能拦住我女儿？好好学习，将来乘飞机去见他，把你的日记交给他。"

后来，关于去见张国荣的梦想有没有成为我努力学习的动力，我不记得了，但母亲豁达的态度，却让我的心也坦然起来。

过了些日子，我渐渐感到张国荣离我太遥远，转而开始崇拜我们新来的女校长。她担任我们的历史老师，博古论今，风度俱佳。她不仅教我们历史，还经常在课堂上引经据典地告诉我们许多做人的道理以及学习方法，比如在学习历史时用世界的进程去看待历史，将中国历史置于世界历史中，这样许多历史事件就有了必然性，理解记忆起来就容易许多。她的这种思维方式，我应用到了其他学科，结果收效甚大。

我深深地迷恋她，一举一动都要模仿她，甚至她冬天的流苏披肩，一度都成为我的目标。我想，我后来在高中阶段成绩突飞猛进，这位校长功不可没。所以，孩子有偶像不可怕，家长只要善于引导，偶像的力量有时远胜于家长的力量。

璐璐有段时间喜欢香港明星容祖儿，我跟她一起看容祖儿的电影，听她的歌。然后我看了容祖儿的一些资料，之后，在与女儿交流时，我说："容祖儿虽然在香港女艺人里不是最漂亮的，但却有自己独特的气质，这估计跟她的经历分不开。容祖儿当明星的路，也不是一帆风顺的，最难的时候，她在超市里打工，但她一直没有放弃自己的梦想。即使后来做了明星，也还有'恐吓''失声'等事件，《华丽背后》那部电影，我看就有容祖儿的影子在里面，做明星也不容易，也要有强大的内心。"因为谈论的是她喜欢的偶像，即使她知道我是在"借题发挥"，但内心也不会抵触。

我让璐璐把容祖儿当作"知心姐姐"，我甚至自己买了一个精美的小相框送给璐璐，然后把一张经过多番努力才得到的一张容祖儿的签名照夹在中间，当作生日礼物送给璐璐。璐璐非常喜欢，一直就放在她的书桌上。

一次，她参加学校的演讲比赛没有获得名次，回到家里很郁闷，我没有问原因，也没有多说话，而是指着容祖儿的照片说："璐璐，你觉得容祖儿如果站在这里，她会对你说什么？"璐璐独自在房间里待了一会儿，出来的时候，情绪已经平复了许多，表情里更是透出一股坚毅："我要像容祖儿那样不放弃。这次是由于准备不充分，加上感冒嗓音不太好。下次，我一定准备充分，我不相信下次我还感冒。"

许多家长将孩子的偶像视为洪水猛兽，认为孩子追星浪费时间，还有杨丽娟事件充分说明"追星猛于虎"。杨丽娟事件不能孤立地作为一个追星事件来看，这一悲剧的原因正是她父母教育的缺失导致她偏执到极点的性格。

有的家长很担心孩子模仿一些表面风光却品德败坏的明星。璐璐曾经也很欣赏一位因为一首歌而红遍中国，后来却因吸毒入狱的明星。璐璐很失落："妈妈，他怎么能这样啊？"许多家长都希望孩子远离明星，远离娱乐圈，甚至武断地说："娱乐圈就是一个污秽的大染缸。"这当然犯了以点概面的错误。关于这个问题，我是这样告诉璐璐的。

我说："明星其实就是一种职业，私下里，他们也跟我们一样。那位明星，也许刚开始是个努力勤奋的人，但后来有了点儿成绩了，骄傲了，交上了不好的朋友，结果控制不了自己，就毁了自己之前所有的努力。'宠辱不惊，看庭前花开花落'，有这种气度的名人也大有人在，比如李安导演，再比如中国的诗仙李白，嗯，璐璐想想还有谁？"璐璐想了好一会儿回答："李清照算不算？"我很纠结："妈妈也说不准，你觉得呢？"璐璐说："我再去查查李清照的资料。"

话题转移了，而我把"明星"的概念换成了"名人"，璐璐也从关注明星的缺点，变成了寻找有"宠辱不惊"气度的名人。

家长要正确对待孩子的追星行为，如果没有严重地影响到生活学习，就不要太干涉。且不说孩子的兴趣能持续多久，现在明星更新换代之频繁，每天都有新面孔涌现，也许不等孩子淡忘，该明星却早就被淹没在星海了。另外，孩子的偶像大都是精神偶像，只要家长善于引导，让孩子看到明星身上的闪光点，这对孩子的进步是种不可忽视的动力。假如是负面消息满天飞的明星，家长也要以人性去理解明星，让孩子在明星的经历中汲取经验与教训。

偶像的力量是无穷的，家长要善于观察、耐心引导，不能粗暴地"一刀切"。偶像来替代家长教会孩子自律、自信、勤奋，比家长喋喋不休有效得多。

25. 不多练习，老鹰也会变母鸡

规矩 25：即便是老鹰，也要学会飞翔

许多家长在别人称赞自己孩子"聪明"时，虽然谦虚"哪里，哪里"，表情却是愉悦中带着骄傲。好像称赞孩子聪明，已经成为大人们相互寒暄的话题，这实在是弊大于利。许多人认为这是对孩子的"赏识"教育。这是一个误区。

所谓的"赏识"教育，要建立在孩子做的具体事情上，确实有值得肯定的地方，是用"赏识"的眼光来看待孩子，但并不是盲目地一概而论："真聪明！""真能干！"买了新房以后，我们刚搬去小区，周围新认识的邻居，见到璐璐都会说："小姑娘，聪明又漂亮，成绩一定不错吧。"称赞的人多了，璐璐也自我感觉比神童差不了多少，甚至开始对学习的态度也轻慢起来。这当然不是好现象。我见过许多孩子就"毁"在聪明上。

小学阶段的低年级段主要是培养孩子的习惯与品格，知识还不算艰深，因此，有些聪明的孩子，平时不认真学习，到了考试前，集中做一下"突击"，也能有一个不错的成绩。对考试分数，孩子还有家长都难免沾沾自喜，因为孩子"聪明"，稍微复习一下就能得到这么一个成绩，可见孩子是有"潜力"的。

然而，到了小学的高年级段、初中阶段时，功课再没有想象中的容易，孩子不可能再通过短期学习复习拿到好成绩。但已经被冠上了"聪明"帽子，"不学也能成绩好"的神奇光晕让孩子不愿做"普通"孩子，踏实学习，"聪明"就成了他的借口："我只是没学而已，要是学起来，肯定不只这点分数。"这种说法很有麻痹性，家长也不愿意相信自己孩子是一个不先飞就要落后的"笨鸟"，只是简单地指责一下孩子不认真学习，就不了了之。甚至当别人问起孩子的成绩，家长还会主动替孩子解嘲："他聪明是聪明，就是不肯好好学。"言下之意，我们家孩子是没好好学，要是好好学了，第一名还不知道该在哪里凉快呢。

正是家长的这些话，让孩子再也放不下身段去认真学习，查漏补缺，丧失了一个个可以把知识弥补起来的好机会，而到后来，孩子意识到功课已经欠的太多，他已经开始听不懂、做不了作业时，他会用"聪明"作为挽回面子的最后一跟稻草。

我意识到璐璐企图让"聪明"替代认真学习时，很严肃地与她进行了一次谈话。我先是问："璐璐，你觉得自己聪明吗？"璐璐有点儿不好意思回答，我说："咱们来打个分，你给自己的聪明打几分？"璐璐打了90分，我问："那另外10分是什么？"璐璐说，她也说不好，但总觉得她肯定不是最聪明的。

我又接着问："璐璐，你觉得聪明的人该是什么样子的？"璐璐不假思索地说"成绩好"，然后她有陆陆续续给出了"急中生智"、"能很快地回答问题"几个答案后，她就再也想不出单靠聪明，能在学习生活中有什么优势。

我对璐璐说："确实，你说到的几点，都可以体现聪明的作用的。但璐璐，妈妈要告诉你的是，即使你是只老鹰，如果你在该练习飞翔的时候，觉得自己是老鹰，可以不用练习就能飞得很高，那么最终老鹰也会变成母鸡。学习不是一朝一夕的事情，更不能急功近利，天外有天，山外有山，最终你会发现，最后决定胜利的，还是努力、坚持这些笨人才做的事情。"

为了让璐璐彻底明白，聪明与取得好成就没有直接的联系，我特意带璐璐进行了一次调查。趁着假期，我亲自带她到家教中心去做几天"旁听生"。因为这是一个新开的班，我只简单地看过他们期末考试的成绩，对他们的特长、个性并不了解。我让璐璐仔细观察，哪个孩子表现得很聪明。经过一天的旁听，璐璐觉得有个叫阳阳的男孩子表现得非常机灵，没几天周围的孩子们都跟他成了朋友，他口才好，主意多，好多孩子还成了他的"粉丝"。

璐璐告诉我观察结果时，我笑笑，让她继续观察。没几天，璐璐对他的看法就变了，这个男孩的心思不是用在专心学习上，而是用在了如何偷懒、上课调皮上，老师问他为什么不学习，他一脸不屑地说："我不用学，照样会。"周围立刻响起了一些孩子的惊叹声。

眼看这节课的内容已经授完，老师说："那好吧，我们就来个'课堂抢答'，我问完问题，说开始后，只要计算出结果、知道的答案的同学立刻站起来回答。"

结果那个聪明的孩子，一个问题也没有抢到，看着抢答晚的同学失望地坐下，而他连一次都不敢站起来，第一出现了尴尬的表情。很快抢答结束，他一个问题也没去抢。

老师宣布下课后，离开了。大概是他"聪明"的神话被打碎，孩子们并没有像从前那样围在他身边。他显得有点儿不知所措。我走过去，轻轻地对他说："我相信你是聪明的孩子，但如果让聪明成为了负担、虚名，那这样的聪明就是'假聪明'。这样的例子每年我都要遇到几例，看到原本本应该在重点大学念书的他们最终进了很不理想的学校，我真的很心痛，正是'我不学习，也能学好的'虚荣害了他们。我希望你要比他们都真正的聪明，知道该把自己的聪明用在什么地方，你能好好学习一次，让我见识一下你真正的"聪明"吗？"

这孩子让璐璐看到了另一个自己，因为别人的一句"聪明"的表扬，而表现出的虚荣、自以为是，让她自己都脸红了。她悄悄问我："妈妈，我之前也是一样的吗？"我笑而不答，让她自己反省去。

之后，我又有意识地让璐璐阅读了一些社会著名人士的演讲，璐璐尤其喜欢新东方集团董事长俞洪敏的演讲，机智、生动直白，却寓意深刻。

我就告诉璐璐，俞洪敏自认为自己在

当孩子自认为聪明，有了"我很聪明，只要好好学习一定比别人学得好"的想法时，家长要及时地让孩子了解天赋与智商，在成功路上并非决定因素，举一些"笨人"成功、"聪明反被聪明误"的事例给孩子。

他的团队中不是最聪明的，但一听到他要创业，他的那些优秀同学们都从国外赶回来支持他，就是因为他的"不聪明"，让他们放心跟俞洪敏合作的正是他的踏实、负责任、诚信、宽容、自律的品格。

家长要及时发现孩子因为"聪明"而出现的对学习的轻慢态度，并及时引导孩子正视自己的"聪明"，让孩子明白，有比他更聪明的人正在百倍地努力，原本在同一起跑线上的孩子，差距就会越来越大。人的知识百分之九十九是后天学习所获得，所以聪明如果不学习，优势并不长久。

在适当的时候，对陷入"聪明"误区的孩子进行一些挫折教育，但要以不伤害孩子自尊自信为前提，让孩子明白再聪明的人也需要认真努力、学会自我控制、严格要求自己，这样才能真正品味到人生甜蜜的果实。

26. 明天补救今天的错误？NO！

规矩 26：今天犯的错，今天就改正

每次璐璐拿回考卷回来，我要求她做的第一件事情就是立刻把做错的试题重新做一遍。而她每天的家庭作业，经过老师批阅后发回来，我也让她首先检查有没有错，有错就及时纠正。

有一次，发试卷的那天恰好是周五，而璐璐的考试成绩还不错。因此，她满怀信心地向我提出要先玩，明天再来做错题，反正也就一道题。我很严肃地拒绝了："璐璐，其实，那道题早就应该重新做，只是今天才发下试卷，所以，今天改正已经耽误了。今天的错误，必须今天改正。"

之所以这样严肃，是因为我不能让璐璐觉得考试分数高，就可以轻视错误。一旦孩子这种思想形成，那很有可能她在考试中关注拿高分，胜过掌握知识本身。

在生活中，我也这样要求璐璐。璐璐上小学的时候，有一次，她去姑姑家玩，在跟哥哥玩时，不小心把姑姑最喜欢的花盆摔碎了。璐璐也很怕姑姑责怪她，于是，赶紧告别了猪猪哥哥回家了。回到家以后，她躲进自己房间不出来，我感觉有点奇怪，以为她身体不舒服，敲开门进去，璐璐正坐在床上发呆，我一看这就是女儿"摊上大事儿"的表情。

大概是姑姑经常打孩子，因此璐璐对姑姑充满了畏惧，所以，她对我说："妈妈，我想告诉你一个秘密，但你不能告诉姑姑。"

我说："你得让妈妈先知道是什么事情，然后妈妈才能判断到底是不是需要替你保密。但你放心，如果有必要，妈妈一定会替你保密。"

璐璐想了想，终于还是向心里的压力妥协了："妈妈，我今天摔坏了姑

姑上周刚买的那盆郁金香。"我说："那可是你姑姑的心肝宝贝，被你这样摔碎，生气是肯定的。"对孩子所犯错误的后果，家长需要平静而客观地跟孩子一起分析，不夸大，以此来"吓"住孩子，也不缩小，让孩子不能正确认识自己所犯错误。

我这样说，璐璐更担心了，怯怯地说："要不，妈妈你陪我去买一盆，悄悄地放回去。"我说："可是，璐璐，姑姑还是会发现的，而且还会觉得你是个不诚实的孩子。再说，猪猪哥哥也会告诉姑姑的啊。"璐

> 当孩子闯下祸，犯了错时，内心是非常不安的，孩子在此时向家长求助，是对家长的信任，是觉得爸爸妈妈会帮助自己。所以，当孩子向自己坦诚所犯错误时，家长不能不问原因就开始指责孩子，而是要询问犯错的原因，孩子的想法，然后与孩子一起讨论该怎么去补救自己所犯的错误。如果已经不能补救，家长就要把孩子需要承担的后果平静地告诉孩子。

璐想了想，大概觉得我在她身边，姑姑不敢怎么样，鼓足勇气说："我先给姑姑打电话，然后买盆花赔给姑姑。"我点点头，表示赞同："这个方法不错，先征得姑姑原谅，再做补救。"

璐璐忐忑地给姑姑打了电话，让她没想到的是，姑姑很快就原谅了她，并且表扬她诚实并敢于承担自己的错误。放下电话，璐璐长长地松了一口气。我边站在门口换鞋边催促璐璐去花鸟市场买花。可是，得到了原谅的璐璐彻底放松了，一放松就打开了电视。她央求我："妈妈，我看完这个电视节目就走。"我看了看时间，答应了她。看完电视下楼时，遇到了同学小娟正跟其他小朋友跳皮筋，璐璐又想跳一会儿皮筋。

璐璐的表现让我有点儿生气，眼看时间晚了，我有点着急。我控制住了自己，对璐璐说："时间不早了，璐璐，如果你再跳皮筋，妈妈晚上有自己的事情要做，那就只有你独自去花鸟市场了。"一方面是提醒她时间，另一方面是要告诉她，妈妈有自己的时间安排，不是所有的人、所有的机会都在等着她。

可是璐璐玩得兴起，跳完皮筋又打沙包，等到别的小朋友都回家时，

她才满头大汗地回家。踏进家门就对我说："妈妈，陪我一起去花鸟市场吧。"我套上围裙平静地说："璐璐，现在是妈妈的做饭时间，如果你要去花鸟市场，那只能你自己去了。"

璐璐急得要哭出来："妈妈，我明天去买可以吗？"我坐下来，看着她的眼睛温和而坚定地说："花盆是今天打碎的，你应该今天补救，再说，你也告诉了姑姑，今天会买一盆给她，如果明天买就是不诚信，说话不算数。另外，今天下午你完全可以先去买回花再玩，但你一再地拖延时间，也算是又犯了一个小小的错，你今天修正这两个错误的唯一办法就是赶快去市场上买回花。"

璐璐看到我确实没有陪她去的意思，最终一个人磨磨蹭蹭地出了门。她刚出门，我就给璐璐爸爸打了电话，让他远远地跟着璐璐，但不让她知道。因为时间毕竟太晚了，璐璐一个人去夜市，我还是有点不放心。

大概过了一个半小时，璐璐气喘吁吁地搬着花盆回来了。我平静地告诉她，饭菜在锅里，自己热热吃。过了五分钟，她爸爸回来了，我故意问："今天怎么这么晚？"她爸爸大声说："一个数据出了问题，今天必须把它找出了，纠正了，不然，明天就是在错误的基础上计算，运用的就是错误的数据。"我说："错了不要紧，只要及时改正就好。"她爸爸有感而发："可以补救的错误都是幸运的，有些错误都没办法补救。"

> 当孩子提出让父母一起为自己犯的错补救时，家长也不能生硬地拒绝，否则孩子会觉得"还说是最爱我呢，连这点小事情都不愿意帮我"，觉得父母"口是心非"，因此家长可以陪同孩子一起补救，也可以找一个客观而孩子又能接受的理由拒绝孩子的要求。

璐璐在餐桌上听着，慢慢嚼着饭菜，若有所思。我想，关于错误，关于对错误的及时修正，璐璐有了新的看法。

允许孩子犯错，但不能纵容他有错不改、知错不改，今天犯的错，今天及时改正。

让孩子知错就改，如果她的错误对他人造成了伤害，就要立刻补救，孩子刚犯了错，想改正错误的愿望是比较强烈的，家长顺势而为，会让孩子学会积极地承担自己的责任，为自己的行为负责。另外，孩子犯了错以后，心里是有压力的，他也会后悔、内疚、害怕，所以，家长让孩子尽快补救自己的失误，会让孩子把精力放在解决问题上，而不是背负着沉重的压力，消极逃避。

当孩子为了挽回失误做出了努力，家长应该肯定孩子的行为，勇于承认错误、承担责任，在某些时候，看起来孩子确实"会吃亏"，但从孩子长远的发展来看，拥有这种品质的孩子，才更容易拥有成功的人生。

27. 告别"拖延症"

规矩 27：不必为一件事情"过分"准备

小学一年级下学期时，也许是由于对小学生活已经没有了新奇感，璐璐出现了倦怠、拖沓的情形。

最直接的体现就是早晨起床。每天早晨起床，她先要为梳头折腾半天，然后又在衣柜前发呆，为穿什么衣服犯愁。好容易梳洗好，坐到餐桌前，她又要听听故事，吃饭时，"简直像在数米粒"。

我心里着急，她爸爸更急，但我知道教育不能急躁。我想可能是孩子才起床，状态还不太好，应该给孩子时间自己去调整，父母干涉太多，反而容易引起孩子的排斥反感。因此，我数次用眼神制止了责备就要脱口而出的璐璐爸爸。

但后来发生的事情，让我意识到璐璐在我们的不知不觉间，已经患上了"拖延症"。

原本放学后晚饭前时间，璐璐完全能把家庭作业完成。但现在，璐璐往往要磨磨蹭蹭很长一段时间，才在书桌前坐下来，即使坐下来了，一会儿摆弄一下闹钟，一会儿翻看一下漫画……直到晚饭时也没写几个字。然后她会在睡觉前才恍然大悟般地赶作业，有一次甚至写到了夜里11点。

周末的早晨，是我们约定去书店给她买新书的时间，结果她在换衣服的时候被一本故事书给吸引了，等到她看完故事书，时间已经过去大半小时。刚要出门，她才又想起答应小娟的手工没有做，于是，连忙到小娟家里找小娟解释……就这样一直到午饭时间，她还没有做好出门的准备。

我觉得自己不能再袖手旁观，于是不动声色地做饭，吃完饭，我平静地宣布："下午妈妈要赶一个教案，你自己做作业吧。"璐璐一惊："妈妈，我们不去书店了吗？"我说："没关系，我们下周还有时间。"璐璐有点儿失望，但她也明白，去不了的原因是她自己造成的，也没有多说什么。

我知道，如果璐璐自己意识不到"拖延症"的危害，自己不想改变，父母强硬地干涉，很可能让孩子变得急躁、自卑，甚至在许多事情上"阳奉阴违"。

> 孩子拖延，通常情况是想做的事情太多，而他被分散了时间与精力；眼下要进行的事情，不是孩子特别喜欢的，孩子潜意识力产生的逃避心理，会让他的迟迟不开始。家长不能急躁地干涉、指责孩子，而是要通过观察后，找到症结，帮助孩子改掉拖延的习惯。

接下来的一周，我特意设计了许多璐璐喜欢的活动：溜冰、游泳、做DIY立体纸模小屋……果然，不出我所料，因为璐璐的拖延，让许多活动最后都搁置了下来。璐璐有些苦恼地问："妈妈，该怎么办？我也想快做完作业，快点儿玩，但就是快不起来。"

其实，我仔细地观察了璐璐做作业的情形：首先要把书桌整理干净，擦拭得一尘不染，然后再去洗手，接着是削铅笔，然后又是洗手，然后是喝水，上卫生间，接着又是洗手，然后还会为到底用哪支铅笔写作业而犯愁……好容易要写作业了，突然眼睛一抬，又被某本课外书迷住了，等看完一两个故事，时间大概也过去大半个小时。

在家教问题上，我总认为观察比家长简单直接的干涉有价值得多。没有观察得出的结论，往往都是主观的。通过观察，我发现璐璐的拖延在于她过分的准备与什么都想做的心态。

找到了原因，才能找到方法。隔天，我买回了一个非常精巧的闹钟，在送给璐璐之前，我故作神秘地说："妈妈要送给你一份礼物，只要你与它好好合作，保证能让你按时做完想做的事情。"璐璐非常期待地看我打开精美的包装，结果看到是一个小闹钟时，不免有点儿失望。

我说："你可别小看它。比如，做作业时，如果你分心了，它'哒，哒'

的声音是不是在提醒你'快，快'？另外，你还可以设置好预计完成作业的时间，一旦时间到，就有音乐声响起。这样，你就不用担心错过其他事情了。"

问题当然不会因为一个闹钟就解决，买闹钟给璐璐，是想让她有管理自己时间的概念，但要提高做事情的效率，治好"拖延症"，我还有以下的"连环计"。

璐璐的爸爸就是个有点儿强迫症的完美主义者，比如某次家里水龙头坏了，他不是忙着修理，而是跑到网上搜索最佳方法，然后又查看哪家的水龙头性价比最高，等到他买回水龙头，拿出所谓的"最佳方案"时，已经是3天后了，我早请物管帮忙修理好了。

所以，要戒掉璐璐的拖延症，首先就要让她改掉做事情过分准备、迟迟不开始的毛病。我选择了那些几乎不需要准备工作、极其简单的事情让璐璐做。首先选择了让她帮爸爸整理书房、书柜里的书。整理书之前，我让她拿出了小闹钟："我们试试看能不能在15分钟整理好。15分钟后，请爸爸来验收怎么样？"璐璐兴奋地点点头，摩拳擦掌，跃跃欲试。偶尔，让孩子帮父母做点儿她力所能及的事情，一方面对孩子是种锻炼，另一方面，也是亲子的极佳机会。如果父母没有过分的冷落孩子，孩子还没有站到父母的对立面，孩子还是非常渴望有机会向父母展示自己的能力，帮父母做事情。当然，这些都需要得到父母的及时肯定。

闹钟在"哒，哒"地响，璐璐在书房忙碌，那些会吸引她的故事书，也被她一一地放回书柜里，接着，她还用湿抹布擦干净了爸爸的书桌。在12分钟时，璐璐从书房里走了出来："妈妈，我完成了！"我惊讶地说："哇，这么快。我们请爸爸来验收吧。"璐璐爸爸故意迈着八字步，学着皇帝的强调："朕来看看，朕的御书房整理得如何了。"然后，他也是一声惊呼："今天的书房是哪位爱卿整理的？如此干净，朕很满意。"老公夸张的腔调让璐璐笑得很开心。而我则举着闹钟表扬她："看，璐璐，你只花了12分钟，只要你抓紧时间做事情，效率是非常高的。"

得到了表扬的璐璐很开心。治疗"拖延症"应当采取"蚕食"政策，从最小的事情开始。当然给孩子设置一个环境也很重要。

　　到了下午，璐璐做作业时，我问："璐璐想不想在40分钟内完成作业？"璐璐说想，我说："好，那你就要配合。"我首先要求璐璐在5分钟内清理干净她的书桌，把所有与作业无关的物品都装在一个纸箱里，然后放到我的房间。之后，我开始设置好闹铃。

　　不到40分钟时，璐璐打开了书房的门，手里高高地举着她的作业本。我平静地说："真不错。时间还提前了。我们可以早点儿吃饭，待会儿去放风筝，怎么样？"璐璐兴高采烈地答应了。

　　这样过了半个月，就算我不再要求璐璐清理书桌，她也会在做作业前，自动清理。对此，我不反对也不褒奖。孩子主动远离诱惑，正是她开始具有自控力的体现。但人在某些时候，很难抵御诱惑，这是人性，我不能让璐璐眼看着一堆喜欢的课外书而不动心。用这方式来锻炼孩子的意志力与自控力，无疑是将孩子当"神"，而不是"人"。想要孩子学会自我管理、自我控制，首先要体恤孩子的"人性"，承认孩子是"人"，在教育时才会明白"有可为"与"不可为"。

> 当孩子提前完成了任务，会感到格外兴奋、有成就感，家长应当把这段孩子自己争取的时间还给孩子，强化孩子的这种成就感，会让孩子主动远离拖延，提高做事效率。

　　要治疗孩子的"拖延症"，首先要让孩子自己明白，在这一阶段，她最想做的事情是什么，最应该做的事情是什么。当孩子明白了这点，家长可以与他一起协商安排时间。但父母的意见只能是参考，如果孩子暂时不接受父母的想法，不妨就先按照孩子的意见去做，如果时间安排不合理，孩子其实是会自己调整的，因为戒掉"拖延症"、培养自控力始终是孩子自己的事情。只有当孩子意识到是自己需要改变时，他才有改变的动力，父母的外力才能起到应有的作用。

28. 课外班，先"放"后"收"

规矩 28：既然选择，就应坚持

由于受外婆的影响，璐璐也是一个活泼外向的孩子，兴趣爱好广泛，在条件许可的情况下，我们都积极支持她的爱好。学前班时，学校就开始了课外兴趣班的宣传：绘画、合唱、象棋、陶塑、舞蹈、跆拳道、电子琴、英语等等。兴趣班是学校很重要的创收项目，学校首先动员学生，给孩子们讲述了兴趣班的种种好处，之后，又特意开了家长会，强调综合培养孩子的重要性，然后，发给了家长一份表格，上面详细地列出了学校所开的兴趣班。我看了看，多达十几种。

当我把表格拿回家时，璐璐已经有点迫不及待地开始做选择：她从小喜欢跳舞，当然毫不犹豫地选择了舞蹈。然后，她又发现绘画很有趣，又给绘画打上了勾；能说几句英语，与老外对对话，想想都神气，这个也必须学，她又打上了勾；家里已经有一台电子琴，看起来也挺好玩，这个当然不能落下；另外还有一个沙雕班，其实就是玩沙子，那是璐璐最喜欢玩的东西，当然也不能放弃……回头我发现璐璐已经勾了七八个项目。

我说："真不错，璐璐的爱好真多。只是，我们再好好想想哪些是璐璐真想学的，好不好？而且，你看里面有些兴趣班是在同一时间开课，时间上有冲突，咱们可以选择自己最喜欢的先学，剩下的也可以在下学期学，你觉得可以吗？"

璐璐虽然答应我的建议，但要让一个学前班的小孩子放弃自己的爱好是困难的，我希望借助兴趣班，让璐璐明白取舍的道理以及如何取舍。

璐璐考虑一晚上，还是决定要同时学五种兴趣班。我跟她爸爸都知道，这对于她来说太多了。但我什么也没说，只是在报名之前，严肃认真地告诉她，一旦选择了这些兴趣班，就必须坚持到一个月，不能半途而废。如果她不能坚持，那下学期、甚至以后，爸爸妈妈都不再给她报任何兴趣班。璐璐郑重地答应了我。于是，我拉着她的手高高兴兴地挨个去报学习班。

最开始的几天，璐璐很充实，很兴奋，像上足了发条的小闹钟。可随着周末到来，璐璐才发现，这些兴趣班"榨干"了她所有的娱乐休息时间，她开始有些疲于应付。我看在眼里，对她的各种耍赖烦躁不为所动，即使是在生病时，刚输完液也强撑着送她去兴趣班。璐璐说："妈妈，今天就别去了吧。"我说："不行，既然你选择了，就要坚持，妈妈也要跟着你坚持。"父母的行动，孩子是一点一滴看在眼里的。我的坚持让璐璐没有了半途而废的想法，虽然非常辛苦，璐璐也坚持了一个月。一个月后，璐璐慎重地考虑了自己的时间与兴趣，最终选择了三个兴趣班：绘画、舞蹈、沙雕。其中绘画与舞蹈，她一直坚持到上高二，高三为了迎接高考才暂停了下来。

在开始时，让孩子尽可能地接近各种兴趣班，目的就是为了让孩子发现自己真正的兴趣，这就是"放"，放手让孩子自己选择，自己做主。而后面的"收"，则是待孩子发现了自己的真正兴趣后，所要坚持的、需要她付出努力的部分。

许多家长很惊讶我为什么不让孩子去学英语之类的"实用"的兴趣班，我则认为孩子所选择的对将来的她的人生都是"实用"的。对于兴趣班，我的想法是父母应该放弃功利的想法，一切以孩子的兴趣出发，不勉强、不引诱，只建议。从小培养孩子的兴趣，只是为了增加孩子的爱好，发现孩子的特长。或许，这些兴趣班最终都成不了孩子的特长，但也并不妨碍开发孩子的智商，培养良好的习惯与品行。而习惯与品行，就如同人生的方向，只有方向正确了，才终有一天能达到人生的顶峰。知识在于汲取，

> 当孩子被新鲜事物吸引，对某一事物产生了浓厚兴趣时，希望能得到家长的支持与帮助。如果客观条件许可，家长应当积极支持孩子的学习，而不是把自己的愿望强加给孩子。

而不是一味强硬的灌输。

急功近利与短视是教育的大忌，我没想过璐璐要做杨丽萍第二，也没想过她要成为达芬奇那样享誉全球的画家，一切愿望就是璐璐能学得高兴，玩得开心。我始终相信，在以后的人生里，孩子肯定会遇到各种各样的问题，在遇到某些巨大打击时，这些兴趣与爱好，或许就是孩子的救命稻草。虽然术业有专攻，但兴趣爱好广泛一点，我认为对孩子的性格与情商的培养都大有裨益。性格偏激、爱走极端的人，其情趣爱好往往十分狭隘，这样的人不会幸福，而他身边的人也不会幸福。另外，只要引导得当，孩子的兴趣与爱好，不仅有助于其性格的培养，对课堂书本知识也有帮助。文化没有国界，同样知识在某种程度上也是相通的。

璐璐一直学绘画，里面涉及了许多三维空间的知识，这给上高中时学立体几何时打下了一定的基础，让她学起来特别有兴趣。有了兴趣，孩子才有学习的动力，因此，璐璐的高中数学几乎没让我操心。甚至我想，或许孩子三维空间的想象能力，在小学三年级前的"沙雕"班时，通过"筑造城堡"、"修楼房"就已经萌芽。而当时，报这个班的孩子寥寥无几，最终学校开了几年以后，彻底取消，被外语班、奥数班替代。我真为学校与后来的孩子遗憾。

对待孩子的兴趣爱好，甚至学习成绩，我心态都很平和，一方面，我始终认为素质比分数重要，因为在身边，高学历高分数却低能，庸庸碌碌一辈子的事例太多。另一方面，我希望孩子在宽松的环境下，自己渐入佳境，孩子天性是喜欢学习的，父母需要做的不是在学校以外额外给孩子施压，成为应试教育下学校的"帮凶"，而是保护好孩子学习的欲望与兴趣，帮孩子找到适合他的学习方法。有了良好心态的孩子，才能自觉地约束自己坚持不懈，遵守规则，养成自律的好习惯。

29. 自控应当是孩子自己的选择

规矩 29：从小事、小习惯开始坚持

爸爸的一位同事，在一个周末专门带了孩子来，目的就是让孩子看看璐璐是怎么自觉学习的。当孩子们在一块儿聊天时，她羡慕地说："你看你家璐璐多自觉，我女儿就属青蛙的，你指一下，她跳一下，甚至指了她还不跳。"她坦率地说，今天带孩子来，一是让她学习，另外，我也是向你取经来了。说完，她开始拿出纸笔准备记录，而她的孩子非常尴尬。

她郑重其事的样子，倒让我有些尴尬，我说："其实，我们也没太刻意管孩子。尤其在学习上，我做的一点就是激发她的学习兴趣，然后保护好她的学习热情，其他事情，包括她报不报课外班，我都尊重她的意愿。"

她说，也就是你家璐璐，换了我家孩子，你不管她，她还不不天天玩到疯。站在她身边的孩子立刻大声反驳："我哪有天天玩到疯？难道我没上学？没做作业吗？"说完，眼泪就在眼眶里打转。

我告诉她，如果想让孩子学习好，想让孩子能自觉学习，就不能强制孩子去学。

家长间有意无意地比较，会伤了孩子的"面子"，让孩子产生自卑与敌意，会怀疑爸爸妈妈是否真的爱自己。家长应当告诉孩子："虽然有些缺点，但爸爸妈妈依然爱你。现在，让我们一起努力找方法改掉你的缺点好吗？

当家长对孩子的评价不够客观时，孩子会感到自己被误解，父母不了解自己。所以，父母尽可能对孩子不做主观评价。

她说："我磨破了嘴皮子，她却越来越不耐烦。"如果教育只需要磨嘴皮子就可以见效的话，那就太简单了。但这位母亲显然没意识到家庭环境对孩子的影响：一到周末，夫妻就呼朋引伴地邀请"麻友"们上家里来打麻将，却要求孩子关着门复习功课；她"拿着书就想睡觉"，却买回一堆参考试题，布置一大堆作业给孩子。

她挂在嘴边的一句话就是："学习靠自觉。"我坦白地说，如果他们不改掉他们的生活习惯，孩子很难养成自觉的习惯。不能自觉学习，自律性就更无从谈起。

回忆璐璐小时候，我很少直接要求璐璐做什么，而是让孩子自己领悟。为了让璐璐养成爱整洁的习惯，我每周坚持跟她比赛收拾自己的书桌与房间。甚至在璐璐忙的时候，还主动帮她收拾房间，让她的房间保持整洁。许多家长会认为我这样会惯坏孩子。其实，房间整洁，孩子才会主动保持整洁，另外，在整洁的环境里待习惯了，一旦她的房间凌乱了，孩子自己都会动手整理。果然，坚持了一学期后，璐璐再不需要我替她整理房间。

刚上小学时一段时间，璐璐上学很拖沓。每天早晨，都是我跟老公最心急火燎的时候，怕她上学迟到。如果我们催得太紧，璐璐会特别反感，甚至把这种情绪带到学校。后来，我强忍住自己的焦急，在提醒过璐璐一次以后，就强装淡定地做自己的事情。璐璐因为自己的拖沓，迟到了几次，被老师在全班同学面前批评后，自尊心很强的她就再没有迟到过，为了怕第二天迟到，她会头天晚上自己收拾好书包。

其实，成年人对孩子的能力明显地估计不足，总认为孩子小，不懂怎么做，事事都需要家长的监督及提醒。孩子从父母那里听到的都是"不行，不会"，继而父母代劳。如果事事都由父母动手，那么孩子的自控力又怎么去培养？

在我与璐璐的交流中，我极少用命令式的口吻，大多是建议式的，而且，我会分析这样做对她的益处，当立场统一后，孩子才会接受我的想法。

我从来没有很严格地要让璐璐在书桌前学习多长时间，也从来没有严厉地制止她看电视，孩子自控力的培养，也需要一个循序渐进的过程。家长需要配合孩子让孩子成功一两次，而这个成功，会让孩子尝到战胜自己的喜悦，也会增强孩子的信心。

就拿让璐璐收拾房间来说，我并没有从一开始就让她的房间要整个保持整洁，而是要求每天书桌整洁就行。书桌很容易清洁，每天用5分钟清理，璐璐很容易就坚持了下来。我立刻给予了鼓励："虽然是小事，但璐璐还是坚持得不错，我相信璐璐是有恒心能坚持到底的孩子。"我经常这样说，时间长了，就形成了孩子的意识。这种正面的暗示，比反复警告、提醒孩子有效得多。人都有追求完美的天性，只要孩子的自信心没有被破坏，孩子也会主动追求做得更好。但这些进步，需要家长及时、客观的肯定。

等到璐璐整理书桌成习惯时，我再要求她坚持整理房间，璐璐完成得不错。刚开始，她是在我的引导下完成，而当坚持一段时间形成习惯后，璐璐就自觉地整理房间，并且养成了爱整洁的好习惯。

如果父母想要培养孩子的自控力，从一开始的要求就不能太高，比如要求孩子不能看电视、每天学习几个小时以上……如果目标太难达到，很容易让孩子失去信心，以后，连尝试一下都不会。

比如，孩子喜欢画画，那么，家长就可以要求孩子每个星期画几幅画，画完后，自己收拾画具。因为孩子喜欢，所以家长在他喜欢的事情上提一些孩子力所能及的要求，他们还是很乐意配合的。如果他养成了画画完后收拾、每周检查完成画画任务的习惯，那么，家长可以慢慢引导："你把画画的工具收拾得那么好，所以我相信你是可以收拾好自己书包的。"这样逐渐地渗透，循序渐进，孩子也不易反感，家长也比较轻松，也不会因为家长的强制而影响亲子关系，继而为家庭教育再设置一道障碍。

璐璐喜欢读课外书，我就专门给她买了一个很漂亮精致的实木书柜，专门供她使用，然后我把这个书柜放到了客厅里最显眼的位置。客人与璐璐的伙伴们一眼就能看到书柜里是否整齐，无形中成了监督者，而且比我亲自去唠叨有效得多。

别小看只有那一两次的成功经历，那是孩子改变的契机。只有孩子充分地感受到其实自己能管好自己、能自律，并且通过努力，确实有收益，那么从他的内心深处，才有想要学会自律的愿望。只有他内心真正想要改变了，才有改变的动力，家长所做的努力，才有效果。这就是外因与内因的关系。

[PART 5]

有些事情，尝试让孩子自己做主

——让孩子学会判断、选择、决定，培养独立、有主见的品质

30. 让孩子的脑子动起来

规矩 30：主动思考，独立做作业

哲学家与教育家苏格拉底非常反对将知识直接传授给学生，学生被动学习。他更倾向于通过启发、引导，让学生自发自觉地思考、学习，变被动接受为主动吸收。

从璐璐小学到高中，我似乎从来没有辅导过她的家庭作业。虽然，为了让家里有学习气氛，在璐璐学习的时间里，我通常也在做自己的工作：写稿、备课。我们母女虽然在一间房，但可能半个小时不说一句话。但我从来不辅导甚至检查她的作业。小学时，有些老师要求家长检查作业后签字，每次璐璐把作业拿过来，我总是签上字就还给璐璐。有一天放学后，璐璐表情很不好，细问之下，原来是家庭作业没有全对。璐璐抱怨说："妈妈，你检查作业没认真。让你检查也没检查出错误，害我被老师批评。"

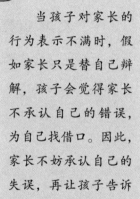

当孩子对家长的行为表示不满时，假如家长只是替自己辩解，孩子会觉得家长不承认自己的错误，为自己找借口。因此，家长不妨承认自己的失误，再让孩子告诉自己该如何改正。

我没有长篇大论地告诉孩子，学习、做作业是她自己的事情。我只是故作惊讶地说："真的吗？哎呀，其实，有时候妈妈也不太懂。要不，你教教我？"璐璐欣然同意，然后向我详细地"解释"起来，我也听得津津有味。通过讲解，璐璐更深刻地明白了自己的薄弱与失误。

既然妈妈靠不住，那就只能靠自己了，一旦养成了独立完成作业的习惯，那么，孩子自觉学习的习惯也就容易养成了。

孩子提问，我反问，孩子肯定会回答，答案不正确，也不要急于否定并给出正确答案，而是说："你说得很有道理，但妈妈也不知道是不是正确，我们一起去找答案吧。"不仅没有打击孩子动脑的热情，也教会他主动寻找答案。

我经常看到一位母亲拿着作业本教训她的儿子。她讲一遍、两遍、三遍，却发现儿子的眼睛看着其他地方，于是火冒三丈，一巴掌扇过去。而当儿子看她在晒被子时，就问妈妈为什么总喜欢在冬天晒被子？妈妈回答，因为晒过的被子又松软又暖和。儿子又接着问为什么晒过的被子就松软暖和？妈妈有点生气了，不耐烦了："问这些没用的干嘛？作业做完了吗？书该背的都背了吗？"原本兴致勃勃的孩子，表情暗淡了下去，沉默地走开了。

我在心里替那位妈妈惋惜：她错过了一个多么绝好的教孩子物理知识的机会？原本可以让孩子兴致勃勃地自己寻找答案、从而牢牢地掌握自己的机会，就这样变成了对孩子探索天性的扼杀。而这些所谓的"没用"的东西，很大部分在将来孩子的书本里会出现。

关于这个问题，璐璐也问过我，我当时说："是啊，妈妈也是听外婆说被子要晒了才暖和，现在璐璐来告诉妈妈原因，好吗？"璐璐点点头，然后一头扎进了她的房间，她找出了爸爸送给她的生日礼物——全套的《十万个为什么》，结果很轻松地就找到了答案，并在饭桌上告诉我原理。她爸爸则趁热打铁，问她太阳能为什么能把水烧热，璐璐于是又是上屋顶去观察

> 假如孩子有了"爸爸妈妈还不如我的"想法时，家长无需因为害怕失去威信而证明自己，不妨大方承认，让孩子知道自己的事情自己做，别人未必比自己做得更好。

> 孩子的求知欲被父母粗暴地扼杀时，孩子内心是异常委屈的，他会认为父母不理解、不重视自己。当孩子有问题，即使那些问题在成人看起来荒诞不经、跟课本没有关系，家长也应当重视，鼓励孩子自己去找答案。

太阳能，又是上网、翻书找答案。结果，当璐璐把太阳能的原理简洁易懂地阐述给我们听后，我说："璐璐啊，要你是妈妈当年的物理老师，妈妈的物理肯定比现在学得好很多。"得到父母的认同，璐璐很是得意，她也从自己动脑、自己动手的过程中获得了满足感与愉悦感。

有位妈妈带着孩子来家教中心，我看了看小姑娘学习挺自觉，也很有礼貌，应该属于比较好沟通的孩子。我把小姑娘交给家教中心的其他老师，跟她妈妈聊了起来。她妈妈说，孩子其他都好，但就是不爱动脑筋。一遇到稍微难点的题，马上就想到问父母，如果不告诉她怎么做，她就能空着作业本第二天去问同学。

我说："起码她能想到向同学、家长求助也是一个办法。比撒谎敷衍父母、回学校抄作业的孩子强多了。这点你告诉过孩子吗？"她摇头："这倒没有。"

后来，通过聊天中得知，她曾经是名牌大学的高材生，为了培养女儿，辞职做了全职妈妈，就是因为照顾得太好，女儿一个眼神，她就知道女儿想画画了，连忙拿来画笔跟纸；女儿舔舔嘴唇，她就知道女儿想喝水了……她什么都替孩子想到了，当然不需要孩子自己动脑筋去获得。孩子已经习惯了依赖父母帮自己解决一切问题，现在她要让孩子独立做作业，只凭要求肯定是不行的。所幸，这位妈妈修养很好，也很有耐心，从来没有因为辅导作业对孩子发过火，也没有因为孩子不会做难题惩罚过孩子，所以，孩子还没出现厌学情绪。这是最好的情况。

> 假如家长事事都替孩子做好，孩子在不知不觉间会有"反正爸爸妈妈会帮我"的想法，而放松对自己的要求，继而滋生惰性，逃避困难。家长应当逐渐让孩子摆脱这种依赖的想法，让孩子意识到自己的问题要自己去面对。

我对她说，你回家跟女儿商量一下，让她先把能做的、会做的做完，然后看剩下多少。不管剩下多少，你都要鼓励她，然后让她向老师请教该怎么做，而不是同学。向老师请教，因为孩子敬畏老师，所以会有一定的压力，会让孩子试着主动努力试试。

　　另外，你们还需要在生活中慢慢让孩子学会思考。比如，在讨论一些家庭问题时，不妨问问孩子的意见，最开始从最简单的开始，比如"周末，宝贝想去哪里玩？是外婆家？爷爷家？还是其他什么地方？"孩子天性爱玩，让她稍微想一下，她还是乐意的。当孩子选择了以后，尽量按照孩子的选择执行，并且在孩子情绪好时，对她说："今天是宝贝选择的地方，真好玩。如果爸爸妈妈选地方，不见得能这么开心。"

　　要培养孩子自己动脑筋解决问题的习惯，家长要适时地"无能"一下，并且通过适当的方法，让孩子不得不自己去解决问题。

　　当然无论是孩子的心理还是大脑的发育，孩子自己动脑解决问题，都需要家长的鼓励与认同。如果家长注意到这点，真诚地鼓励孩子，孩子将从自己动脑筋解决问题、获取知识上得到乐趣。

31. 让孩子问自己"怎么办"？

规矩 31：有些事情，你得自己拿主意

我是个"懒妈妈"，不仅做家务懒，给孩子检查、指导作业懒，甚至连脑筋都懒得动，我很少替璐璐出主意，想办法。

有一次，璐璐想到猪猪哥家去玩，但又想跟我们一起逛街，她为难地问我："妈妈，我该怎么办？"我也装作很为难的样子："是啊，怎么办呢？跟猪猪哥哥在一起很好玩，但跟爸爸妈妈一起可以逛书店，还可以去游乐场玩。没关系，璐璐好好想想，我们等你。"

璐璐低头想了一会儿问："爸爸妈妈，我可以让猪猪哥哥跟我们一起逛街、去游乐场玩吗？"我说，这我可说不好，我不知道你姑姑有没有其他安排，也不知道猪猪哥哥有没有时间。他爸爸等得有点不耐烦，就说："要不，你打电话问问猪猪哥哥吧。"我有点儿遗憾璐璐爸爸的急躁，让璐璐失去了一个自己动脑筋解决问题的机会。

璐璐很快地拿起爸爸的手机给姑姑打电话，姑姑爽快地答应了让猪猪哥哥跟我们一起玩。璐璐那天跟哥哥一起玩得特别开心。

有一次，璐璐的同桌带来一个从广州带回来的新玩具，好多东西都没有见过，璐璐自然也没见过，非常好奇。这节课是数学课，刚好讲到"四舍五入"，但璐璐的心思却放在同学答应把玩具借给她玩一天上了，没心思专心听课的结果就是她对今天的功课一知半解，到做作业的时候，才发现好多题不会。

璐璐原本想快点把作业做好后就玩新玩具，结果因为没听讲，作业不会做，她要不停地翻看课本的例题，效率当然不会高，但玩具转天又要还给同学。

我跟老公照例按时开饭，叫璐璐吃饭，丝毫也没提"知道上课不听讲就

做不了作业了吗？"璐璐吃完饭后，开始向
我求助："妈妈，吃完饭后，你能不能给我
讲讲题？"我说："璐璐是觉得老师讲的不够清
楚吗？还是老师的表达方式让你不明白？"
璐璐摇摇头："不是，是我上课没专心听讲。"
我说："妈妈很愿意帮助你，但如果是妈妈讲
给你听，效果未必好，璐璐可以再想想其他
办法吗？如果实在没有办法，再来找妈妈，
妈妈先拿着你的课本熟悉一下，好吗？"

> 假如家长事事都替孩子拿主意，"积极"帮孩子解决她遇到的各种问题，孩子就会有"反正爸爸妈妈会帮我搞定"的依赖思想，从而失去自己独立解决问题的能力。所以，家长正确的做法是试着把孩子的问题还给孩子。

　　我不想直接拒绝甚至责备孩子，影响孩
子学习的自觉性与积极性。事实上，孩子想
到了让我给她讲解，就充分证明，孩子是想把作业做完完成自己的学习任务的。
但我不能直接给她讲题，如果孩子一要求，我就立刻给他讲，那么，她就会
有依赖，不重视课堂里的学习与吸收。所以我给璐璐保留了退路，同时也告
诉她，妈妈也需要学习，对她的功课也并不熟悉，但妈妈愿意帮助她。

　　后来，璐璐打了电话给同学，在同学的指导帮助下完成了作业。大概
是因为新玩具带给了璐璐关于作业的困扰，对这个新玩具，璐璐没有了刚
开始的热切，玩了一会之后，就匆匆装好，准备第二天还给同学。

　　这样的事情还有很多，包括璐璐的同桌总是捉弄她，影响了璐璐正常
的学习与听课，比如，他会把璐璐的钢笔藏起来，让璐璐在上课需要做笔
记时，找不到笔；他会在璐璐聚精会神地听课时，悄悄地往璐璐口袋里塞
纸条垃圾。璐璐不甚苦恼，向我倾诉，我说："他这样调皮，肯定有原因，
璐璐想过没有？"璐璐想了想说："老师老拿他来跟我比较，他是我'帮助'
的对象。"我说："如果妈妈老拿别的小朋友的长处跟璐璐的短处比，璐璐
会开心吗？"璐璐想了想，大概在考虑自己有什么"短处"，后来摇摇头：
"不开心。"我说："那就对了，他成绩不好，但老师老用他跟你比学习，他
产生了逆反心理，也就是跟老师对着干，但他又不敢真跟老师作对，于是
只好把气撒在你身上。那璐璐知道该怎么办了吗？你要帮助同学，要真诚，

要鼓励他，让他获得真正的进步。"听到这里，璐璐说："妈妈，我明白了。"

我始终没问璐璐最终采取了什么办法，处理了这个问题。但之后再也没听到她抱怨那个男生。孩子有孩子自己的处事原则与交流方式，有时候，让孩子自己去解决自己的问题，效果比大人出面要好很多。

现在大部分的妈妈，都有学历有知识，因此辅导孩子小学的课程都不成问题，这些妈妈都希望孩子好好学习，能有好成绩，所以，一旦孩子遇到困难，妈妈就立刻辅导孩子。其实，这些性急的妈妈们"好心办了坏事"，把孩子的问题当成了自己的问题，让孩子失去了许多动脑筋，解决问题的机会。儿童正是在解决、克服困难中慢慢成长起来的，许多家长抱怨孩子不喜欢动脑筋，其实，不是孩子不喜欢动脑筋，而是孩子该动脑筋的时候，被家长剥夺了机会，时间长了，孩子就失去了这种兴趣与能力。

当孩子小时候，父母事事都要插手，时时给孩子意见，当孩子长大以后，事事都依赖家长时，父母又会觉得孩子不够独立。于是，有的家长采取了比较激进的办法，把孩子送到各种"训练营"，以希望通过完全脱离父母的方式，锻炼孩子，让孩子独立起来。这种方法，不仅于事无补，还更可能让孩子对父母产生怨恨心里，当他把这种依赖转移到他人身上时，他就很难再接受父母。这也是这类孩子容易早恋、甚至屡屡发生初、高中早恋学生"私奔"事件的原因。

一切都听从父母意见，一切都照父母意志做事情的孩子，表现出来就是"乖孩子"，但这种"乖"，是没有灵性的，不是与父母在平等沟通基础上的听从父母建议，而是唯唯诺诺，逐渐就变成了一个人云亦云、性格懦弱的人。

所以，当孩子遇到问题，不妨把"怎么办"交给孩子，让孩子通过动脑筋、想办法，让他学会自己的事情自己做主。从小事开始，既锻炼了孩子分析问题、解决问题的能力，又锻炼了孩子的意志，这样才能让孩子在面临人生重大问题时，能当机立断、作出当时最恰当的决策。

家长可以引导孩子在遇到问题时，多问"为什么"，而不是简单地把"是什么"甚至"怎么样"直接而简单地告诉孩子，家长要尽量让孩子自己的事情按照自己的意志去做，这样才能锻炼孩子坚强的意志和积极负责的人生态度。

32. 把做决定的权利还给孩子

规矩 32：学着做正确的决定

有些家长特别喜欢替孩子做决定，如果孩子不接受，他们常采用的方法就是强迫孩子接受他们做出的决定。当然，短时间内，这种强迫是有效果的。一个爸爸曾经得意地说："我儿子只要看到我去拿棍子，就听话了，哪里那么多道理讲？！"

他说有一次，他们一家原本计划好了去公园玩，但他临时接到朋友的电话，约他们一家去动物园玩。他想，反正公园上个月才去过，动物园已经半年没去过了，去动物园儿子一定不会反对，于是，就答应了朋友待会儿动物园见。但没料到，儿子为了今天能去公园玩，特意带了零花钱，打算去公园买一个大风筝，然后趁着今天天气好放风筝。孩子正兴致勃勃地计划着放风筝，爸爸却突然告诉他："不去公园了，去动物园。"孩子的希望落了空，自然要挣扎一下，结果他微弱的反抗，很快被爸爸给"镇压"了："去哪里不是玩？不去就回家，你再摔脸子，小心我揍你。"一整天孩子情绪低落，因为怕挨打，又不能流露出不满。

开始时，孩子小，还不能反抗，后来，孩子到了五六年级时，开始公然反抗爸爸的要求，

当家长生硬地拒绝孩子合理要求，又没有足够的理由时，孩子一方面伤心失望，另一方面会觉得自己"是不受重视的"、"不是这个家庭的成员"，一旦有了这种想法，孩子会渐渐失去与家长交流的兴趣。面对孩子的要求，无论合理不合理，家长都应当耐心说明，至少让孩子感受到来自父母的重视。

然后学会了拿父母的钱，离家出走。

挨了几次打后，孩子更加肆无忌惮：
"反正他又不能打死我。"这位曾经为自己的高压手段、强迫孩子接受自己决定的爸爸，如今非常烦恼。

虽然，家长应该充分尊重孩子的意愿，但孩子小时候是非观还不明确，所做的选择与决定未必是正确的，就需要家长引导孩子做出正确的决定。

> 家长如果把暴力惩罚当做手段，时间一长，孩子会有种"反正他又不能打死我，只要打不死，我就继续做"的放弃心理。家长在面对孩子的错误时，应当克制自己的情绪，不能把暴力惩罚当成"万能药"。

有一次，璐璐生病了，发高烧，去医院检查说是病毒感染，扁桃体有些红肿发炎，医生让吃清淡的食物，一定不能吃热性水果与食物。

但璐璐经过超市时，一定要吃一颗棒棒糖。如果是换在平时，只要是饭后，她吃这样一颗棒棒糖是可以的，但现在吃糖会导致她病情加重。于是我对她说："璐璐，咱们吃苹果行吗？你生病了，吃糖会让你的喉咙更痛。"

因为生病心情烦躁的璐璐当然不肯答应，一路哭闹，我没有责骂她，而是充满了同情地说："不能吃糖，璐璐很难过吧？但生病了，就不能吃糖。"璐璐看我态度坚决，开始有点妥协，我接着问："璐璐，告诉妈妈，除了苹果外，其他还想吃什么？如果医生说可以吃，妈妈就给你吃。"璐璐想了一会儿说："巧克力"。我为难地说："巧克力也不可以，你看，你吃点儿水果行吗？如果你吃了水果，再好好地吃药，病很快就好了，你就可以吃巧克力，也能吃到糖了。妈妈知道璐璐是懂事的孩子，一定知道自己生病了，许多东西不能吃。"

最终，璐璐要求吃一袋酸奶，我跟她爸爸商量后，买回家，用温水暖过以后，让璐璐吃。当璐璐从我手里接过酸奶时，不确定地问："妈妈，我病好了，就能吃糖跟巧克力了吗？"我郑重地点头："是的，咱们拉钩。"

有了这个铺垫，让璐璐喝药也特别顺利。我看过许多家长摁着孩子，强行灌药的情形，最后导致的结果就是，孩子一看到药就拼命躲，甚至看到曾经装过药水的勺都会哭闹。因为交流不够，孩子吃药变成了极其恐怖的经历，以后再喂药就更为困难，这就形成了恶性循环。这就是家长强迫孩子接受的典型例子，三四岁还可以这样做，一旦到了六七岁，家长还能摁住孩子吗？

苏联教育家苏霍姆林斯基强调家长不能替代孩子做决定："不能总是牵着他的手走，而还是要让他独立行走，使他对自己负责，形成自己的生活态度。"要引导孩子做出正确的决定，家长应该给孩子几种选择，然后给孩子分析每种选择的结果，让孩子明白家长给出的建议，对他来说更为有利。当然，这种方法可能会让家长花许多时间，但它向孩子传递了一种信息：听从别人的提议，或许对自己也有好处。

不过，也有另一种情况。璐璐上二年级时，有一次有点儿小感冒，她就想请假在家，不去上学。虽然小学课程不深，但却是培养孩子良好习惯的最佳时期。从她入学开始，我就告诉她：她上学，就像爸爸妈妈上班一样，都要认真负责，需要自觉地坚持下去。

关于上学的种种必要性，孩子早已知道，这时候来讲道理，没什么意义，更不能以物质诱惑孩子。

我是这样做的，我既没有给璐璐背上书包，也没有替她准备水杯，如果我这样做，无疑是在给孩子做决定，孩子容易产生对抗心理。我只是温柔但坚定地说："妈妈相信璐璐是爱学习、坚强的孩子。璐璐一定会去上学的，对吗？"

> 家长如果用物质去吸引孩子，会让孩子觉得学习是一件可以讨价还价的事情，更有人会觉得"我的学习是为了父母的面子"。面对孩子的倦怠与厌学情绪，家长应当分析原因，然后"对症下药"。

顿了顿，我又说："当然，如果璐璐实在不想去上学那就算了，但我不会向老师撒谎，那怎么向老师说呢？"

璐璐最终背起了书包，拿起了水杯："妈妈，走吧。"回来的时候，很开心："妈妈，老师说我是的坚强的孩子，带病坚持上课。"我搂了搂她："当然啦，璐璐本来就是坚强又勤奋的孩子。"家长通过引导，而不是强迫孩子做出正确的决定时，一旦孩子感受到了这个决定让他更快乐，至少不会有心理包袱，他渐渐地就会听从并分析别人的建议，从而做出正确的决定。

　　当家长在暗示孩子时，语气神态一定要"可意会不可言传"，要有耐心，面带微笑与希望地注视孩子，把"妈妈希望你这样做"的信息传递给他。同时，你坚定的态度也要让孩子明白如果他不做出正确的选择，后果将会十分严重，但不能直接威胁孩子："如果你不这样，那就……"。一旦孩子彻底放弃你用来威胁她的筹码，事情将陷入僵局。

33. 让孩子自己做选择，锻炼孩子的选择能力

规矩 33：自己选择，自己承担后果

那是暑假的最后一天，上午中午我已经陪她上游乐场、玩滑轮，快乐地玩了大半天，下午我要去学校办公室查阅一些资料。璐璐愿意跟我一起去学校。当我在工作时，璐璐央求打会儿游戏，我答应了她，但与她约定了时间——5点之前，必须要离开。因为她约了小娟她们7点在广场玩滑轮。璐璐答应了，专心玩起了游戏。

4点40分时候，我提醒璐璐时间快到了，她眼睛都没电脑前移动一下："好的，这是最后一次。"还差10分钟时，我再次提醒，璐璐说："好，好，马上。"5点时，我站起了身，示意璐璐该离开了，结果她耍起了赖："妈妈，我最后玩一次，就一次。"我答应了她，5点5分时，提醒她，她干脆发火了："我再玩一会儿，不是还早嘛？"我说："可是你约了小娟，另外今天我们8点必须回家洗头洗澡，收拾书包。"璐璐不耐烦地说："知道了。"我强调了一次："璐璐，如果你确定你要玩游戏放弃其他的，那妈妈等你。"之后，我果然没再说一句话，安静地看自己的书。5点50分，璐璐终于站起了身："妈妈，走吧。"璐璐小心翼翼地看着而我，我却非常平静。

等做好饭，璐璐匆匆扒几口饭，赶到广场时已经快7点40了。小伙伴们都指责璐璐不守时。好容易刚玩得开心，时间却已经到了8点，我毫不犹豫地提

孩子管理不好自己的时间，经常给自己找借口："再玩10分钟"、"5分钟，最后5分钟"，看起来是习惯问题，其实这就是孩子没有意志力、自控力差的表现，所以，当孩子说第一个"再等5分钟"时，家长就要严肃而认真与孩子交流。

醒璐璐该回家了，她自然不想离开，但我态度很坚决："明天要上课，今天要洗澡洗头，你总不想新学期第一次见面就这样邋遢吧？"最后，在小伙伴们的挽留中，璐璐流着泪离开了。她之所以哭，是因为我对她一向是"春风和雨"式的交流，态度很少这样强硬。

直到璐璐洗完澡后，给她吹头发时，我才说："今天没玩高兴，你一定很生气。"她没出声。我接着问："那你觉得问题在哪里呢？"璐璐小声地说："打游戏太晚。"我点点头："这只是一方面的，璐璐，其实，换一个角度想，你不应该生气，毕竟今天在玩游戏的时候，你是很开心的，对吗？我提醒过你，但你没有停止打游戏，那么，在那一刻，你心里是觉得打游戏比跟小伙伴们玩开心的，对吗？"璐璐想了想："妈妈，我就是打着游戏不想离开。"

我点点头，没有就游戏有没有意义跟她讨论，而是与她讨论起选择来："是啊，游戏是很有趣，所以你选择了游戏而舍弃了跟小伙伴们玩，这是你在当时做出的选择，你就要承担这个结果。"

璐璐的心情平静了下来，我又接着说："人的时间、精力有限，我们面临的机遇与诱惑都非常多，那么就只能选择对自己有长远利益的事情去做。"璐璐问："什么是长远利益？"我简单地解释："就是以后对你有益的事情。比如学习，只有认真学习，尤其要学好外语，才能有可能实现你周游世界的梦想；只有好好锻炼身体，坚持不懈地练舞，你才有可能做舞蹈家。"璐璐若有所思地点点头。

选择的过程，也是放弃的过程，家长别轻易替代孩子做选择，权衡与选择也是一种能力。许多家长总是越俎代庖地替孩子做了选择，如果这种选择是违背孩子意愿的，即使孩子勉强答应，也必定心有不甘，千方百计地要证明父母的选择是错的，然后，再来抱怨父母。另外，如果父母替孩子做选择成了习惯，那么，等到孩子成长到需要自己做选择时，他却已经丧失了选择的能力。

当孩子纠结于做何种选择，患得患失时，家长不要着急给意见，而是客观地把各种选择的利弊、可能产生的后果告诉孩子，最终让孩子自己决定。

当然，作为家长，我们不能替孩子做选择，但可以引导。教育无处不在，"无教既家教"，并不是一定要等到孩子要做选择时，才开始动之以情，晓之以理。许多教育，完全是可以避开选择，水到渠成的。比如，电视与阅读，如果从孩子小时候，家长就时时流露出"看电视太浪费时间"的观点，并且真正以身作则，不看或少看电视，而以阅读替代，那么在这种潜移默化下，孩子也会喜欢阅读，远离电视。"看电视浪费时间"的思想，会不知不觉地成为她的观点。

孩子对世界充满好奇，有时候适当满足她的好奇，也有助于她做出有益的选择。有些时候，"疏导"远胜于"围堵"。当网游开始在中小学生之间流行时，璐璐才刚上学前班，我就在家里安装了宽带，让孩子可以在家里上网。与其视网络为洪水猛兽，让孩子偷偷摸摸地去网吧，不如尽早让孩子了解网络。

接着，我通过国外的同学，搜索到一些国外的小学生网站。记得最清楚的是加拿大一个给小学生建立的网站，里面都是一些有趣的小游戏，而这些游戏都跟学习有关，比如打字母的游戏，就是帮助孩子熟悉26个字母；再比如一个跳棋游戏，就是训练孩子快速计算20以内的数字加减。

当然，我也需要查找一些教学资料，看看新闻，但从来不打游戏，每次我上网时，孩子从来没有看到过我打游戏。璐璐问过我："妈妈，你不喜欢游戏吗？"我说："不，但妈妈怕一打游戏入迷了，耽误工作。"我用自己的实际行动告诉孩子，妈妈也怕诱惑，所以主动远离诱惑。

我从来不说不让璐璐玩网游，从来没有让她在游戏与学习之间选择，因为在之前我就已经在不知不觉中引导她完成了选择。虽然璐璐也跟同学玩些游戏，但在学习紧张时，她会主动放下游戏，把精力投入到学习上。

如果有一天，孩子的选择与家长的意愿相悖，作为家长，应该心平气和地分析两种选择可能产生的后果，尽可能具体形象；如果孩子还是坚持自己的选择，那么就要让孩子承担自己选择的结果。这既是尊重孩子，也是对孩子选择能力的训练。而且这种训练越早越好。所以孩子小时候适当的叛逆，家长易于沟通与引导，比在青春期甚至成人以后叛逆较少出现不良后果，从这个意义上说，允许孩子小时候小小的叛逆，是对未来孩子叛逆的"预防针"。

34. 让孩子当当"小管家"

规矩 34：先管自己，长大了才能管别人

有段时间，璐璐像是患上了"强迫症"，对身边的人吹毛求疵。当同桌在上课做小动作不听讲的时候，她会一遍又一遍地暗示对方；当别人打扫卫生不认真的时候，她也会一一指出来。刚开始，我没在意，后来，为了迎接"六一"，学校要进行文艺汇演，她们班准备排练一个舞蹈，结果，只要谁的动作稍微有点不"标准"，璐璐都要认真地纠正别人，致使排练的进度慢了很多，大家开始不听璐璐的意见，璐璐就表现得特别生气。

当孩子因为别人听不进自己的意见而生气时，孩子会觉得这是对自己尊严与能力的一种挑战。家长一方面要尊重孩子的想法，另一方面也要让孩子冷静地思考自己的想法是否适合别人。

一次，我走得太累，一进门就甩掉高跟鞋，换上拖鞋直奔沙发，璐璐在一边看到了，急忙说："妈妈，你应该把鞋摆好，放回鞋柜。"我说："妈妈太累了，下次改正。"结果，璐璐不依不饶，非得让我把鞋子放到鞋柜里才罢休。当时，我心里有点儿气恼又有点儿好笑，就问璐璐为什么要这样，结果她老气横秋地说："我将来要做一个市长，要学习如何管理别人。"

孩子在跟我谈她的梦想，我立刻收敛了笑容，表情也认真了起来："嗯，我们璐璐志向高远，而且，也真的有一定的领导才能。你刚才说的'管理别人'，其实就是领导力，有了这种领导力，才能真正地管理好身边的人与事。"

看璐璐正听得专心，我继续说："但璐璐，你这样只是指出别人的不足，并不是领导力。"璐璐问："那怎么样才能有领导力？"我说："要有领导力，首先要管理好自己，对自己的管理越严格的人，其领导力也更强。试想，如果一个人连自己都管理不好，又怎么能管理别人，让别人对他信服呢？"

看璐璐有些茫然，我继续启发她："璐璐，领导力不是天生的，也是可以通过学习锻炼获得的。"璐璐接着问："该怎么锻炼呢？"是啊，该怎么锻炼呢？哪里去找机会呢？我也替璐璐着急。很快，璐璐有了办法："我就在家里练练，虽然只管理你跟爸爸，人虽然少了点儿，但我常听外婆说当好一个家不容易，从现在开始，就让我当家试试，行吗？"我说我没问题，但还得征求爸爸的意见，看他愿意不愿意被你管理。

果然，因为我提前给璐璐爸爸做了"功课"，她爸爸非常不配合："你想要管理这个家的愿望是好的，但我不知道你没有这个能力。就像竞选一样，你得让我明白，你当家能给我、给我们家来到什么好处。"爸爸话音一落，璐璐就走回她的房间，"刷刷刷"奋笔疾书，不一会儿，一页纸就递到我们面前，她爸爸笑了："原来，我们的家里还有很多值得改善的地方。不过，光写出来没用，我们是不是还得有一个'试用期'？"

经过一番斟酌，璐璐与我们达成了"协议"：由我们观察璐璐一个星期，如果合格，下周开始，就由璐璐当家。

第二天璐璐起床时，已经很自觉地叠好被子，整理好书桌，不等我们催促就急匆匆地吃完饭，上学去了。问她，她说："你见过领导迟到的吗？"下午回来时，璐璐已经做完了作业，并且已经拿着水电费单子，准备去物管交水电费。我发现，自从璐璐当上这个"准"管家以后，做事情效率明显提高了许多。于是在第三天，我跟她爸爸宣布："从今天开始，你就是我们家的当家人，我们都要听从你的安排，但你也要接受我们的监督。你要先管理好自己，才能管理我们。"第一次可以像大人一样"管理"父母，璐璐的兴奋劲可想而知，我及时地给她泼上冷水："要做管理者，做领导，领导力很重要，而自我管理能力是领导力的重要部分。如果你表现不好，我跟爸爸会随时'弹劾'你的哦。"

当璐璐正式"当家"时，她才发现面临很多问题：我们不再早晨唤她起床，而是把闹钟交给她，要求她来提醒我们；吃饭后，我跟她爸爸碗一推，就起身走了；饭厅、客厅里非常凌乱，我跟她爸爸视而不见。于是，璐璐召开了家庭会议，开始安排工作："爸爸负责做饭，妈妈负责饭后洗碗，我负责整个家的卫生，周末一起大扫除。"想想这个安排也挺合理，我们答应了。

可就在正式执行的第三天，我洗完碗后，该璐璐打扫卫生了，她却躲在她的房间里看一本课外书，迟迟不出来。我也不再催促她，结果，她在晚上10点，要上床前，自己去打扫了卫生。之后，她就学会了跟我一起洗碗，然后以最快的速度打扫房间。因为她知道，如果她不及早做完那些事情，那些事情会一直在那里等着她。

一个月后，璐璐主动要求"卸任"，她认为"当家太不好玩了。"我打趣说："要不怎么说'当家才知盐米贵，养儿才报父母恩'。"她爸爸则充分地肯定了她的成绩："家里很整洁，你给我们安排的工作也很合理，家里没有出现大的浪费情况，当然，最重要的你具有一个领导应该具备的能力：严格的自我要求。爸爸现在相信璐璐就是未来的市长了。"

听到这样的肯定，璐璐很高兴，而我们也一直以"未来市长"要求她。孩子各种能力的培养，需要家长提供她锻炼的契机，我发现让璐璐当"管家"的这个月，激发了她的责任感与自己解决问题的渴望。世界著名的教育家蒙台梭利说："我听到，我忘记了；我看到，我记住了；我经历了，我理解了。"教育正是这样一个过程，与其天天耳提面命地告诉孩子："你要严于律己，要自觉管理好自己"，不如让她亲身经历一番，知道管理好自己的重要性。我们在锻炼孩子领导力的同时，也锻炼了孩子的自律能力、对各种关系的协调能力，这些对孩子信心的建立，对自律性与规则的理解，都是很有益的。

[PART 6]

要把孩子培养成一棵大树，就需让他得到更多历练

——让孩子的实践的体验中独立成长

35. 不要多帮孩子做，而是多让孩子做

规矩 35：自己动手，丰衣足食

我一直深信，许多妈妈感叹孩子越来越懒，越来越不会做事情，并不是孩子真的"懒"或者"无能"，而是当妈的太勤快，把原本孩子应该做的事情也做掉了。古语有"慈母多败儿"的说法，这里的慈母，并不是态度上对孩子亲切慈爱的母亲，而是对孩子溺爱成性，事事代劳的贤妻良母型母亲。

璐璐刚一岁的时候，我就要求她早晨起床下床后，自己去卫生间尿尿。许多妈妈在听到孩子说"我要尿尿"后，大多数是第一时间冲过去，抱住孩子往卫生间跑，边跑边替孩子脱裤子。孩子尿了，松了一口气：总算没尿在床上。所以不客气地说，在孩子小的时候，许多事情家长不愿意放手，替代孩子做，是家长自己想省心，怕麻烦。

其实，因为璐璐早晨自己起床时尿尿不及时，因为她憋不住，好多次都尿在了裤子里。我得给她换裤子、拖地、洗裤子，哪里有亲自抱着她尿尿省事省心。而且她尿了，我还不能责怪她。孩子也希望自己能让妈妈高兴，尿到卫生间里，所以，尿到了裤子上，她本身也很沮丧。我在给她换裤子时，一边要鼓励她："今天璐璐比昨天多走了好几步，妈妈想也许明天你就能走到卫生间门口了，多训练几次，你就可以在卫生间尿尿了。"

带一个孩子，早晨起来事情一大堆，我也有烦躁抱怨的时候，但我这样安慰自己：现在忙，以后就轻松了。

这样的日子，坚持了半年，她自己早晨上卫生间的时候渐渐多了起来。到一岁半的时候，早晨她自己会起来，摇摇摆摆地上卫生间，然后再自己

爬上床继续睡觉。我可以一直在床上睡觉。

璐璐3岁的时候，主动要求自己洗碗，我就打一盆清水让她洗，即使她把碗摔坏了，我也从来不责怪她，只让她看妈妈是怎么洗碗的。璐璐洗一次碗的代价是我要给她重新换一次衣服、拖一次厨房，所以，在璐璐上幼儿园前，我经常累得站着就能睡觉。

之后，夏天我就让璐璐自己穿衣服、穿鞋子，当然不强迫她，毕竟是孩子，她心情好的时候就让她自己穿，如果她要让妈妈帮她穿，我也很乐意。

到了璐璐上幼儿园中班的时候，我就很省心了：早上起床几乎不用我操心，自己能做好个人卫生，清清爽爽地上学去了。

璐璐上小学时，他爸爸就经常告诉她："妈妈有些粗心，收拾房间是妈妈的弱项，你要经常帮助她。我相信璐璐可以把妈妈训练好。"我自己就是典型的"学习是一切"观点的受害者，加上长期与父亲在一起，所以在做家务上，我真不是个合格的贤妻良母。

我们坦诚地承认自己的不足，并且让璐璐来帮助我们。当然，她爸爸也会告诉她我的优点：有责任心，为了教育好她，在她上幼儿园之前彻底地放弃了事业；我对家教中心的孩子很耐心负责；孝敬外公外婆、爷爷奶奶……让孩子了解尽可能客观的

> 当孩子发现父母的弱点或者缺点时，孩子会觉得"原来爸爸妈妈也会犯错"，此时，家长应当坦诚地承认，并且请孩子帮助自己。

自己，孩子才会学会客观地认识自己。在开始，我也担心，孩子会不会说："你自己都不会，怎么来要求我？"但事实上，璐璐总是很尽责、很善意地提醒我，并且会安慰我："妈妈，你太忙了。没关系，我来帮你。"她真的就会帮我整理房间，打扫卫生，当然哪怕房间整理得不那么合理，我随手要用的资料往往要费很大劲才能拿到，拖的地也像画了一个大花脸，但我们都给予充分的肯定。许多父母，会"及时"地纠正孩子的做法，边把孩子做的事情重新做，边告诉孩子该怎么做。这样的做法，不仅剥夺了孩子独立完成一件事情后的成就感与快乐，还让孩子丧失了信心。要教孩子，完全可以在爸爸妈妈做事情的时候，委婉地告诉他，"熟能生巧"，当孩子多尝试几

次后，说不定能找到比父母更好的办法。

这点我有体会。璐璐刚学套被子时，经常把整个人都钻进去套，出了一身汗还不容易套好。反正被子不急着盖，我们就由着璐璐在上面折腾一两小时。璐璐也难免着急，抱怨我们的方法不好。我说："那璐璐试着想想有没有别的好办法。"

过了一段日子，又洗了被子，璐璐只用了五分钟就套好了。璐璐拉着我的手，让我欣赏她的劳动成果时，小脸兴奋得红扑扑的。我看被子套得整齐规则，我惊讶地问她是怎么办到的。她兴奋地说："我先把被子的里子全翻出来，然后把被芯放上去，对整齐后结好三个角的绳子，然后再把被子的外面从拉链里翻出来，就这样。"

我抱了抱璐璐，亲了亲她的小脸蛋："这个办法真不错，值得推广，璐璐通过动脑筋，果然找到了比爸爸妈妈更好的办法。"

从此一发不可收拾，做任何事情，璐璐很注意找方法，她听取别人的意见，在充分试验之后，还会思考更适合自己的办法。

小学五年级时，数学演算多了起来，带着草稿纸麻烦，收拾草稿纸也很麻烦。璐璐从家里给她买的"白板"上得到了启发，家里有一个坏的夹板，原本打算丢弃，璐璐要求爸爸帮她卸下。这是个白色半透明的光滑的塑料板，材质比较特殊，可以用钢笔在上面写字。璐璐就把这块塑料板当作了草稿纸，但由于稍微大了点儿，她又请爸爸把一边锯掉一点儿，她自己找来砂纸打磨光滑。她在身上带上一块湿巾，于是，一块可以反复使用若干次的"草稿本"就诞生了。其他同学见到后纷纷效仿，老师也因此表扬了璐璐。

家长们应知道，如果一件事情，家长替代孩子做了，或许能做得近乎完美，至少为90分，但孩子却只有10分，甚至是空白。而如果孩子亲自做，哪怕是10分，但他会越做越好，下次也许就是50分，再下次也许就是70分。

36. 有益的尝试都支持

规矩 36：不断去尝试

璐璐从小到大，对她所提出想尝试一下的事情，只要对她身心有益，我都尽量积极支持。

她小学时候竞争班长，结果失败了。我们在安慰她的同时，帮她一起分析原因，让她跟竞选上的同学找差距。璐璐说："那位竞选上的同学承诺假期可以邀请全班去他家的果园玩，我们家又没果园，我怎么让大家来玩？"我说："这真是个问题。这位同学很聪明啊，不过，妈妈不太赞同他的这种做法，也希望别效仿。"璐璐本来就输得有点儿不甘心，听我这样说，立刻点头："是啊，妈妈。可我失败了是事实。"

> 当孩子把失败归咎于"我没有……，而别人有……"时，家长不要急着反驳孩子，而应当承认孩子所说的客观条件，然后再分析孩子可以从哪些方面去弥补自己的不足，以及从失败里汲取到的经验。

我认真地纠正她："不能这样说，你看，通过竞选你学会了写演讲稿，知道了竞选的程序，还拉近了你与同学们的关系，你也知道了自己某些方面的不足，怎么能说是失败呢？另外，你只是比班长少两票而已，机会大着呢，只要璐璐肯加油，下学期咱们还去竞选。"

璐璐有点儿犹豫："下学期还去？"我说："去，怎么不去？妈妈给你做'高参'。"听我这样说，璐璐放下了一桩心事。第二学年，班长改选，璐璐竞选时，我这个"高参"忙得四脚朝天，直到她竞选成功，当上了班长我才知道。我有点儿不好意思地问璐璐竞选的经过，并向她道歉。璐璐反而安慰我："妈妈，我看到你为学生忙、为家教中心努力，我就觉得我不能松懈自己的学习，要严格要求自己，所以怎么会怪你呢。我听爸爸讲过，你的家教中心被关了两次，但你没有放弃，坚持开了起来。"

我很感动也很震惊，感动的是孩子对我的理解与体贴，震惊是璐璐用完全正面的思维方式去解读我的忙碌，没有觉得冷落了她。后来我想，璐璐有那么多要去尝试的事情，那么多要去探索的东西，她的世界很充实很丰富，所以妈妈一时的忙碌，并没有让她没感到失落。

我对璐璐如何取胜还是有点儿好奇，璐璐说："我建议成立一个班干部之外的'常务委员会'，其实就是让正式班干部之外的同学轮流做班干部。这样一来，大家不仅能理解做班干部的辛苦，还能让调皮的同学主动管好自己。"

我说："真是好办法。让我们对你的管理方法拭目以待吧。"后来证明，璐璐的这套管理办法还是太理想化了一点儿，但我觉得璐璐尝试过了，她所获得的是书本上难以学到的阅历与知识。

小学五年级的暑假，璐璐跟几个同学商量要骑车去郊区玩一天。尽管我还是很不放心，但考虑到她马上就要进入六年级，"小升初"的压力就要压在她小小的肩头，我爽快地答应了。

可我还是很担心：出车祸怎么办？这几年，小学生离开家长出事的事件时时都有报道？摔了怎么办？郊区同学家安全吗？

在孩子出发前的前一晚，我忧心忡忡，反复叮嘱，璐璐看出了我的担忧，她说："妈妈，放心吧，你平时告诉我的保护自己的方法我都知道，我自己也会上网看新闻的。你答应过我，明年夏天我可以参加夏令营，现在就当我是一次练习。放心，就一天而已。"

听完璐璐的话，我故意用轻松的口吻说："是妈妈多虑了。好吧，早点睡，明天才有精神玩。"

第二天，我一整天心神不宁，但我一直控制自己不打电话询问她，而是耐心地等她的电话。到了中午，她的电话来了："妈妈，这里公用电话好难找。我们早就到了，这会儿已经吃过午饭，这里的稻田好漂亮，妈妈，我真的看到了麦浪。"

璐璐的快乐感染了我，我在电话这边微笑了，一颗心暂时落了回去。可过了吃晚饭的时间，璐璐还没有回来，我开始着急，脑海里设想过孩子遇到的各种危险，渐渐地开始懊恼、后悔，老公的安慰最终导致了我们的争吵。

就在我准备出门去等她回来时，璐璐回来了，满脸的污渍，手上还有血迹，自行车也一片狼藉。不等我问，璐璐就说："走的时候想反正快回家了，就没给家里打电话。没想到天色那么快就暗了下来，想到家里的爸爸妈妈着急，就想快点儿回家，结果一分神一心慌，车就骑到了路边的稻田里。还好，稻田的主人没有责怪我们，还帮我自行车搬上来。"

事情这样，孩子也很沮丧。我只提醒她给郊区住的同学打电话，别让人着急。两个孩子在电话里聊得很开心，显然摔倒稻田里的阴影正散去，我从卧室经过时，听到璐璐有点儿犹豫的声音："我的自行车摔坏了，是妈妈新买的，我不知道下次还会不会答应。"

等到璐璐出来，我就说："下次还打算去什么地方？"璐璐犹豫了一下说："是一个历史上曾经很出名的古镇，历史书上曾经提到过。大概得骑两小时的自行车。"

我说："只要你计划好时间，骑车注意安全就没问题。妈妈还希望你看到的古镇，跟书上介绍的不一样。"

璐璐很雀跃，重重亲了我一下："好的，妈妈。"

我勉强笑了笑，催璐璐去洗澡休息。我的笑很勉强是因为，我知道孩子的下一次离家，又是我新一次的心灵煎熬。但为了孩子的成长，这是做父母应该要承受的考验。孩子正是在这一次次的尝试里，独立性得到了增长，能力得到了锻炼，试着远离父母的"掌控"与呵护，是孩子自我发展的心理需求，如果被父母生硬地剥夺，不让孩子去尝试，去经历人生必须要承受的部分——失败，孩子怎么去成长并慢慢走向成熟？任何人都无法在父母的羽翼下度过一生，在德国的一些学校还会让孩子提前体会失去亲人的经历，以锻炼孩子的"抗打击"能力。

当然，也许，我们不必做得那么极端，但在考虑了安全因素的前提下，放手让孩子独立地做事，独立地承担，这是孩子自立的前提。而在让孩子不停尝试的同时，孩子也学会了与他人与世界的相处方式。

37. 关于替代与转移的原则

规矩 37：学会抵御诱惑

　　电视常报道，一些人贩子用一块糖、一个玩具就能把孩子拐走。在璐璐两岁之前，为了孩子的健康，我跟她爸爸对她吃零食严防死守，只给吃水果，蛋糕都很少给吃，更别说各种糖。但后来，姑姑发现别人只要说："跟我走，我带你去买糖。"璐璐就真的跟人走了。姑姑虽然当着别人的面，教育过她："对婆婆说，'谢谢，我不要，我家里有'。"但这也起不了什么作用。璐璐只要看到人家吃糖，就会去要。只要人家说买糖，就让抱。后来我才知道，由于外婆经常带她到"老年舞蹈队"里玩，队里的爷爷奶奶们都很喜欢她，经常逗她，也经常拿出糖给她吃。外婆大概觉得拒绝了人家，怕伤了面子，于是让璐璐吃糖。璐璐哪吃过这么美味的东西？而且，从那些爷爷奶奶们反复地强调"笑一个，就给糖"、"抱一抱，我买糖去"、"跟我走，我口袋里有糖"，结果，"糖"是好东西的印象就深深地印在了璐璐脑海里，但家里爸爸妈妈从不给她吃，她想吃糖的愿望，只能通过外婆或者别人实现。

　　后来，我跟她爸爸商量，与其这样，不如干脆家里买上一点品质比较好的奶糖放家里，让璐璐自己吃，只要知道家里有，或许璐璐就不会再吃别人的。

　　两岁的孩子，家长只要不刻意去破坏她循序渐进建立自己的内心秩序，她是能懂许多道理的。我把她抱在膝盖上，温柔地问："璐璐，糖好吃吗？"璐璐点头："好吃。"我问："那你想不想家里有糖，璐璐可以自己拿来吃？"璐璐当然很高兴，我就告诉她，咱们今天就去买糖，装在一个透明的盒子里，由璐璐自己保管。不过，咱们要先约定好，一天只能吃一粒。行吗？璐璐当然答应了。

　　于是我跟老公带着璐璐去了沃尔玛，买了一些比品质比较信得过的水果奶糖。然后我就真的放在盒子里，让璐璐自己保管。盒子由她保管，但如果没有我们的帮助，孩子是不能自己打开盒子的。

　　其实刚走出沃尔玛，璐璐就迫不及待地拿出一颗，让爸爸帮忙剥了包装纸，然后美美地把糖放到了嘴里。孩子快乐而享受的表情，让我跟她爸爸忍俊不禁。

　　第二天一大早，刚起床璐璐就吵着要吃糖，老公让她喝完奶粉再吃，璐璐不答应。我把糖递给璐璐，对老公说："是咱们事先没跟孩子商量。"在剥开糖纸之前，我向璐璐确认："璐璐，一天只能吃一颗，如果你现在吃了，中午下午就吃不到了，你要现在吃吗？"璐璐坚持要现在吃，我就帮她剥了糖纸。

　　吃完了糖，看了一会儿动画片之后，璐璐愉快地喝了奶粉。可到了晚饭后，璐璐自己拧开了糖盒子，央求要吃糖，我跟她爸爸轻柔而坚决地说："璐璐，咱们说好的只能吃一颗。糖都在这里，咱们明天再吃吧。"我又提议："要不，咱们吃一片奶片？"璐璐哼哼一会儿以后，把糖盒子放回原处后，自己拿了一片奶片吃。

　　这样坚持了几天以后，璐璐自然就明白了，一天只能吃一颗糖。而且每次璐璐吃糖时，都会另外递给我一颗糖："妈妈，吃糖。"而我想潜移默化地影响她，每次都说："谢谢宝宝，可妈妈最讨厌吃糖。"

　　这样过了一段时间之后，璐璐再也不眼睁睁地看着别人手里的零食。有一次，她吃了一块别人给她的糖，只吃了一口就吐掉了——这个还没我自己的糖好吃。从此，只要看到别人吃什么零食，如果璐璐特别想吃，她就会自己说："我不吃你的，我吃璐璐自己的。"

　　后来，我在网上买了模具，学会给璐璐做各种造型的饭菜，甚至学会了紫菜包饭。那些色彩鲜艳、造型卡通的饭菜，让璐璐对每顿饭都充满了

> 如果孩子有一些需要改正的坏毛病，那么家长就要首先戒除这种坏毛病，否则孩子会觉得"爸爸妈妈都这样这样，这肯定是好的。"

期待，吃糖的欲望渐渐就降了下来，到后来，即使糖罐摆在那里，璐璐也会视而不见。

　　之所以提到这个故事，是因为人的欲望往往是因为"得不到"，当孩子面临诱惑时，家长能让孩子发现另一样东西，其实远远比他眼里"得不到"的东西更好更吸引他时，他自然会远离。

> 当孩子希望获得某样东西时，家长如果生硬地拒绝，孩子会怀疑父母对自己的爱。正确的做法是不去评价孩子的需要是否正确，而是努力要让孩子意识到这样东西，其实并不是那么不可替代。

　　我的一位同事，一人的工资供养两个孩子，但孩子的妈妈却格外的心灵手巧。他们的孩子虽然没有时尚的新衣服，但那些由妈妈亲自设计、做出来的衣服，往往让人眼前一亮：比买的还好看。他们不可能带着孩子去旅行，但却在郊区开辟了一块菜园，节假日让孩子们在菜园里玩，甚至可以邀请上自己的小伙伴们去。结果，他们家的小菜园成了最受孩子们欢迎的地方，而他们的孩子在这里收获的成就感与快乐，远远超过其他物质的享受。后来两个孩子住校后，很懂得安排自己的生活，面对其他同学手机、电脑的诱惑很淡然。因为孩子已经学会了替代原则，没有手机电脑，但还有书，可以周末去看一场学校放映的免费电影，可以听音乐。

　　我们常常要求孩子有自控能力，却忽略交给孩子自控的方法。人的自控能力，确实会在一次次的锻炼后，变得更强大，但这些强大，需要一些巧妙的方法。别担心，只要你做了，孩子就会吸收，他们会自己运用这些方法。

38. 让迷恋变成惩罚

规矩 38：强迫做"坏事"

有段时间，璐璐上了一次用手把彩纸撕成各种形状的手工课后，发现了撕纸乐趣，一发不可收拾，每天放学回家，第一件事情就是拿出彩纸撕。原来我以为这只是孩子一时的热情，也许过段时间其他事情就会替代撕纸的乐趣。我又用慢慢减少彩纸的方法，希望让她撕纸的热情逐渐冷淡下来。可我想错了，璐璐一撕就是两个月，因为家里彩纸减少，到后来，她甚至开始撕废报纸、书、作业本……一切她所能搜罗到的纸张，甚至撕毁了我的一份合同。

游戏发展到这种程度，我觉得家长需要插手管一下了。我没有直接要求璐璐不许再撕纸了，因为我知道如果孩子热爱一件事情，家长的"要求"甚至"命令"都不太有用。如果方法不当或者过激，与孩子站在了对立面，就会适得其反。

仔细想了想以后，我借鉴了马云教育孩子的方法。马云因为创办"阿里巴巴"，对孩子疏于管理，结果孩子沉溺于网络游戏。孩子沉溺网络游戏的理由是："回到家又没人，还不如在网吧玩。"

面对苦劝无效、沉溺网络的儿子，马云在一个暑假里掏出了 200 元钱给儿子，让他跟自己的同学去网吧打游戏，必须把钱打完玩完才能回家。他只有一个要求，就是回家后要说出一个玩网络游戏的好处。

孩子在网吧里尽情地玩了两个白天一个夜晚，第三天回到家时已经疲惫不堪，狼吞虎咽地吃完饭，洗完澡倒头就睡。等他醒来时，马云问他网络游戏有什么好处，结果他儿子也不得不承认："没什么好处。"能让孩子意识到游戏无益，那么在以后再玩游戏时，孩子心里就会自动滋生内疚感，这种内疚感，会让他玩游戏时的快感减少许多。

马云做法的关键是，他引导孩子自己去发现网络游戏"没什么意思"，这种认识是孩子自己的，比马云夫妇"碎碎念"效果好得多，而且不会引起孩子情绪的对立。

当然，这是马云让儿子戒除网瘾的第一步。之后，马云又让妻子辞职在家做了全职太太，不仅接送孩子上、放学，还亲自准备可口又营养丰富的一日三餐。家里有了家的氛围，孩子开始留恋家里温馨的气氛。接着，马云妻子又陪儿子参加各种有益的活动，这些活动渐渐地替代了网络游戏在他生活里的分量。半年后，他儿子的网瘾成功戒除。

我买回了一大叠彩纸，无视璐璐的欢呼，当着她的面收藏起来。璐璐追问我，什么时候给她彩纸，我笑笑回答："该给你的时候会给的。"

很快机会来了。我与璐璐约定过，她可以邀请她的朋友们来家里玩。但伙伴们可以在她的房间、客厅、厨房等属于她私人或者公共区域玩，但我与她爸爸的卧室是他们游玩的禁区。对这个约定，璐璐一直遵守得很好。但这次，她因为与其中一位小伙伴"谁的父母婚纱照比较漂亮"发生了争执。为了证明自己爸爸妈妈的婚纱照是最漂亮的，璐璐就带领小朋友进入到我们的卧室里，让他们看我们的婚纱照。在他们走出来时，其中一位小朋友对我梳妆台上的水晶天鹅装饰产生了好奇，想拿来看看，结果一不小心滑落到地板上摔碎了。那是璐璐送我的母亲节礼物，我十分珍惜。

璐璐难过了一下午，我回家时，她手捧着水晶天鹅的碎片，走到我面前："妈妈，对不起，今天带伙伴看你跟爸爸的结婚照，结果摔碎了你的天鹅。"不等我回答，她就拿出了自己的存钱罐："妈妈，我会重新买一个给你，但还差点儿钱，可能要等一段时间。"

看到那一堆碎片时，我已经知道发生了什么。但璐璐已经意识到错误，而且已经想到补救，我不能只看到孩子的错误，而忽略孩子为改正错误所做的努力。我坐了下来，轻轻拉过璐璐，轻轻地抚摸着她的头："妈妈首先要表扬璐璐。"

一听到是表扬，璐璐吃了一惊。我接着说："你选择了诚实，主动承认了错误，为了承担自己所犯的错误，还想到了补救的方法。这些都值得肯定。"

璐璐的表情一松，但我表情转为严肃接着说："你所犯的错误，不是因为打碎了妈妈的水晶天鹅，而是违背了我们的约定，让其他人进入了爸爸妈妈的卧室。"

璐璐点点头。我说："既然违背了约定，就要接受妈妈的惩罚。除了要赔偿妈妈的水晶天鹅外，你还有接受另一个惩罚。"璐璐抬起头，我缓慢地说："这个周末，除了学习时间外，你就待在家里撕纸。"说完，我拿出了那一堆彩纸。

我观察璐璐的表情，完全是不可置信的惊喜。我缓缓关上门："吃饭的时候，妈妈会叫你。记住，撕这些纸，是妈妈对你的惩罚。"

事实上，到下午时，璐璐已经不想再撕了。窗外楼下操场里小朋友在快乐地踢球、玩游戏，她却要孤单地待在屋子里撕纸。此时，她对撕纸的态度开始发生变化，她多渴望出去玩啊，于是就开始带着厌恶情绪撕纸。

> 当孩子觉得惩罚变成了"惊喜"，希望这样的惩罚多来几次时，家长要态度平静地强调这是惩罚，不让孩子感觉到你是在利用惩罚让他放弃自己的不良爱好。

唯恐火力不够，我又邀请了大姑姐一家星期天来玩。璐璐最喜欢跟猪猪哥哥玩。当猪猪带着新玩具出现时，璐璐情不自禁地开了门出来。等她跟猪猪哥哥打过招呼后，我立刻提醒她："璐璐，你该去撕纸了。"璐璐几乎是眼泪汪汪地回到了她的卧室。

下午，当姑姑跟猪猪哥哥去跟璐璐告别时，她正边流泪边撕纸。我没有心软，也没有问："怎么样？璐璐，以后你还想撕纸吗？"在这种时候，要让孩子的注意力在"惩罚"本身上，而不能让孩子觉察你的真正意图。

星期一，璐璐起床后，把剩下的彩纸交还给我。我故意说："彩纸你可以留下撕着玩。"璐璐把彩纸往我手里一塞："我再也不想撕纸了！"

如果我强行制止璐璐撕纸，她可能不会在家里撕，但结果更糟糕，甚至为了能撕纸而撒谎。而当把撕纸变成惩罚时，撕纸就变成了一种不得不做的工作，乐趣性就明显地降低了。当一件事情变得没有乐趣时，不用家长提醒，孩子也会放弃。因为这件事情，所带来的回忆，是不快乐的。

许多人都有切身体会，当爱好变成了工作，变成了责任，喜爱的成分就会慢慢地减少。所以当孩子过分迷恋一样事物时，不妨把所迷恋的事物，当作对他的惩罚。这种方法，远比说教、打骂有效得多，只是家长在运用时，要把握好度，别让孩子对这件事情留下心理阴影，此外，在惩罚的过程中，别让孩子察觉你是在"暗度陈仓"。

39. "多动症"不是问题

规矩 39：试着慢慢延长注意力

猪猪到我家来时，不到半小时，他就翻遍了家里的每个角落，把璐璐的玩具与书籍也统统都"看"了一遍，弄得房间一团糟。

猪猪妈妈有些不好意思地说："这孩子就这样，'多动症'，一刻也歇不住，凡事只新鲜三分钟。我头疼死了。"

我立刻说："谁说猪猪是'多动症'？世界上就没有'多动症'这种病，猪猪只是精力好，喜欢探索而已。"

> 假如孩子觉得自己的一切行为都是因"多动症"在作祟时，家长要肯定地告诉孩子：这世界没有"多动症"，他只是精力旺盛、好奇心而已。

我这样说，猪猪不好意思地笑了笑，而猪猪妈妈则开始诉苦，猪猪上课始终不能安静下来，不是做小动作就是跟其他小朋友说话，连做个作业脚也要抖，嘴里哼着歌，做事很难专注，除了打游戏的时候。

其实，猪猪的专注力就是被家长给破坏掉的，尤其是幼儿时期，孩子正玩一样玩具，家长走过来夺过宝宝的玩具，塞给他另一个："宝宝，这个更有趣。"孩子正专心玩积木，妈妈拿着围嘴来了："宝宝，该吃饭了。来，咱们洗洗手。"当孩子正专注地看一张图画时，家长往往指着另一样东西："看宝宝，那就是红绿灯，'红灯停，绿灯行'。"孩子的专注力就是这样被破坏掉的。

猪猪妈妈仔细回忆了以后，点点头："好像真是的，我一个人带孩子，总是怕他尿湿裤子，不管他在做什么，只要我想起来，我就给他把尿。"

她有些担忧地问："那现在再来训练孩子专心做事情，是不是太晚了？"我说："晚是晚了点儿，不过好在孩子还在念小学，要改变还来得及。"听我这样说，猪猪妈妈才稍微放了心。

要让猪猪甘心情愿地专心做一件事情，首先要选择他最喜欢的事情做。猪猪妈妈说猪猪最喜欢的事情，就是上网打游戏。但就连他最喜欢的网络游戏，他往往也玩不到半小时。

我说："好，我们就从网络游戏开始。从现在开始鼓励猪猪打网络游戏，只要超过半小时，妈妈就给奖励。"

猪猪的妈妈有点儿担忧："会不会又让他对网络游戏上瘾？"我说应该不会。之所以做这样的猜测是因为，猪猪早已接触了网络游戏，如果要上瘾早就有网瘾了。另外，猪猪的爸爸妈妈挺舍得在孩子身上花心思花时间，他爱好也比较广泛，猪猪除了控制自己的能力比较弱、专注力差之外，还是一个精神世界很丰富的孩子，这样的孩子，打网络游戏上瘾的几率是比较小的。

这样一分析，猪猪妈妈放心了些，就开始按我的办法施行。当然，要戒除猪猪的"多动症"还得有其他的"连环拳"。我最近给璐璐买了一套新课外书，猪猪也很喜欢，但因为璐璐还没看，经过与璐璐商量，答应先借给猪猪阅读，不过时间不能超过一星期。一星期后，不管猪猪看没看完，都要归还给璐璐。

按照我对璐璐看书的观察，那本书要在一周内看完，时间是比较紧的，但书的内容很有吸引力，引人入胜，看了就不想放下。

我特意叮嘱猪猪妈妈，猪猪在打游戏、看书时，尽量别打扰他。

同时，我让猪猪妈妈跟猪猪一起做一个游戏，在黑房间里，看谁待的时间长，赢者就有奖励。

这样过了一段时间以后，猪猪妈妈说猪猪的情况有所改变，注意力集中的时间确实有所提高，但上课时仍然小动作多，尤其是后半堂课，他就坐不住了，不是玩铅笔就是找身边的同学说话。

我说："你别总看到孩子坐不住的后半部分，应该为孩子能坚持的前半堂课而鼓励孩子。你这样告诉孩子：'老师表扬了你，现在能专心听讲20分钟，老师希望你能坚持25分钟，你的成绩还可能大幅上升。'等到孩子坚持到25分钟，你再告诉他，如果能坚持30分钟，那就是最认真孩子之一了。"

我这样说是有道理的，一般比较有教学经验的老师，是不会整节课授课的，通常会留出10-15分钟时间让学生消化当堂课的内容。这个消化的时间，其实也是学生可以稍微放松的时间。成人的注意力坚持40分钟都很困难，让活泼好动的小学生挺直身体、背着手坐在课桌前坚持40分钟已经是部分地扼杀了孩子好动的天性，还要求他们注意力在45分钟内全部放在老师所讲的功课上，这对小学生来讲要求太高。

我在备课时充分考虑到这点，从来不讲"满堂课"，最后的10分钟，我留给孩子们讨论、提问，甚至可以小范围地自由走动，铃声一响，我就立刻宣布下课。孩子们喜欢上我的课，也喜欢上了我所教的这门课，自然会有兴趣，有了兴趣，孩子就有自觉性。

所以被强制地"专注"跟自觉投入地学习，儿童的学习心态不同、所产生的效果肯定也不同。

基于这种考虑，我让猪猪妈妈仔细问清楚猪猪上课坐不住的原因，是真的坐不住，还是老师讲的内容已经明白了，觉得再听下去也很无聊。

如果真的是坐不住，那就告诉老师，自己站起走到讲台旁边继续听课。这需要老师提前给同学们交代一下："某同学怕控制不住自己，所以老师允许他不想坐的时候就站到讲台边，如果谁在上课时间也不想坐了，也可以自动站到讲台旁边。"让孩子们了解，站在讲台边是为了更好的学习，是孩子主动提出，不是被罚，不丢人。

如果是后者，那就让孩子带一本他喜欢的课外书，当老师讲的内容他都明白了，就可以做他喜欢做的事情。

她说："这不更是一心二用吗？"我笑笑："因为怕老师发现他读课外书，因此，他反而要更专注投入地看书。"

一段时间后，猪猪妈妈就没听到老师再"告状"说猪猪注意力不集中、小动作多什么的。我还是提醒了猪猪妈妈，当孩子专注地做一件事情，哪怕只是盯着一只蚂蚁看时，也别用家长"有意义无意义"的标准去衡量孩子，尽量不去打扰孩子。

当孩子静不下心来，或者不能专注地做某件事情时，往往就有老师或者家长把"多动症"的帽子扣到孩子头上，甚至有些心急的家长还会把孩子送到医院进行检查。且不说检查的结果究竟如何，单是把孩子带到医生那里，听医生跟父母分析自己的"病情"，就已经足够让孩子对改变自己丧失信心，而且还给了孩子这样的心理暗示："看来，我真是有病，难怪我控制不了自己。"家长的行为，恰好给孩子的潜意识找到了一个停止努力改变自己的借口。

让好动、注意力不集中的孩子改正"多动"毛病，首先家长要认识到，这是家长教育的问题，问题的症结不在孩子。有这样的思想，在对孩子专注力的训练时，才能不抱怨，有足够的耐心。其次，要从挑选孩子喜欢做的事情开始，一开始不能要求孩子坚持太长时间，但可以慢慢地延长时间。另外，还可以挑选一些需要高度集中精神的体育运动，一方面消耗掉孩子多余的力气，另一方面，有助于孩子精神的集中。

40. 要让孩子感受美好，也要让孩子见识黑暗

规矩 40：学会自我保护

最近总在新闻里看到幼童被伤害的例子。最让我触目惊心的有两条新闻：一个5岁的留守女孩，跟着奶奶生活，经常在火车站找吃的，结果被一个中年男人骗走，强奸猥亵，阴道严重撕裂。她一个人靠在电线杆上，裤子都被下身的血浸透，人们想要去解救她时，她随即惊慌地逃走，最后被人强制抱上了救护车的。医院的主任医师为她做手术时，也不禁流下心疼的眼泪。

另一条新闻是一个11岁的小女孩，独自在自己家门口玩，遇到一个陌生的男人问路，由于那条路有些偏僻，小女孩决定亲自带他去。然而女孩不会知道，她哼着歌踏上的那条路，竟然是条不归路。几天后，四处寻找女孩的家人在附近的垃圾筒里发现了她小小的尸体。女孩被强暴后凶杀，然后被丢弃在垃圾桶里。

我看到这些新闻时，眼泪总是忍不住掉下来，为了无辜的孩子，也为了整个受害者的家庭。现在孩子几乎就是一个家庭的中心，孩子出事了，无疑会让一个家庭陷入到无尽的黑暗中。但同时，我也为孩子惋惜，如果学校、家长能多教给孩子一点儿防范意识，让孩子了解到社会存在的阴暗面，让孩子学会挑选朋友远离诱惑，许多悲剧原本可以不发生的。

但我在告诉璐璐这些时，不能有太浓烈的感情，否则不仅不会起到让孩子有安全意识的作用，反而会让孩子滋生恐惧情绪。

我通常都是挑选饭后，一家人坐在一起吃水果的那段儿时间，大家的情绪都很平和时来讨论这些话题。这天，我跟她爸爸讨论起一个关于拐卖

儿童的热点案件。

我们讨论时，璐璐也会发表自己的看法："应该在人多的时候，大声呼救，呼救一定要说对方是人贩子，自己不认识他。"我问璐璐："那如果别人选择了漠视，不替你报警，你怎么办。"璐璐想了想说："如果是在闹市区里，我会假装听他的话，然后砸碎商店的玻璃门、故意划花别人的汽车，甚至砸汽车的玻璃窗……"我很纳闷："这样做有什么道理？"璐璐说："他们不是不报警吗？我弄坏了他们的东西，他们肯定要我赔偿，那就一定会报警了，只要报警，我就获救了。"璐璐的这种另类思维让我惊叹，我说："在万般无奈的情况下，这真是一个不是办法的办法。"

> 与孩子讨论一些可怕的事件时，如果孩子的反应是："太可怕了。"家长应当告诉孩子，世界还是好人多，坏人是少数，之所以告诉她这件事情，是要让他学会避免这种危险情况的发生。假如实在不幸遇到了，该怎么巧妙脱身，怎么向周围的人求助。

这种孩子主动接受的方式，比严肃地告诉她这世界坏人太多，她需要处处防备好得多。虽然，阳光普照的地方，总比阴暗的角落多，但一个意外事件，就会让一个原本幸福的家庭陷入到无尽的黑暗。让孩子具有应有的警惕性与安全意识，同时又不能对走出家门产生恐惧心理，这种跟她一起分析的方法，无疑是孩子比较容易接受的。

其实最让家长们担忧的，还不仅仅是这种意外，还有孩子交友不慎而陷入各种危险的情况。许多曾经很听话、成绩很好的孩子，一旦交上别有用心的人，就像跟一条毒蛇共舞，而孩子却浑然不知，家长也不容易察觉。等到家长发现时，往往已经为时已晚。

要想要孩子主动远离"损友"，家长有义务为孩子建造一个精彩的精神世界，让孩子有明确的是非观。只要孩子没有精神空虚，没有在情感上被漠视、受到伤害，孩子是会主动远离那些有着不良行为的人的。

其实，我特别反对一些家长，在孩子上学第一天就告诉孩子："别跟成绩不好的孩子玩，一定要跟成绩好的孩子玩。"这样做，不仅破坏了孩子纯真自由的情感需要，更让孩子的交往变得势利而有压力。小学时，璐璐交朋友我不太过问，因为孩子其实明白，哪些行为是正确的，哪些行为是错误的，趋利避害是人的天性。我知道璐璐毕竟生活在社会里，不可能待在无菌的温室，让她学会选择朋友，不如从小开始。

璐璐在小学阶段交过的朋友，反而大多成绩不太好，但他们各有特长各有优点。我发现这种交往，反而提高了孩子的"免疫力"，因为她知道"坏孩子"们是怎么玩的，对他们的世界不好奇。所以在中学时，有些孩子交上了不良朋友，三天两头地玩，吃好吃的，穿奇装异服，而璐璐则显得很淡定："跟他们在一起，除了玩就是玩，特没意思。"

许多人说我的方法很冒险，但其实，我是有自己底线的。我很热衷让璐璐邀请朋友上家里来玩。我可以在旁边仔细观察，然后与璐璐讨论她的朋友。因我从来不带否定态度，不会主观地说："这是个坏孩子，要离他远点儿。"所以璐璐还是比较能听进去的。有一个孩子，第一次来我们家，就拿走了我送给璐璐的生日礼物——一对漂亮的银手镯。璐璐很郁闷，渐渐地疏远了那个孩子。而璐璐对人的鉴别力、远离诱惑的能力，也从这时开始得到锻炼。

孩子的安全意识应该从日常生活中点点滴滴地渗透。一有机会，我就带璐璐去旅行，而之前，我会把旅行中的注意事项一一地告知璐璐，一些常见的骗术也会告诉她，叮嘱她：99%的上当都是因为贪便宜，千万别相信天上真会掉馅饼的好事。

> 孩子会觉得自己的朋友是最好的，不允许别人说自己朋友的"坏话"，家长如果想与孩子讨论他的朋友，就要尽量客观，首先要肯定他朋友的优点，然后再说以"假如你的朋友能改掉这些毛病就好了……"这样的口吻说出他朋友的缺点。

爱孩子永远都不会嫌多，也永远不会有错，但一定要注意爱孩子的方式，既不能草木皆兵，把自己的恐怖经历传递给孩子，让孩子去探索未知的勇气都没有。也不能将孩子置于真空环境中，所见到的都是和煦的风景，不了解这个世界还有阴暗险恶的一面。作为父母，既要让孩子感受到美好，也要让孩子了解世界阴暗的一面，让孩子知道，这个世界好人比坏人多，但一定有坏人存在，让孩子有起码的自我保护意识与警惕性。

[PART 7]

情商高的孩子更容易成功

——培养孩子的情商，让孩子先成人后成才

41. 没有笨孩子，只有蠢家长

规矩 41：别让任何人随便说你"笨"

　　璐璐有很强的乐感，一两岁时就会随着音乐扭动身体，照说她学舞蹈应该比较容易，但事实是她每学一个完整的舞蹈都很吃力。

　　后来我想，这大概是因为璐璐在婴儿期，由于我忙于做事情，经常将她放在婴儿床里，错过了她爬行的最佳时期，影响了她运动能力。这也能从她学舞蹈与学骑自行车都很慢这一事实上得到印证。

　　有一年"六一"，学校要进行文艺汇演比赛，为了取得好成绩，她们班主任特意从少年宫请来舞蹈老师为她们指导。中间，舞蹈老师教了一个动作，做了几次之后，除了璐璐之外的孩子都学会了，就璐璐一个人记住了手的动作忘了脚的动作，记住了脚的动作又忘记了手的动作，或者就是手与脚不能同时舞动。舞蹈老师有些不耐烦，就顺口嘀咕了一句："没见过这么笨的。"璐璐恨不得有个地缝钻下去。幸亏班主任听到连忙说："这孩子只是还没学会，再多练练就会了。她成绩不错，作文写得很好，歌也唱得好，是班上的'小全才'。"

　　不用说在那一刻，璐璐多么感激班主任，而我听到这件事情后，专门打电话给毛老师感谢她。毛老师的反应很淡然："我说的是事实而已。"顿了顿，毛老师叹口气说："如果不是马上就要比赛了，我真想重新请舞蹈老师来给孩子们指导。我也替其他孩子担心，不知道多少好好的孩子，被这样口无遮拦的蠢家长给毁了。"

　　关于毛老师孩子的事情，我隐约听说过一点儿，所以能理解她提到这个话题时的激动。

毛老师的儿子原本成绩属于中上，但孩子性格开朗，乐于助人，爱好也广泛，是招人喜欢的阳光少年。可后来，换了班主任后，新班主任大概太想通过成绩来获得认同，对孩子们的考试分数非常在意。因此毛老师的儿子就经常被骂，老师不仅罚站，还当着全班的同学骂他笨，说你妈也是老师，你怎么这样你给妈丢脸？

这样过了半学期，孩子的成绩直线下降，并且开始拒绝去学校。当毛老师找到学校老师询问情况时，该老师居然满腹委屈："你看看你儿子的作业，哪一天哪一次我不是每一处错误都仔细备注？甚至还把正确答案写在旁边，可他看都不看。正因为你儿子很聪明，'拉一把'就成为优等生，所以我才天天刺激他，好让他上进，但没想到他是个扶不起的阿斗。你也是老师，你应该理解我的做法。"

毛老师悻悻地回家了，经过再三考虑后，做出了一个决定：转校，哪怕转过去的学校不如这所所谓的名校好。

转校以后，也许是脱离了曾经的环境，她的儿子渐渐重新自信起来。后来，她儿子参加高考时，只考取了一所专科学校。而让她大感惊讶的是，她还在犹豫是让孩子将就上专科学校还是复读时，她儿子已经平静地重新收拾书包，重新开始倒计时准备转年的高考。他说："妈妈，我相信我行。我不笨，只是许多知识还没掌握牢，相信多复习一年，我一定比今年考得好。"

第二年，她儿子考上了一所理想的重点大学。我也被邀请到他的"谢师宴"上。在酒席间，她儿子站起来动情地说："我能考上理想大学，除了感谢各位老师的教导，更要感谢一个人：我的妈妈。我知道妈妈为了我

假如孩子经常被认为是"笨"的，他就会认为自己是真的笨，而"笨"也成了他不努力、不前进的借口，而且这种借口很具有隐蔽性，连孩子自己都未必能发现这是借口。家长无论在任何情况下，都不能指责孩子"笨"。

当孩子严重地怀疑自己，觉得自己"什么都做不了时"，家长的一句："爸爸妈妈知道你行"，是孩子重建自信的源泉。

转学，放下她做人的原则与尊严，四处托人找关系。虽然我在转学后考试依然不及格，妈妈经常被她的同行请去'谈话'，但妈妈从来没有骂过我，只是说：'儿子，你不笨，只是没有学会而已。妈妈相信你能学会。'"

当孩子正处于对自己失望的沮丧、彷徨的时候，家长的这样一句话："孩子，你不笨，只是没有学会"，会给孩子多么巨大的心理力量与支持。这句话，家长稍微修改以后，几乎适用于孩子遇到的各种问题。

一个"不笨"的孩子，才有信心让自己努力学习、才能管理好自己，养成严于律己的好习惯，拥有不怕困难的坚强意志。事实上，一个问题虽然经过家长、老师反复讲解、沟通，孩子还是无法理解、掌握，家长要做的不是去指责孩子"笨"来发泄自己的失望与不耐烦，而是应当反思自己的方法是不是适合孩子。

每个孩子都是天使，只是天使后来被剪掉了翅膀，于是就变成了凡人。但愿父母们，不要轻易而盲目地剪掉孩子本应该在蓝天遨游的翅膀。

42. 情商高的孩子都会管理情绪

规矩 42: 给"火药桶"准备一面镜子

　　周末下午快下班时,大家坐在办公室里闲聊,聊着聊着就聊到了孩子。大家都夸其中一位同事的女儿晓蕾长得很漂亮,完全遗传了父母的优点。结果,该同事却叹口气说:"我现在正苦恼着呢,昨天,她才刚被她的班主任叫去。她跟同学吵架,一怒之下又把别人的笔袋撕坏了。"我捕捉到了那个"又"字:"难道晓蕾是粗心的'破坏王'?"同事说:"她是故意的。我这女儿脾气就是两字:火爆。"我很诧异,因为同事与她老公都是温文尔雅的人,都不是暴躁的人,怎么女儿会这样急躁?细问之下才知道,原来同事夫妻跟晓蕾的爷爷奶奶住一起。孩子的爷爷部队出身,书念得不多,脾气极为暴躁,动辄就吼叫、体罚,弄得他们夫妻一回家就小心翼翼。而爷爷对晓蕾这个孙女的喜爱更是"冰火两重天",高兴的时候,上房揭瓦都不成问题,不高兴的时候,就冲孩子嚷嚷,别说教育方法,连起码的克制与忍耐都没有。同事叹息:"现在才小学,都不知道长大该暴躁成啥样子,不知道还有多少亏等着她。"

　　同事的话不无道理,我说:"如果有可能,还是跟爷爷奶奶分开住吧。另外,与其等晓蕾长大以后吃亏,不如你现在就让她吃点亏。"

　　同事频频点头:"是啊。不过,该怎么让她吃呢?"我好为人师的毛病被她渴求的眼神激发得爆棚。于是,一个周末的下午,两个母亲在策划着一个"陷阱",让一个脾气急躁的女儿往下跳。

　　我说:"我记得你家里有台性能十分好的DV,现在派上用场了。你要录下、拍到你女儿开心时的笑脸、歌声,以及她可爱时的样子;然后你再录下她发火时的样子，最好对面部表情来个特写。当然，这些都必须是真正的'偷拍'。

"今天回家，你'不小心'摔坏她一样东西，然后承诺赔给她，并且与全家人约定'损坏了家里物品就要赔偿'的规则，只要她答应这个规则，下一步就可以进行了。

"回家告诉老公，你女儿用什么样的语气说话，你们就用什么样的语气回答，她吼叫，你们也吼叫，气势不输给她；她摔东西，你们也摔东西，不过要挑摔不坏的摔。至于你女儿要摔什么，你们也无需制止，只在她发火以后，冷静地告诉她，她需要为自己的暴躁买单。

"一旦你女儿开始厌恶你们的'暴躁'时，不妨拿出事先偷拍好的视频给她看，让她看到动人优雅的自己，也让她看到发怒、烦躁时可怕的自己。"

过了一段时间，同事告诉我，他们说服老人，另外买了房子，近期正准备搬。我问起她女儿的情况，她说确实好多了。尤其是当她把女儿发火时的视频给她看时，女儿都不敢相信那个张牙舞爪、表情狰狞的小姑娘是自己，吓坏了。现在，每次生气都要下意识地摸摸脸。她扬了扬手机："这是我女儿赔给我的。用了

孩子脾气暴躁的原因很多，但家长脾气暴躁，无疑会让孩子觉得"人们之间相互吼叫"是正常的，所以，家长如果想要孩子摒弃火爆脾气，要先从自己做起。只有家长"制怒"，孩子才会平和。

她去年整整一年的压岁钱，今年的新衣、新自行车都成了泡影。另外，我与她的班主任沟通以后，做了一个匿名的问卷，结果班上绝大部分同学都不喜欢晓蕾，理由就是她脾气太火爆。最近她生病了，在班主任的授意下，一位同学都没来看过她，这让她很受打击：'他们生病了，我都去探望，为什么我生病了，同学们不来？'"

我问同事："你怎么回答的？"同事笑了笑："我当然不会回答她，我把问题扔给了她：'是啊，为什么其他同学生病，都有同学去探望他们，给他们抄笔记、补课，咱们家晓蕾哪点不可爱？乐于助人、热心、成绩又好。'"

　　我问："她怎么回答？"同事说："她没说话，而是低头沉思。这正是她最宝贵的反省时间，我没打扰她，做自己的事情去了。"

　　再过一段时间后，同事告诉我，她女儿现在情况好多了，对他们夫妻以及班上的同学老师，都能平和地相处，但只有面对着爷爷很难心平气和。

　　我点点头："孩子是家长的镜子。让爷爷做改变显然是不太可能了，晓蕾却还来得及修正。"

　　同事说："是的，下周我们搬新家，欢迎你来玩。"

　　周末时，我看到了一个温文有礼、举止大方的漂亮姑娘，甚至璐璐不小心把饮料洒到她雪白的公主纱裙上，她脸上也没有丝毫不愉快："我知道小妹妹不是故意的。再说，裙子能洗干净，小妹妹却不经常来玩。"

　　我欣慰地看着这个小姑娘，积极地肯定了她："晓蕾是我见过最有风度、最有涵养的小姑娘，回头让你的班主任给你颁发一个最佳风度的奖状。"

　　晓蕾眼睛亮晶晶地看着妈妈："可以吗？"同事耸耸肩："问问你的老师不就可以了？"说完，马上拨通了晓蕾班主任的电话，同为同事的班主任马上说："嗯，好，我马上准备奖状，星期一的班会上就可以颁发给晓蕾了。"

　　那张奖状被晓蕾贴到了自己的床头，与其说是一份表扬，不如说是一份鞭策，但这样的鞭策，孩子乐于接受。

　　让孩子学会管理情绪，是孩子自我管理、自控力培养的重要内容。根据经验，如果家长脾气急躁，那孩子很难性格温和，所以家长如果想要管理好孩子的情绪，那就要先管理好自己的情绪。一个任性、暴躁、动辄打骂、摔东西的家长，怎么能让孩子温和有礼呢？

> 家长应当鼓励孩子珍惜自己获得的荣誉，让孩子时时温习一下受表扬时的自己，孩子就会常常觉得："我也有这样值得骄傲的时刻"，这种感觉会让孩子从内心改变自己。

43. 家庭辩论会

规矩 43：允许他人保留各自的观点

从璐璐上幼儿园开始，每天的晚餐时间都是全家人最快乐的时间。每天回到家，我们总是先从璐璐喜欢的话题说起，这样她就有了跟父母交流的愿望。教育首先是了解，在了解的基础上，才能及时发现问题，给予孩子及时的引导。

上幼儿园的时候，话题大多数是学到了什么舞蹈、跟小朋友有了小矛盾，或者来了新同学，通过与璐璐的谈话，我们会获得许多信息，比如，哪位老师更有耐心，哪个小朋友又因为什么事情被罚站了……这些不仅提高了璐璐的表达能力，我们也会让她思考："为什么小朋友会被罚站？如果是你，你该怎么做？"

上了小学以后，她的话题就更多了，涉及面也更广泛了，从课堂知识到同学交往再到学校里一些现象。我们跟璐璐的交流通常很平等，很少用家长的身份去压制她，强迫她做不愿意做的事情，因此，璐璐在我们面前几乎是畅所欲言，我们总是耐心倾听，然后给出自己的观点，再问璐璐："你觉得爸爸妈妈的想法怎么样？"孩子有时会认同我们，有时候会提出异议。而我们也会认真地讨论她的想法。

在小学三年级之前，大都是孩子先说，然后我们讨论，最后引导孩子。到了三年级之后，璐璐有了更多的想法，对我们的某些观点也并不太认同，辩论的时候就多了起来。这种辩论主要是在我与璐璐之间，而她爸爸则是在我们母女争执得激烈时，充当主持人的角色："停，停，现在先给璐璐三分钟的时间陈述，三分钟之后换成你妈妈。对方在陈述的时候，不能被打断。"

刚开始，我的出发点也只是为了随时了解孩子的想法，能与孩子进行良好的沟通，希望璐璐通过与家长辩论锻炼思维与表达能力。但慢慢地，我发现，这种辩论对璐璐视野的拓宽以及让她学会多角度看问题都非常有益。许多朋友听说在我们家大人经常跟孩子"辩论"，很担忧："孩子变得伶牙俐齿，到时候说不服她，你就知道厉害了。"

事实上，这些朋友的担忧有点儿多余，我们与璐璐进行辩论的目的，并不是为了给孩子"洗脑"，灌输我们的观点，而是避免孩子单一地去理解事物，所以又何必一定要"说服"孩子。而我们的辩论也是有规则的，璐璐通过辩论，反而懂得了与人交流的礼貌与礼节。

我们家里的辩论，与父母们经常遇到的孩子"顶嘴"的情况是不同的。璐璐与我们都非常明白一个道理：我们允许各自保留自己的观点，只要下了餐桌，就不再讨论这个问题，即使一时半会儿没有结果。璐璐毕竟是孩子，如果在餐桌上没办法反驳我们的观点，但心里还是不服，那她会自己去找资料支撑自己的观点，然后在第二天晚餐时再与我们辩论。试想，如果孩子没有好好思考我们的观点，她又怎么去反驳我们？我们曾经讨论过一个问题：人的爱好多好，还是少好？这一次，我跟璐璐站在了一边：爱好不是专业，爱好多的人知识面肯定也更宽，甚至可塑性也强。所以我们倾向于个人爱好不妨多一点儿。而璐璐爸爸的观点则相反：爱好也需要"精"，人的时间精力毕竟有限，什么都去试试，又什么都不深入，不仅容易一事无成，还容易养成事事浅尝辄止的坏习惯。当然，我们谁也没有说服谁，但璐璐举了许多例子，让我们耳目一新，比如达芬奇不仅是画家，同时他也是雕塑家、建筑家、美术家、音乐家，所以爱好广泛并不代表就不能在某个领域取得成功；著名的民国才女林徽因，是建筑学家，同时也是诗人。

家长都不是权威，更不可能掌握着全部的知识与真理，所以即使在跟孩子辩论的时候失败了，也并不是件丢人的事情，不妨大方承认："在这个问题上，我们没有你见解深刻，我们储备的知识还不够，该向你学习，爸爸妈妈马上就去查相关资料。"既肯定了孩子，又言传身教地让孩子明白，知识有欠缺并不丢人，只要及时学习就行，学习永远不会晚。

如果用家长的架子去压制孩子，在家里要"说一不二"，会让孩子失去应有的鉴别与批评精神，迷信权威，甚至在与人交往时，人云亦云，更甚者会刻意谄媚讨好他人。

然而遗憾的是璐璐把我们"家庭辩论会"的精神带到了课堂，当不同意老师的观点时，她会举手站起来像对我们那样与老师辩论。一方面，老师课堂都有时间安排，不能只在一个问题上花时间，得照顾其他几十个学生。另一方面，某些老师，尤其是重视课堂纪律、看重个人威信的老师，对璐璐的表现就有些反感，觉得璐璐是爱出风头，不尊重老师、骄傲。个别老师甚至用"自以为是"这样的字眼。当然，这些是璐璐的班主任跟我交流时私下告诉我的，并没有让璐璐知道。

我突然意识到为什么近段时间，璐璐对"家庭辩论会"没那么热衷，整个人似乎有些消沉。我不能在孩子面前流露出对老师的一丝不尊重，但又不能让璐璐这种勇于与家长辩论的勇气就这样消失。后来，我是这样告诉璐璐的："老师也是人，也有个性，就好像璐璐不喜欢吃饼干，而喜欢喝酸奶一样。有些人喜欢辩论，觉得辩论才能出真理，但另外一些人不喜欢辩论，所以在与人相处的时候，我们要尊重对方的喜好。假如你觉得某位老师不喜欢你这种公开辩论的方式，你可以在课间时间跟老师讨论一下，如果老师疲惫或者表示不愿意，那你就带回咱们家的'家庭辩论会'里，如果觉得爸爸妈妈的观点不新颖，那咱们可以请大表姐来。"其实，说这话的时候，我自己都感到很苍白，但为了保护孩子的批判与质疑精神，我只能这样做。

保护孩子的质疑与批评精神，就是保护孩子思想的独立性，这样才有利于培养孩子实事求是的精神、遇到困难不轻易放弃的坚韧。

家庭教育与学校老师的观点相悖时，孩子会感到非常迷惑而且矛盾："为什么爸爸妈妈提倡的事情，到了学校老师却不赞同？"家长切忌正面指责老师，而是要站在老师、学校的立场去分析，也让孩子学会从多角度考虑问题，尊重自己，但又不以自我为中心。

44. 孩子犯了错需要反省，
但不必过于"深刻"反省

规矩 44: 学会反省

我从没让璐璐写过"检讨书"、"保证书"之类的东西，只要她犯的错，不是特别严重，不涉及品格道德的范围，我的处理方式就非常简单，连说话也很简洁。

有一次，璐璐把新买的衣服弄丢在出租车上。回家后非常沮丧，她说："妈妈，我把衣服弄丢了。"我问："怎么弄丢的？"她说："忘出租车上了。"我说："还能找回来吗？"璐

> 孩子犯了错，如果家长总是让孩子写"检讨书"，如果孩子写得太多,会觉得写一份"检讨书"是"小意思"，根本起不到让孩子反省的作用。

璐说："没记车牌号，估计是没办法了。不过，明天我还是想到出租车公司去一次。"我说好的，就试试吧。第二天，她去了出租车公司试图找回她的衣服。奇迹没有出现，璐璐的新衣服丢了。当璐璐告诉我这个消息时，我没有重翻旧账："告诉你多少次了，让你下车前要检查东西。我还提醒过你，最好把所有的东西发到一个大包里，这样就不会丢了。你嫌麻烦，现在好了,新衣服没有了吧！"如果我这样指责孩子，原本丢失新衣服就非常后悔、沮丧的孩子，会下意识地为自己的失误找借口。所以我轻描淡写地说："以后坐出租车可得仔细了，想想能有什么办法不丢东西？"

新衣服是被她自己丢的，璐璐也明白，我们是不会再给她买第二套新衣服了。所以一想到新年里没有新衣服穿，璐璐就沮丧得眼泪汪汪，我觉

得家长没必要真要在孩子的"伤口上撒盐"，一再提醒失误，而看不到孩子要为自己的行为买单。

有人会担心，如果孩子犯了错不让他反省，家长的原谅来的太容易，孩子下次照样会犯。我有位同学，为了让孩子深刻反省，让三年级的孩子写500字左右的"检讨书"。中间还出现了一个插曲，因为孩子的"认识"不够深刻，这篇"检讨书"先后写了三次才算过关。听说这件事情后，我说你干脆用绳子把儿子捆起来算了。且不说500字对一个三年级的小学生来说是多么巨大的工作量，这种明显带有惩罚性质的反省，会起到让孩子真心反省的效果吗？

这500字不是作文又不是作业，而是一份自我批评的检讨书。孩子写起来心里肯定是不愉快的，甚至是抵触的，有些孩子会问家长："为什么你犯了错，不用写检讨，上次你还摔坏了家里的电磁炉。"当孩子把反省变成了对父母的抵触，这种反省也就失去了意义。

另外，家长的这种做法，会让孩子有"不做不错，多做多错"、"不求有功，但求无过"的消极思想。如果这种思想长时间地影响他，成为他的思维模式，那么在做任何事情之前，他首先想到的是当事情失败时，他如何去推卸责任。过度的带有惩罚性质的反省，只会让孩子安于现状，从而失去了主动学习、勇于探索的精神，也就谈不上积极解决问题、克服困难的意志力了。

有的家长还把孩子的"检讨书"、"保证书"贴在墙上，想以此来提醒孩子。我想这种负面的提醒，会让孩子一次次地"温习"曾经的错误，让孩子背上沉重的思想包袱，长久的负面心理暗示，最终会让"检讨书"越来越多，当"检讨书"多到一定程度，孩子就会不在乎了。当一个孩子不在乎惩罚，甚至不在乎自己的尊严的时候，得用多少力气与方法去挽救孩子破罐子破摔的消极心态。

而我另外一个亲戚更是这种做法的"升级版"，他先是把孩子关在一个黑漆漆的储藏室里反省，然后写超过1000字的检讨书，接着还要把"检讨书"贴在床头，每天晚上读一遍。

当他颇为得意地说："最近老实多了。"我就忍不住往他头上泼冷水："孩子看似'老实'了，要么是消极反抗，要么就是妥协。他因为怕犯错，拒绝新的尝试，一切学习、做事的原则就是'不犯错就好'，孩子有这样的想法，他还有勇气与信心去做新的尝试吗？他对未来的探索、创新的勇气以及主动改正错误的精神都被扼杀了。

反复提醒孩子的过失，等于不停地提示孩子："你是个犯了错的孩子"，孩子的快乐与自信以及改正错误重新来过的自我期望，都被过度的"反省"毁了。孩子不会觉得这是父母对自己的严格要求，而是会消极地认为："无论我怎么努力，爸爸妈妈都不会原谅我，或者，我真的是无可救药了。"当孩子开始放弃了自己，无论家长再怎么努力，除了让亲子关系更加对立以外，于事无补。

反省的目的在于认识错误，找到犯错的原因以及如何避免这类错误，所以适度就好，孩子能认识错误，并且有积极改正的愿望就行。

孩子只是犯了一个错，没必要把这个错让他背上一辈子，家长的想法是提醒孩子别再犯相同的错，但其实起到的作用是相反的——这是在不停地提醒孩子曾经犯的错。

另外，我有一个朋友的妈妈帮她带孩子，老太太什么都好，就是喜欢找一切机会提醒孩子曾经的错误。有一次，我在小区里遇到婆孙俩，孩子正吃着一个雪糕，心情还不错。大概外婆也觉得心情不错的孩子才更容易接受家长的教育，于是她轻言细语地对孙子说："这次期末考试没考好是因为粗心，下次可要小心了。"孩子原本灿烂的笑脸顿时阴了下去，眼睛里的神采也消失了，一直低头沉默。

许多家长以为，孩子有缺点，就是要时常"敲打敲打"，让孩子警醒。让孩子"会反省"并不意味着反省得越多越好。反省的目的只为了让孩子汲取教训，而不是牢牢记住所犯错误的本身。所以家长要引导孩子反省，但这种反省不应带有强烈的情绪、也不应该是惩罚，而是教会孩子认识自己，总结经验，吸取教训。

45. "虚荣"的帽子不能随便盖

规矩 45：把"虚荣"变成动力

璐璐第一次被批评"虚荣"是上小学一年级时的秋游。那是璐璐第一次由老师带着跟班上的同学去野外进行野炊活动。一到下课时间孩子们就挤在一起叽叽喳喳地商量着谁带什么东西。璐璐也不例外，充满了期待与憧憬，每个孩子都积极地发言，表示自己会带什么来做午餐。考虑到孩子太小，还不能自己生火做饭，因此老师让孩子们全都准备熟食。

原本是我负责陪璐璐采购，可我临时被安排出差，于是就由外婆替璐璐采购。璐璐告诉外婆同学们都带了饼干、蛋糕、水果，最重要的是要有一个午餐罐头，因为许多孩子的父母都会给孩子准备这样一个美味的罐头。

外婆觉得璐璐已经有了饼干、蛋糕、水果，一个小孩子，哪里吃得了这么多？再买罐头就是浪费了，不能让孩子养成浪费的坏习惯。外婆有自己的理论："不能孩子要什么就有什么，这样下去就无法无天了。"

可外婆万万没想到，她的节约教育，却让璐璐人生的第一次秋游成了大家的笑料。

当璐璐放学回家知道外婆没有为她买回罐头时，以为外婆忘记了，急忙提醒外婆。但外婆明确地告诉她不会买时，小姑娘急得哭了，反复地跟外婆说："同学们都有。"而且外婆不知道，璐璐已经向院子里其他孩子炫耀自己秋游，并且爸爸妈妈会给她买罐头。

但外婆不为所动："别人是别人，我们是我们，你要是不想去就不去了。"璐璐拗不过外婆，又不愿意放弃秋游，只得妥协。

第二天，璐璐自己整理好了秋游的餐具、食物后，执意不让外婆送，独自走向学校。没人知道,在璐璐的书包里,除了外婆准备的食物外,她还往里面塞了一本《新华字典》。

璐璐到了学校之后,立刻就有同学问她带了罐头没有,她可是夸下了海口,而当璐璐支支吾吾回答不出来后,他们擅自打开了璐璐书包,没发现罐头,却看到了那本字典,于是,全班霎时炸开了锅:"哦,撒谎精,撒谎精",璐璐脸通红,眼泪在眼睛里打转,后来老师来喝止住了起哄的同学,却没安抚璐璐。

我知道这件事情,是璐璐在"投诉"外婆时告诉我的,我也没太在意,一个罐头,外婆虽然小题大做了一点儿,但也无伤大雅。在教育问题上,家长应当保持一致,因此我还告诉璐璐:"外婆也没错啊,你带去的食物也足够了。如果你愿意告诉外婆,你只要罐头,放弃饼干或者蛋糕,我相信外婆会考虑的,不能浪费。"

但后来的事情却引起我对这件事情的重视。期末时老师评语有一句是这样写的:"虚荣心较强,希望改进。"我懵了,我自认璐璐不是那种跟别人攀比吃穿的孩子,也不夸大自己的成绩,怎么就是虚荣心较强了?我主动联了老师,老师讲述了秋游事件,并且说:"没有就是没有,干吗还要装一本字典在书包里?这不是虚荣是什么?"

我当时没有与老师争辩,但只希望老师能修改评语,因为孩子即使现在不懂什么是"虚荣心",在她上了高年级以后也会明白。首先,我不认为璐璐的这种行为是虚荣,我觉得充其量也就是一个孩子对自己的保护,只是她没想到别人会翻看她的书包。其次,即使这是孩子虚荣的表现,也不应该写在评语上,成为孩子的标签,无意间为孩子"定性",时时提醒孩子。

我在教育上始终认定的一个原则是:记住孩子的优点,忘记孩子的错误。老师经过我的一番解释,终于改掉了评语。因为璐璐看到过第一次的评语,当她追问我"什么是虚荣时",我用"不自信,故意夸大、甚至杜撰自己的所有来掩饰自己的匮乏"敷衍了过去。

我要特意提一下,一对农村的夫妇。他们也没给孩子买午餐肉罐头,但他们家为了孩子秋游的午餐,不怕麻烦,特意做了几种馅料的包子,而且这两兄妹的妈妈还特地把包子捏成各种形状。所以当这两兄妹拿出爸爸妈妈亲手做的包子，由老师热了以后分给小朋友后，大家都称赞他们带的包子很好吃。两兄妹听了很高兴，之前，这两个孩子对没有罐头，还是有些耿耿于怀的。

我很欣赏这对朴实的夫妻的做法。也许他们没有能力或者不方便去给孩子买两个午餐罐头，但他们用自己的行动告诉孩子："爸爸妈妈很关心你的要求，即使我们没办法达到，但我们将尽最大努力支持你。"据璐璐说，这两兄妹虽然成绩不是最好的，但性格与人缘却非常好。

如果父母漠视孩子的要求、或者因为孩子的要求而斥责孩子，孩子要么会怀疑爸爸妈妈的爱，要么慢慢地觉得自己跟别的孩子不一样，变得敏感多疑又自卑。

当孩子的要求是合理的，而身边的孩子80%都拥有时，条件许可不妨满足孩子，如果条件不许可，也不要对孩子的要求置之不理，而要在能力范围内找到替代品。物质也许可以没有，但精神上一定要孩子满足。如果上述两者都不能做到，那么就请"冷处理"孩子的愿望，千万别轻易给孩子戴上"虚荣"的大帽子。

> 当孩子有"别的孩子有，为什么我没有"的想法时，家长不能用"攀比"、"虚荣"等语言给孩子"定性"，而是要让孩子看到自己有别人没有的，并且向孩子说明每个家庭的收入不同、能力不同的道理。

> 当孩子的正常要求达不到的时候，她就会从其他方面表现出自己的虚荣。成绩不好的学生，往往特别在意衣着、喜欢出风头，那就是为了引起别人另眼相看。家长应当及时发现孩子"爱虚荣"的异常表现，想想最近是否冷落了孩子。

家长可以选择的方法有很多，比如让孩子转移注意力，把重心放到别的地方，一旦孩子在其他地方，比如学习成绩、体育比赛、绘画唱歌等比赛中获得成就感以后，他会逐渐冷淡、遗忘曾经念念不忘的东西。

从一定程度上讲，适度的虚荣心恰好是孩子不甘于平凡的表现：孩子都喜欢家长当着其他人的面表扬、肯定她。

好的家长不会动"虚荣"的帽子去打压孩子，而应及时地引导他"虚荣"的方向，把孩子的"虚荣"变成她的动力。

46. 孩子不是家长天平上的砝码

规矩 46:不必仰望别人,你也有自己的独特之处

还记得小时候,我挺喜欢跳舞,而且天生乐感也不错,一听到音乐就能踩上节奏,是班上的活泼分子。但后来,除了一年级时上台跳过集体舞,直到成年我再也没有跳过一次舞。

这些都缘于学校的一次舞蹈队员选拔。

市里要进行一次小学生舞蹈比赛,每个学校出两个节目,算了算一共有上百所小学参赛,而直接对我们小学构成威胁的也有十来所小学。学校很重视这个比赛,很精心地从学生里挑选队员。

我有幸被班主任推荐给了学校,班主任对我很有信心:"你悟性好,记性也好,乐感强,肯定能选中。"我自己也这样认为,于是按照学校的吩咐,特意让妈妈买了练舞用的健美服。

经过了初选,我与其他49名学生站到了学校请来的艺校的形体老师面前,接受最后的挑选。这次挑选只留12名学生,其中最后上台的有10名,另外两名作为替补队员。

10个学生一组表演一些舞蹈的基本动作。我们是第一组,当我们整齐地站在老师们面前等待音乐的响起时,一位老师站起来走到我们面前,然后指着我说:"这位小姑娘的腰比其他几个短了些,腿也弯了点儿。"说完,她就坐了下去。

我脑袋"嗡"的一声响,音乐响起,机械地舞动,心里想的全是"腰短,腿不直",我越想挺直腰,直起腿,动作就越是乱,最后不用等宣布结果,我就独自偷偷地离开了。

　　之后，我再也没有在公开场合跳过舞。在代表毕业生致辞需要上台时，我冒着被我妈揍一顿的代价，私自拿了家里的生活费，自作主张去买一条根本不适合我的长裙。原因只有一个："我比别人腿弯"。

　　到大学、工作、结婚，我都对短裤、短裙敬而远之，当然，也再没跳过舞。我觉得自己不是跳舞那块料。

　　事情在二十多年后，出现了戏剧性的一幕。我被朋友拖着去一家著名的品牌服装专卖店试衣服，店员极力向我推荐一款修身短裙套装，说很适合我的身材气质。其实我也挺喜欢那套裙子，质地良好，做工精致，款式简单大方，看上去利落又不失娴雅温柔。

> 孩子会因为一件不美好的经历而怀疑自己、否定自己，家长需要及时发现孩子情绪的波动，并且积极地寻找机会让孩子重拾信心，帮助孩子及早走出阴影。

　　当我忐忑地从试衣间走出来时，朋友张大了嘴："你还真是不舍得把美腿让我们饱眼福。不过我真是羡慕嫉妒恨啊。"我觉得朋友更多的是鼓励，就像我老公一样。可这时走出来一位穿着时尚的妇女，像是服装店的老板。她打量了一番说："很少见你这样的标准比例的身材了，如果你愿意，我可以把这套裙子送给你，但你请给我的网店拍一组照片。"她的语气很认真，甚至有些急切。我仔细地看了看她，记忆突然涌了上来。她居然就是说我腰短、腿弯的女老师，现在说我是标准身材的也是她。我再次确定："我的身材很标准吗？"她有些不耐烦："如果一套衣服少了，报酬还可以再商量。"

　　我走了，突然内心酸楚，因为她无意的一句话，让我最美好的青春失去了多少美丽的风景？不仅扼杀了我舞蹈的乐趣，甚至让我的自信也随之消失。

　　像这位老师这样的家长并不少见。中国式教育的"特点"之一就是"谦虚"，当别人夸奖自己的孩子时，家长是一定要"狠狠"地"谦虚"一番，不仅全盘否定孩子的优点，还要把孩子的缺点拿出来强调一遍。

　　小娟本来是个斯文秀气的女孩，现在却变得内向怕羞，遇到陌生人总是躲躲闪闪，扭扭捏捏，显出一股不自信的小家子气。她妈妈很着急，说孩子去了一趟外婆家,回来就这样了。

经过询问,我们大概了解了发生的事情。小娟随着舅舅去了外婆家,外婆也很高兴,天天做好吃的给她吃。这天邻居来串门,小娟按照妈妈教的礼节,给客人倒茶,客人表扬了小娟:"刘阿姨,你的外孙女不仅长得清秀,还挺懂礼貌。"外婆一听,心里美滋滋的,嘴里却说:"哪里哦,你看她,眼睛小,还有点儿朝天鼻,说懂礼貌,那都是做给人看的,没人的时候还不是吵得我头疼。还是你女儿乖,眼睛大,嘴巴也乖巧,一看就是美人坏子。"

一直对自己容貌挺有自信的小娟,猛然听到这样的评价,而这样评价还来自外婆,她就去找镜子看,发现自己的眼睛真的偏下,而鼻子好像也有点儿塌。

以后再遇见熟人,小娟就低着头,主要是为了不让人发现她的"塌鼻子",慢慢地小娟也就失去了结交新朋友的热情,整天待在家里不愿意出去。

找了一个时间,我带着璐璐去了小娟家,小娟照例低着头,用手摸着鼻子。我仔细地看了一眼小娟说:"小娟的眉毛很漂亮,搭配上她的眼睛,好动人的一双大眼睛。"璐璐立刻不答应了,嘟着嘴:"那我的眼睛比小娟丑吗?"我说:"怎么会呢?你的眼睛虽然不大,但很有神采,跟你的五官很协调,如果换来一双更大的眼睛,那可真像那种大眼睛精灵了。"我这样一说,两个孩子都开心了。介于中国的国情,我觉得有必要让孩子自己去面对"被比较"这个现实,我认真地告诉孩子们:"每个人都是独立的个体,优点不同,缺点也不同,况且在某些时候,弱点反而会变成优势。"

孩子们瞪大了眼睛,我继续说:"比如在深山里被野兽追赶,前面有个山洞,高个子进不去,矮个子却一下子就进去捡回了性命。所以,孩子们,有缺点,咱们改;而我们改变不了的、不完美的地方,正是我们的独特之处,

当孩子特别在意自己的外貌时,家长不能打击、讥笑孩子,而是要承认追求美是人的天性,是值得肯定的。但人不仅要外貌美,还要心灵美,还要有意志力、能力等等,让孩子明白,一台电脑有再好的硬件没有好的软件也是枉然。

试想个个女生都是大眼睛、双眼皮、高鼻梁、樱桃小嘴，妈妈们每天得花多少时间去认自己的孩子啊？"

两个小女孩笑了起来，对"比较"这一问题释怀了。

家长应当避免将自己的孩子与其他孩子进行比较，尤其是用别的孩子的优点来比自己孩子的缺点，有些比较先天的就不公平，比如身高、容貌，这些不是通过孩子的努力可以改变的，会让孩子失去努力的动力，变得消极。

另外，即使对学习、绘画、唱歌以及其他特长的比较，也是对孩子自信心的伤害。我们可以鼓励孩子向某方面更优秀的同龄人学习，同时也要肯定孩子自己本身很特别的优点。

47. 你要控制情绪,而非让情绪控制你

规矩 47:去做你情绪的主人

高兴就笑,不高兴就哭,这是婴幼儿的特权,而孩子到了儿童时期,就应该慢慢学会控制自己的情绪,学会保持心态的平和。

璐璐刚上小学时,有段时间情绪很不稳定,好像一个随时会被点燃的火药桶,一句无心的话,都可以让她大哭大闹不止。后来,我才知道,她们班主任生病了以后,新来的班主任就不太善于控制自己的情绪,经常在教室里冲没完成作业、不守纪律的孩子大喊大叫,整个人充满了一种不安定的焦躁情绪。

这天,璐璐突然想要喝我们自己家榨的橘子汁,但这个季节根本就没有橘子,于是爸爸上街去买了西瓜,打算榨西瓜汁给她喝。按道理说,西瓜汁比橘子汁甜,孩子应该更喜欢才是,但璐璐一看到爸爸手里拧的是西瓜,嘴巴一撇,马上就要哭出来。我立刻说:"咦,你看这个西瓜好像戴了一顶帽子。"西瓜戴帽子?璐璐立刻好奇地去看西瓜,趁着这个时间,爸爸把另外一个西瓜榨成了汁,当可爱的粉红色西瓜汁摆在璐璐面前时,璐璐情绪明显地变好了。

璐璐很快喝完了西瓜汁,然后自己洗干净了杯子,把餐桌收拾干净。我说:"璐璐,妈妈真为你骄傲,你是个对自己很严格的孩子。"璐璐不好意思地笑了笑。

在家长的教育过程中,许多家长很看重对孩子循循善诱,而常常忽视暗示的作用。而我对璐璐的教育,大多数都是借助暗示来完成。

这天晚饭后,我带着璐璐到楼下散步,遇到了一位带着小孙子的老奶奶,

她一见到璐璐就说："璐璐，怎么今天跟妈妈就不哭了？那天她爸爸带着她，哭闹得整个小区都听得见。小姑娘，你还挺'横'的。"虽然老奶奶是开玩笑的口吻，但璐璐的表情已经明显地变了，我急忙打断了老奶奶："那天可能璐璐的心情确实不好，是我们家长没有觉察、照顾她的情绪，这点是我们忽略了。其实，大多数的时间璐璐是十分懂事，讲道理的孩子。"

说完话，我拉着璐璐匆匆离开。

璐璐问我："妈妈，哭闹真的很让人讨厌吗？"我说："当然啦，有什么事情可以通过商量来解决，哭闹除了把事情弄得更糟外，没有任何益处。璐璐，你是喜欢跟一个经常哭闹的小朋友玩，还是喜欢跟不哭不闹、心平气和的同学相处？"璐璐说："当然是不哭不闹的。"我说，这就对了，如果璐璐要想让自己受欢迎，有许多的朋友，就要学会心平气和，要做情绪的主人，别让情绪控制了你。

璐璐似懂非懂。这天小娟来家里玩，两人玩3D立体模型拼接，就在别墅快"搭建"成功时，她们却发现有一块很关键的组件不见了。璐璐眉头皱了起来，小娟让她别发火，我立刻说："璐璐不是轻易发火的孩子，她是着急才皱眉的。"

生活中像前面老奶奶这样的家长不在少数，喜欢当着他人的面儿谈论孩子的缺点，或者当面教训孩子。其实这种做法，除了让孩子更多地接受这种心理暗示，变本加厉外，就是让孩子变得自卑，对改变自己失去信心："反正在爸爸妈妈眼里，我就这样了"。与其反复地在孩子心里强化"我不行"的负面信息，不如通过心里暗示传递给孩子"我能够做好"的积极心态。

我通常是选择璐璐心情愉快时与她沟通，进行积极的暗示。教育是为了帮助孩子改正缺点，既然重点是"改正"，所以对孩子的错误、缺点，就不要一再强调，要告诉孩子"怎么做"，要充分肯定他的优点。没有得到父母肯定的孩子，因为没有信心和安全感，会更加难以控制自己的情绪，忧郁暴躁。

当璐璐做错的时候，我首先跟她讨论的是如何"善后"，而不去指责她犯错的本身。犯了错，孩子已经意识到，如果家长再喋喋不休地指责，会让孩子下意识地替自己辩驳,反而失去了他内心反省的空间与机会。而等到孩子平静下来后,父母再平静地与他讨论,重点依然不是放在他"为什么要犯错"上,应该是"以后怎么才能避免",当家长的态度是引导孩子而不是指责孩子时,孩子才会接受你的批判,反省自己的失当。而此时,我们更要表扬他情绪的稳定,心态的平和。

在其他人看来,孩子在学习如何自律的过程中,每次进步都是微不足道的,但家长却不能忽略这些"微不足道",每当孩子战胜自己一次,管理好自己一次,家长就要给予相当的肯定。只有内心有自信、乐观向上的孩子,才能学会控制自己的情绪。要想孩子做情绪的主人,家长就要控制自己的情绪,保持心平气和。如果父母安静平和,家庭氛围肯定就安详温馨,那么孩子将会受益匪浅。

有些家长经常半是骄傲半是指责的口吻:"我们家孩子就是脾气大,真拿他没办法。"这些家长显然没意识到平和宁静的性情对孩子一生的影响:谁愿意跟脾气暴躁、悲观忧郁的人做朋友?一个不善于管理自己情绪的人,不会有高情商,那么他将来怎么适应社会的人际关系,说严重点儿,孩子人生的幸福也会被他的情绪毁掉。

给予孩子一个宁静安详的环境,用温和的语气与孩子交流,让孩子学会控制情绪,遇事心平气和地交流、沟通,是锻炼孩子自控力的重要组成部分。

> 有时候孩子的火爆,是基于一种"火爆就是个性"的错误认识,觉得这样就是有气质的表现,家长应当通过实例让孩子了解到暴躁是没有修养的表现,不能将没有修养当作个性。

48. 让孩子了解什么是"宽容"、"平和"

规矩 48：宽容是必须学会的美德

璐璐上小学三年级时，她爸爸从外地出差回来，带回一套漂亮的裙子给她。周一早上璐璐就穿上那条漂亮裙子高高兴兴地去上学了。可等到下午放学时，璐璐几乎是哭着回家的，我连忙停下手里的活，问她是怎么回事儿。结果，璐璐抽抽搭搭地指着裙子背后的一小团墨水给我看。看璐璐情绪很激动，我没有追问下去，而是积极采取措施。我先让璐璐把裙子换下来，然后浸泡到冷水里，然后上网去查找洗掉墨水的方法。

> 当孩子的个人物品被损坏后，很沮丧很郁闷，家长首先要让孩子的情绪平静下来，然后再讨论补救办法，要重结果之于原因。

也许是我积极的态度影响了璐璐，她心情没那么恶劣了，转而担心地问："妈妈，能洗掉吗？"我如实回答："我也不知道，但璐璐如果这团墨水洗不到的话，该怎么办？"璐璐想了想，又反复看了看那团墨水，然后兴奋地说："妈妈，白色的裙子上也可以绣上蓝色小花，我们可以把那团墨水绣上花朵，然后在其他地方也绣上几朵，你觉得可以吗？"我立刻说："嗯，这是个很棒的方法。不过，还有其他办法吗？"璐璐低头认真想了起来，不一会儿她说："也许，我们还可以把裙子染成蓝色。"

我之所以开始没在"裙子为什么会滴上蓝墨水"详细地询问璐璐，就是因为孩子已经足够沮丧，情绪必定激动，说出来的话，难免带着情绪的偏颇，当找到了可以解决问题的方案后，孩子的情绪平复很多，意识到问题并没有自己想象得那么严重，那么这时孩子给出的答案可能才更客观真实。

璐璐告诉我,墨水是她的同桌小胖不小心滴上去的。后面的同学钢笔没有墨水了,小胖就把自己钢笔里的墨水挤一点儿给他,结果手一抖,一不小心就滴到了璐璐的裙子上。我问璐璐:"他是故意的吗?向你道歉了吗?"璐璐回答:"故意倒不是,也道歉了,但我心里就是不舒服。"我表示理解说:"是啊,刚穿一天的新裙子就被人滴上了墨水,换了是我,我心里也难过。不过,既然小胖不是故意的,他也道歉了,咱们更应该想办法把裙子洗干净,或者处理掉那个墨水印子,而不是对小胖不小心的错误耿耿于怀。"璐璐说:"可上次我不小心摔坏了小胖的钢笔,他不也让我赔了吗?"我说:"你摔坏了同学的钢笔,赔偿是应该的。至于小胖把墨水滴到你衣服上,他根本买不到这样一条裙子,他的零用钱,也可能不够买这样一条裙子,你让他赔,是在为难他。再说,小胖只有一支钢笔,他写作业学习都要用,而你不止这一条裙子。我相信你会原谅小胖,对吗?"

璐璐没再说话,但我感觉她心里还是有疙瘩,我继续说:"当然,你要求小胖赔你的裙子,也没什么不对。但是,我们要站在小胖的角度上去想想。小胖的爸爸长年不在家,只有他妈妈跟他在一起,而他妈妈也是靠卖早点来供他读书。如果你一定要小胖赔,最后他肯定得让她妈妈掏钱,你这一条裙子,可能就是小胖妈妈半个月的收入,你会安心吗?再说,小胖也不是故意的,这条裙子也不是不能穿,你一定要让他赔,谁还愿意跟你做朋友?"

我和风细雨的交流,最终让璐璐打开了心结:"其实小胖挺好的,每次我们值日,他都主动擦黑板、倒垃圾。"我说,对啊,这是多好的同学,你愿意为了一条裙子,失去一个好伙伴吗?

9岁的孩子,对许多道理似懂非懂,单纯地要求孩子要大度、宽容,孩子很难接受,但家长只要耐心地让孩子站在别人的角度看问题,让孩子了解

> 当孩子不想轻易原谅、宽容别人,希望别人赔偿时,家长不能一味指责孩子,首先要承认孩子要求的合理性,然后再分析这种合理性是否真有必要,会给别人带来什么后果,而又会给自己带来什么结果。

只有宽容平和才会有友谊，才会快乐，而宝贵的友情远胜于物质的拥有。

第二天，我立刻找人处理了裙子上的蓝墨水，按照璐璐的想法，在裙摆相同位置绣了一圈蓝色的小花，反而显得更漂亮。第三天，在我的建议下，璐璐穿着这条裙子去上学，回来后，特别开心。她说，她告诉小胖，自己不要他赔，小胖还不相信，但看到璐璐神情自若地穿上处理过的裙子去上学，对她从感激上升到了佩服，说以后就是铁哥们，谁敢欺负璐璐，他第一个不放过。

这件事情也就过去了，后来，璐璐自己读到了《楚庄王绝缨宴》的故事，她说："妈妈，这就是书上常说的因果吗？"我觉得孩子在宽恕问题上，理解得有点狭隘。我说："或许是的，但楚庄王当时命令臣子摘下缨帽，对冒犯他心上人的人不予追究的时候，可没预料到他的这次宽恕，会救了自己的命。其实，有许多人宽恕了对方，对方还不一定知道，也就谈不上所谓的'知恩图报'了。"

接着我慢慢跟她一起分析，宽恕别人，固然是对他人的原谅，消除了他人的烦恼，但宽恕的受益者并非只有被宽恕的人。当一个人心里装的全是抱怨、报仇这些负面的情绪时，他就感受不到快乐，当然也不会幸福，他会失去朋友，甚至亲人，最后即使他报复了对方，但又有什么结果？让对方处于不好的境地，也不能改变他已经扭曲的人生。

人善于宽恕他人，理解他人，对弱者充满理解与悲悯，其实更多的是对自己的解脱，是把应该舍弃的重担毅然抛弃。人的一生很短暂，这世界又有那么多的人值得交往、那么多的风景值得驻足观赏、那么多的美食等待品尝，如果没有开阔的胸襟，即使把全世界都放在眼前，也不会快乐。

心理学上有一个奇怪的现象，大多数内心充满抱怨、挑剔的人，其实是没有能力又不善于自我管理的人。而豁达宽容的人，通常善于体谅他人，而对自己的要求很高，有很强的自律能力。

让孩子学会宽容，既是让他学习处理好人际关系，拥有真正的友谊，学会体谅他人。同时更重要的是，让孩子的心灵得到解脱，只有心灵轻盈，孩子才有精力与智慧去追寻自己的目标，不被不必要的负面情绪绑缚飞翔的翅膀。

49. 爱是一种能力，也需要学习与练习

规矩 49：学会爱

或许是小时候经常给璐璐读童话书，一年去几次动物园的经历让璐璐对动物、尤其是小动物有种天然的喜爱，很羡慕饲养小动物的家庭。上小学之前，考虑到她太小，一直没答应她养条小狗的要求，到了她上小学一年级时，我跟她爸爸经过商量，从朋友那里抱回一只小巧漂亮的蝴蝶犬。

我永远记得蝴蝶犬抱回家，璐璐第一眼见到它的情形，她简直高兴疯了，抱着小狗爱不释手，久久地凝视着小狗水萌萌的眼睛，突然她像发现了新大陆似的叫了起来："妈妈，快看，它打哈欠了，打哈欠了。"

我说："小狗是我们送给你作为升入小学的礼物，喜欢吗""嗯"，璐璐狠狠地点头。我说："你可要想好了，它是一个新生的小生命，你要照顾它，给它喂食、洗澡、带它去遛弯、训练它大小便、如果它生病了，你还要照顾它。"璐璐低声说："怎么跟照顾一个小孩子一样。"我笑了："它就是一个小小孩，现在把它交给你，你可要让它快快长大。"

璐璐很兴奋，如果不是我们拦着她她睡觉都想抱着小狗。我说："小狗有自己漂亮的窝，如果跟你睡觉，你要是睡熟了，一个翻身不小心压着了它该怎么办？它那么小，可受不了你的一个翻身。"因为是站在小狗安全的角度去考虑，璐璐考虑了一会儿，反复视察了小狗的狗窝以后，又跟小狗道了晚安才上床睡觉。

这条小狗也给璐璐带来了无尽的乐趣，她跟它在草地上奔跑，一袋牛奶，她喝一半剩下的一半留给小狗。做作业也从来不要我们提醒，放学后，小狗会到门口去迎接她，然后他们一同进入璐璐的房间，小狗就趴在地上

等璐璐做作业。为了让小狗不等太长时间，璐璐总是抓紧时间做作业，甚至课间十分钟也利用上了。

璐璐从来没有把小狗当成宠物，她是真正地把小狗当成了的朋友。有阵子街道上四处捕捉没有办理养狗证、注射狂犬疫苗的小狗，璐璐每天上课前总是对我们叮嘱了再叮嘱要看护好小狗。看璐璐这样，我跟她爸爸商量，节约下打算换电视机的钱给小狗办了证，注射了狂犬疫苗，璐璐这才安心。

独生子家庭的孩子没有姐妹兄弟，许多孩子就是在家长的陪伴下成长，其实是孤独的长大，无论是与人的交流还是协调与他人的关系上，都远不如家里有兄弟姐们的孩子。在这种情况下，我们怎么去让孩子学会付出爱、学会照顾他人，体会生命的可贵，真情的珍贵？送给孩子一个有生命的伙伴是最无奈的选择。

尽管璐璐很尽职地照顾小狗，但小狗还是生病了，小小的身体蜷缩着，眼睛半闭着，见了璐璐，也只是无力地晃晃尾巴。璐璐抱着小狗几乎要急哭了："妈妈，小狗生病了，咱们快带它去医院吧。"

六岁的璐璐，抱着小狗并没有茫然无措地问我怎么办，而是催促我要上医院，这让我有点吃惊。后来想了想，也许璐璐觉得她对小狗有责任，而责任感会让人的心智较快地成熟。

来到了宠物医院，璐璐主动告诉医生小狗的症状，当医生告诉她要给小狗输液时，璐璐低头抱住小狗，对它说："狗狗乖，我们要输液，输液病才会好，你才能跟我玩，跟楼下的小花猫打架。"她轻柔地安抚着小狗，医生都很惊讶："这小姑娘真有爱心，这么小就会安慰小动物了。"

那几天，璐璐每天晚上数次起床去看小狗，眼看小狗一天天地康复，璐璐的脸上才有了释然的表情。通过对小动物的照顾，不仅让璐璐明白了什么是责任，更让她懂得去体恤比自己弱小的动物了。

在璐璐上高一那年，这条跟随我们十多年的蝴蝶犬已经老态龙钟，牙齿脱落得厉害，皮毛也掉得所剩无几。在它生命的倒计时中，它总是整夜地守在璐璐的房间门口，无论我们怎么劝慰它，它也不肯回自己的窝，最后，我们只得给它在门口铺上一块毯子。它其实是知道的，璐璐不在房间里。璐璐的高中是寄宿学校，每个星期日晚上都要向它告别。就在某天清晨，我们找遍了整个房间、小区，甚至贴了寻狗启事，但它却再也没有回来。

后来，我在一本书上看到，狗是很有灵性的动物，当它感觉到自己的生命快到尽头时，他会向他最亲近的人告别，然后独自去走向生命的终点。

璐璐回家没有看到小狗，我们告诉她小狗在离家前的表现时，她哭得很伤心，责怪我们为什么没打电话给她。直到今天，我仍然后悔在小狗生命的最后时刻，没有通知璐璐。我们总觉得许多事情以后还有机会，但许多少事情一旦错过就真的无从弥补。在我心里，还是觉得璐璐的学习比跟一条小狗见面更重要，我对生命的理解与尊重，远不如我的女儿，这让我惭愧又欣慰。

爱是种能力，也需要学习与练习，若家长不给孩子学习主动爱的机会，当孩子成年以后，再希望孩子付出爱、表达爱，往往会失望，不是孩子不孝顺，而是，孩子已经不懂得如何去爱，去表达。

当家长过分地强调书本知识的力量，看中分数时，孩子也会放松对其他诸如道德品质等方面的要求，他们会认为："反正爸爸妈妈也只看中成绩，只要成绩好，就一切都好。父母要从孩子小时候就开始培养孩子健康的人生观、价值观，要让孩子明白：人为什么活着，应该做怎样的人。

许多家长喜欢把孩子关在课本里，"成绩好，考上好学校就是一切，这种氛围下成长出来的孩子，纵然知识丰富，有一份待遇优厚的工作，但他们不会关心他人，甚至不在意父母，自私自利。当父母需要他们照顾的时候，避之不及。

热爱生命、尊重生命，不是一句空口号，如果孩子不曾真实地照顾过一个生命，目睹过生命从弱小变得强大，体会过动物与人的交流，他就不会真正有一颗广博而深邃的爱心。

看斯皮尔伯格导演的电影《战马》时，璐璐泪流满面，她想起了她丢失掉的那条小狗，它凝聚了璐璐童年时光里最温馨的片断。遗憾的是，现在许多孩子，却没有机会亲自照顾一个小动物，见证它们的成长，对生命的理解，也就非常匮乏苍白，这样的孩子，无论是情商还是心理，都远不及曾经与小动物相处过的孩子。

照顾一个生命，需要有强烈的责任感，而让孩子在照顾一个小生命的过程中，意识到生命的可贵，热爱生命，尊重生命，他才有基本的责任感，才能学会去付出爱，才能学会尊重、体贴他人，才会走出狭隘自私的圈子。当孩子在做一个决定时，他考虑到的不仅是对自己的影响，还要考虑是否对他人、社会带来危害，从而自觉地规范自己的行为，养成严于律己的好习惯。

[PART 8]

孩子，你要为自己的选择买单

——培养孩子的责任感，做有责任心的孩子

50. "假装"热爱学习

规矩50：先学会装样子

寒假里，大姑姐把猪猪送到我家里来时，满面愁容："同样的孩子，璐璐还比猪猪小两个月，怎么璐璐成绩那么好，猪猪就那么笨，你是当老师的，你帮我看看，辅导一下。"

其实，通过观察，我发现猪猪脑袋其实挺聪明，但就是对学习缺乏兴趣，已经有点"厌学"的苗头。我很严肃地让猪猪妈妈停掉一切兴趣班，整个寒假，我们只做游戏。

> 孩子的天性都是喜欢游戏的，家长如果想训练孩子，不妨先从与孩子一起做游戏入手。

猪猪一听只做游戏，兴趣立刻来了，连连追问。我神秘地告诉他，只要配合我玩这个游戏，猪猪一定会成为学习好的好孩子。其实，小学阶段的孩子，还很天真单纯，还是一张白纸，有极强的可塑性，孩子其实也喜欢自己能让父母开心。猪猪一副很憧憬的样子："舅妈，如果我有妹妹的成绩好，我妈肯定很高兴。"我立刻抓住这"星星之火"，引诱他："那是自然，你是你妈妈唯一的儿子啊。所以我们要好好做这个非常有效的游戏。但即使是做游戏也需要坚持，如果不能坚持，我们趁早现在放弃。"

猪猪连连说："坚持，我一定会坚持。我最喜欢做游戏。舅妈，快告诉我，是什么游戏。"我慢腾腾地说："这个游戏的名字就叫'假装'爱学习。"猪猪先是皱了皱眉，想了想说："反正是假装，那就装装吧。"

我说："从今天开始，你要跟璐璐一样，她做什么，你就做什么。当然，只是装样子。"

晚上给璐璐讲睡前故事时，我认真地告诉她："从明天开始，你就是猪猪哥哥的临时'小老师'，你要给猪猪哥哥做出榜样。"被赋予了这样神圣的职责，璐璐庄重地点点头。孩子其实也需要被赋予责任，有了这份充满了父母期待的责任，孩子会自己对自己要求更完美。后来，璐璐在学习上的自律、自觉充分证明了这点。

第二天上午，璐璐拿出作业开始做，猪猪也慢腾腾地掏出了作业。既然是装样子，我也没指望他能认真做作业。璐璐做了半小时作业，猪猪发了半小时的呆。下午，璐璐温习功课时，猪猪拿着书刚开始发呆，后来变得不耐烦，最后竟然自己翻了几页书。

第一天，我表扬了猪猪："做得不错，明天我们继续这个游戏。"猪猪拿着作为奖品的巧克力很得意："原来想要成绩好，也不是那么难啊。"我立刻点头："是啊，只要上课认真听了，不懂的就立刻问，及时复习，当然会有好成绩。"

第二天，璐璐写作业时，猪猪照例拿出了自己的练习册。这天，璐璐却格外地"笨"起来，好多非常简单题不会做，要向猪猪哥哥"请教"，结果在猪猪的"帮助"下完成。助人为快乐之本，猪猪在帮助了璐璐以后，心情自然很高兴。

接下来的时间里，猪猪渐渐从"假装"学习，变成了真正学习，虽然持续的时间很短，但也足够我认真地肯定一下，并且会提出一些小小的建议，让璐璐介绍一些方法给他。孩子们的相互交流沟通，即使发生争执，有时候也远比家长在一旁苦口婆心效果好。因为孩子们之间的交流是平等的、自然的，这种交流方式更易于被帮助的一方接受。另外，在相互交流的过程中，孩子们的表达能力、人际关系的协调能力也得到了锻炼。

经过一个星期的"假装"，猪猪对学习没那么惧怕、反感了，甚至有点儿快乐：没有人会拿着他的本子，拧着他的耳朵指责他的错误、也没有人会骂他是笨蛋，而通过与璐璐一起做作业，他发现，自己还不太差，甚至每天"假装"学习结束后，都有舅妈准备的礼物。

这样过了一段时间后，猪猪跟璐璐一起做作业，相互监督对方背诵课文、单词，完全忘记了他是"假装"热爱学习。我赶紧把握机会，中肯而客观地表扬他哪怕一丝细微的进步，同时也温和地指出他学习方法有待改进的地方。我每天为猪猪记日记，颇有点像国外的老师的评语：弄坏了妹妹的八音盒，我就评价为"动手能力强"，自动忽略了他"洗菜"弄了一厨房的水，评价他"热爱家务劳动"，当然有些是猪猪实至名归，比如"乐于助人、宽容"。每天记完日记，我都会让猪猪看，然后签名，他非常惊讶："我也要签名吗？"我说："这是关于你的日记，当然应该让你了解。"在写日记的过程中，我刻意写得生动有趣，加入一些成语词汇，甚至还引用一些名言、诗词。因为是"自己"事情，猪猪非常珍惜这个"签名"机会，自然看得格外仔细，因此一个寒假下来，他的阅读能力得到了提高，写作兴趣也浓厚了起来。后来我就开始"偷懒"："猪猪，今天舅妈太忙了，你帮我写日记行吗？"猪猪果然答应下来，还写得相当不错。但因为是"游戏"，所以一旦猪猪拒绝，或者表示不想写，我立刻收回自己的话，依然自己动笔，但故意放弃那些非常有趣的经历、猪猪特别得意的事情。果然，几天后，猪猪不满意了："还是我自己写，你写得干巴巴的。"我连忙承认："舅妈是成年人了，没有你的灵气了。"

寒假快结束时，猪猪已经能自觉地完成作业了，而我也从来不检查。我告诉猪猪："你自己检查，我相信你交给舅妈的本子已经是正确的。"我希望猪猪能认识到做作业、学习，是他自己的事情，另外，也避免他形成依赖——考试的时候可没有家长替他检查出错误。

在猪猪被大姑姐带走之前，我郑重地跟她谈了一次话，我告诉她，猪猪现在已经不排斥学习，开始从学习中找到乐趣了。如果她把握不好引导与批评的尺度，那么就干脆只肯定与表扬，但表扬一定要有具体的事例。

其实，猪猪或许离喜欢学习还有一段距离，但我始终坚信一条教育原则：假如希望孩子怎样，就要让自己相信孩子已经是自己期望的样子。我希望猪猪能自觉学习，我就不停地暗示自己，猪猪已经是个能自觉学习的孩子。在这种心理暗示下，我对猪猪表现出的就是信任、鼓励与肯定，孩子就会对自己有信心，他也会自己鞭策自己学习，其实，孩子知道自己的义务、职责，应该做什么，不该做什么，我要做的就是让孩子知道，学习没那么难，他也可以做好学生，而特定的学习氛围，又能很轻易地感染孩子，最后把"假装"变成了真实。

51. 马虎粗心不是一件无足轻重的事情

规矩 51：任何时候都不许拿粗心做借口

有段时间，璐璐特别粗心，尤其在学习上，不是看错了题目，就是验算错误，再么就是看错数字……考试后，试卷发下来，也没什么大错误，就是太粗心，有时候竟然会遗忘题目不做。我问过璐璐，是不是时间不够，她才这匆忙。结果璐璐不以为然地说："这些题我都会做，就是太粗心了。"在璐璐看来，马虎粗心是一件无足轻重的事情。

璐璐出现的不是学习技巧与方法的问题，而是根本的态度问题，因此我非常严肃地告诉她："别以为粗心是小问题，粗心首先反映的是你的知识掌握得不牢固，也反映出你的学习态度；另外，更重要的是，粗心是一种能力的欠缺，是你思维的不严谨。如果发射卫星的科学家稍微粗心一下，那将是不可估量的损失。如果在决定命运的考试中，你因为粗心丢了分，失去了进入理想学校的资格，那种懊恼与后悔，比你不会做那道题难受百倍。"

看我说得那么严重，璐璐也有点儿意识到粗心的严重性，我继续强调："粗心，就是能力差，学习不扎实。你会放心把事情交给粗心的人吗？"

许多孩子学习不好，就以粗心作为借口，而家长往往也相信了孩子，甚至还替孩子找借口，好像在家长们眼中，孩子不懂学习方法才值得紧张，而因为粗心而犯的错，则是可以原谅的。

我的想法刚好相反，因为教会孩子一

在许多孩子看来，粗心就是"稍微不小心"而已，不会有多严重的后果，家长一定要在孩子粗心的苗头刚出现时，就让孩子意识到粗心不是可以忽视的小毛病。

种解题方法很容易，而粗心会对孩子的一生产生影响。要想培养孩子的自控力，细心、沉稳、踏实等等都是必备的。如果经常因为粗心做错题，就不仅仅是粗心的问题，而是能力问题。只有不粗心的孩子，才能在学习上有稳定的状态，考试成绩也比较稳定，才会避免在重要的考试上临场发挥失常。孩子粗心是种不好的习惯，要纠正这个习惯，需要家长付出耐心。

其实，孩子粗心早在幼儿时期就已经有了端倪。这点我很遗憾，我因为要忙家教班的事情，在璐璐6个月前，大部分时间是外婆带她。而外婆有一个特点就是孩子玩完一种玩具后，她不会让孩子马上收拾。经常是玩具扔了一床，而外婆抱着璐璐出去玩了。而我在这方面也很欠缺，有时候也没意识到这个问题，直到璐璐快两岁时，有朋友提醒我，一定要让璐璐养成及时收拾自己的书和玩具的习惯，否则孩子长大后丢三落四，很粗心。虽然经过我们的努力，璐璐也会收拾一下自己的玩具，但随手乱扔的习惯其实已经养成。我始终在想，如果当时意识到这点，我们能从一开始就及时收拾璐璐的玩具，随时让家里保持有序的状态，这些都有助于璐璐建立她内心的秩序感与思维的清晰全面，或许璐璐就不会像后来这样粗心。

为了让璐璐改掉粗心的毛病，我首先在生活中采取了一些方法：首先要求她的房间保持整齐，至少一天要整理一次。坚持把物品放回原处。保持了房间的整洁以后，璐璐的条理性开始展现，做事情的效率也明显高起来，那种"找东西比做事情的时间还长"的情况极少出现。孩子也跟着神清气爽了不少。而且在保持房间整洁的过程中，璐璐还自己发现了许多整理房间的窍门。这就是孩子的创造性，我在肯定了她善于找方法解决问题的主动性后，启发她："璐璐，能不能把这种方法用在学习上？"

有好几次璐璐因为没看清题目就开始做题而被老师罚重做。因此璐璐决定先从做作业开始，她不再凭记忆，而是每天用笔记下老师布置的作业，甚至还向同学求证。然后她写了一个做作业的完整过程贴在书桌上，这样进行了一段时间以后，她因为粗心做错题的情况就很少了。后来，璐璐又把这种方法用到了考试上，力图让自己不因为粗心丢分。通过这些自我训练，她发现了用笔记录的好处，而且许多事情，在用笔记录的同时，她在心里会进行一番逻辑整理。后来无论是去野炊还是出门旅游，璐璐都会提前想好一个清单，就连去超市买菜买东西，她也要提前列一个清单，去了以后，直奔目的，减少了遗漏的同时，也节约了不少时间。

"好记性不如烂笔头"，随时记录下脑袋里一闪而过的念头，确实让璐璐少了很多失误。

每个孩子的特点不一样，所以适用的方法也会不一样，或许这种记录的"笨"办法适合璐璐，但未必适合别的孩子。但面对孩子粗心的毛病，家长一定要引起重视。如果孩子在3岁之前没有改掉一个坏习惯，那么一定要在6岁之前改掉，如果错过了6岁，那么12岁之前是最后的机会。如果在小学阶段孩子还没有改掉坏习惯，想在中学去改正，这种几率是微乎其微的。

著名教育家叶圣陶先生说："教育就是培养习惯，教会孩子思考。"所以作为父母，一定要把培养孩子日常的良好习惯，教会孩子独立思考、独立解决问题放在首位，而不是一味地重视孩子卷面分数，并且对因为粗心造成的错误不重视。"因为他都懂，只是粗心而已。"如果父母从小不注意纠正孩子粗心的毛病，这种习惯不仅可能影响他重要的考试，甚至可能会给他的未来带来意想不到的麻烦。教育不一定非要很严肃地进行，教育应当渗透到生活的点点滴滴。可以说，生活本身就是教育，孩子要在生活中学习，汲取经验，培养自律、自信、乐观、坚韧的品格。

52.让孩子真正成为家庭的一员

规矩 52：作为家庭的一员你应学会承担家庭责任

　　这句话，看起来有语病，孩子本来就是家庭的一员，为什么要"真正成为家庭的一员"？

　　是的，从一个孩子将要来到这个世界，父母以及整个家庭都在积极地做准备迎接这个新成员的到来。因为怕孩子太小，做不好事情，因此家长就事事替孩子做，5岁还需要父母给穿衣服，6岁还需要家长喂饭的孩子比比皆是。刚开始时，孩子喜欢学习家长做事情，但家长怕孩子做不好，或者很耽误时间，或者会弄脏衣服、房间，于是干脆就不让孩子碰。孩子自己学做事情的机会，就这样被家长剥夺了。到了小学时，当家长意识到孩子什么都不会、丝毫不珍惜家长的劳动成果、不体谅家长，想重新锻炼孩子做家务时，发现困难重重。经常听到这样的对话：妈妈说："儿子，去帮妈妈摆好碗筷。"孩子看电视纹丝不动，妈妈："叫你去摆碗，怎么不去？"孩子振振有词："那是你的事情，你自己做。"妈妈很气愤："我自己的事情？难道家务活我就该一个人做？这个家是我一个人的吗？"孩子看到妈妈要生气了，嘴上不说，但心里是不服气的。因为孩子没有要承担家庭责任的概念，家长在平时的言行中，已经把"我只需要好好学习，其他的事情都是爸爸妈

　　孩子不喜欢做家务，是因为有"我的任务是学习，家务是爸爸妈妈的事情"这种思想，家长应当在做家务时让孩子从旁边观察，然后参与其中，孩子感受到做家务后的成就感，体会做家务后带来的变化，慢慢就会重视家务。

妈的"这种想法渗透到了孩子的思想里，孩子又怎么能意识到自己是家庭的一员，也需要为家庭承担责任？

璐璐两岁多的时候，我洗衣服，她也凑过来洗。外婆怕璐璐玩水把衣服弄湿。我阻止了外婆，另外拿了一个盆子，把她自己的一条小内裤交给她，再给她一小块肥皂。璐璐像模像样地"洗"起了内裤，当然肯定是洗得她全身湿透了。等手里的衣服洗完，她身上的衣服又该换了。外婆说我太宠着孩子了，我说，孩子就是在玩中学习的，她的知识、能力也是在玩中增长的。

我做饭时，璐璐喜欢凑过来，于是我就有意识地让她放盐，翻炒一下锅里的菜。边做我还边问："璐璐喜欢做饭吗？"她说："喜欢。"我说："那将来，你做饭给爸爸妈妈、外婆外公吃好不好？"璐璐点点头："我长大了做饭给爸爸妈妈、外公外婆吃。"我亲亲她："好，妈妈等着吃你做的饭。"璐璐的这顿饭，其实我也没等多久，就在她8岁时，她就踩着小凳子做简单的白菜汤、蛋炒饭了。

我很注意让璐璐参与到家庭中来，从她5岁开始，她就正式加入了我们的家庭会议，家里的大小事情，都要让她知道，听听她的意见。即使孩子的意见不那么正确、成熟，我们也很注意发现里面积极的因素，加以鼓励。如果孩子说的有道理，我们也会尊重她的意见，按照她的想法去做。有些父母刻意要在孩子面前表现出威信，于是对孩子不苟言笑，试想父母是孩子在这个世界最亲近的人，而这个最亲近的人却经常给孩子"拒之千里之外"的感觉，孩子对情感需求怎么去满足？他的情商又怎么去发展，他怎么去学会爱人？许多父母在孩子成年以后，抱怨孩子不会关心人，跟自己不亲近，这不是孩子的问题，而是父母跟孩子的交流方式不正确。

这方面我有切肤体会。我的父亲是一位军人，然而很不幸的是，他把管理士兵的方式用到了家里，从我能记事开始，父亲好像就没抱过我，更别说亲亲我。父亲对我总是很严峻的态度，说话也通常是简短、命令式的。后来我结婚了，偶尔有一天，听到父亲冲母亲抱怨，说他生病，身体不舒服，我也不去看看他，不打电话问候一下他。

我其实很委屈，因为我不是不关心父亲，我经常给他添置衣服，给他买水果，做好吃的也用保温盒装好给他送过去。但我就是不习惯用语言来表达我的关心。那些话总觉得说起来别扭。直到后来，我自己从事了教育工作，开始研究儿童心理，我才知道与父亲之间的疏离，正是小时候他处处"树威"的结果。这种结果，是我们父子亲情共同的遗憾。

因为我自己的经历，所以我特别注意建立与璐璐平等亲密的关系，尽量让她参与到家庭中来，承担家庭责任。璐璐12岁就会上街买菜，15岁就开始正式地接过我们手里的"财政大权"安排家里日常开支。

当然，孩子刚开始做肯定做不好，父母不能因为孩子做不好就不让她再尝试。有一次，璐璐看了一道美食节目，突然心血来潮要做一道极其复杂的"佛跳墙"。对这种事情，我跟她爸爸向来都是赞同的，外婆经常说我们陪着孩子"疯"。第二天是周六，我们一家三口就按照电视上、网上学习到的菜谱去采购原料。整个周六与周日，璐璐就在厨房里折腾，把一个厨房弄成了二战战场，也没做出她想象中的"佛跳墙"。于是，接下来的一周里，我们一家喝了一星期的各种肉汤。我们一句责怪甚至评价性的话都没说。因为孩子其实已经知道这件事情她没成功，如果家长再去指责，反而会让她去找借口，或者从此对这类事情敬而远之，不肯再尝试。

璐璐第一个月当家，非常高兴，说一定要提高家里的生活质量，结果，她提高"质量"的办法是前半个月日子过得像贵族，到了后半个月，生活费就捉襟见肘，即使后来她补贴上了她的零用钱，我们也吃了十来天的"翡翠白玉汤"加泡菜的经典组合。但第二个月，情况就好了很多，为了省钱，她知道在什么时候去买菜，知道挑选农民拉来卖的菜，新鲜又便宜。

让孩子真正地成为家庭的一员，首先家长要用平等、接纳的态度，不要介意孩子犯错，孩子正是在一次次地犯错中汲取经验与教训成长起来的。当孩子意识到她也是家里的主人，她也需要为家庭做贡献时，她会严格地要求自己，他的独立性、生活能力会得到极好的锻炼，同时，他在这个过程，会学会关心体贴家人、协调家庭关系，这是对孩子性格与情商培养必不可少的部分。

53. 治疗 "撒谎症"

规矩 53：做诚实、诚信的人

　　璐璐 7 岁时，我们搬进了新买的房里。与我们同一天搬家的刚好也是一家三口，小男孩兵兵浓眉大眼，活泼机敏，给我留下了很深的印象。很快，兵兵与璐璐就成为了好朋友，彼此无话不说，但我们两对家长之间却还仅限于点头问好的阶段。

　　这天晚餐时，我无意间想起从前在老家时，许多邻居住一个院子的情形，叹息现在的邻里关系太冷漠。我说："你看，对门那一家三口都搬来两个月了，咱们除了知道人家姓什么之外，一无所知。"她爸爸还没来得及发言，璐璐突然神秘地而又得意地说："告诉你们一个秘密。兵兵的爸爸好厉害。"我与老公对视一眼，静等璐璐的下文。璐璐看我们感兴趣，接着说："兵兵告诉我，他爸爸曾经做过海盗，还在监狱里呆过。现在，他爸爸是黑道大哥。"邻居如此"传奇"的经历，让我将信将疑，璐璐看我们不太相信，有点儿不高兴："这是兵兵亲口告诉我的。"我连忙说："我们没有不相信，就是觉得这样的人生活在身边很新奇，一下子接受不过来。"璐璐说："我知道你们不相信。改天我把兵兵请到咱们家来，让他亲自给你们讲。"我说好。很快，我跟老公就把这件事情忘记了。但璐璐一直记在心上。估计她也觉得这简直像电视里的人物。

　　然而当兵兵来我家讲述他父母的经历时，却出现了完全不同的另外一个版本："我爸爸是建筑师，有好多大酒店都是他设计的。"璐璐有点儿着急："你不是说你爸爸是海盗，还进过监狱吗？"兵兵不耐烦地说："他出了监狱以后，就成了建筑师。"璐璐又急了："你不是说后来，你爸爸成了

黑社会老大？"兵兵白了璐璐一眼："黑
老大就不能当建筑师了吗？"眼看两个孩
子就要吵起来，而且兵兵的话逐渐自相矛
盾，他已经开始脸红脖子粗地跟璐璐争辩，
而璐璐也嚷开了："你撒谎。"我急忙制止
了璐璐，转移了话题，兵兵明显地放松了
下来。

当你发现孩子在撒谎
时，如果没有必要，不必
急着去揭露孩子，否则他
会用更多的谎言去掩饰。
家长要做的是耐心听完孩
子的谎言，然后分析孩子
撒谎的原因。

　　接下来，璐璐带兵兵去参观她的房间，
然后骄傲地把我们全家一块儿做成的飞机模型指给他看。兵兵很喜欢那个
飞机模型，嘴巴上却说："这有什么奇怪的？我小舅舅就是开飞机的。"璐
璐非常羡慕："真的，你舅舅是飞行员？"兵兵很肯定地点头："是的。"

　　过了一会儿，兵兵走了，璐璐凑过来问我："妈妈，你知道今天兵兵撒
谎，是不是？"我轻轻地拉过璐璐，看着她清澈的眼睛："璐璐，如果一个
人要撒谎，肯定有他想要撒谎的理由。如果没有必要，咱们可以不揭穿他。"
璐璐说："可撒谎不是好孩子。"我不能告诉孩子，这个世界没有真正不撒
谎的人，而在生活中有些善意的谎言是必须的。我只得点点头："好孩子是
不会撒谎欺骗伤害别人的。"

　　就在我还没了解兵兵父母时，他妈妈却敲开我们家的门。她手里拿着
一双漂亮的轮滑鞋："请问你家璐璐在吗？"璐璐刚好出去玩还没回家。没
等我详细询问，兵兵妈妈就说："兵兵说是璐璐邀请他一起滑冰，所以他才
买了这双滑冰鞋。"凭我的了解，我知道璐璐不可能邀请兵兵一起滑冰——
因为璐璐在经历了几个月的狂热滑冰期后，对滑冰的兴趣已经进入了冷淡
期，她已经差不多两个月没碰过冰鞋了，怎么可能邀请兵兵滑冰？

　　看着兵兵可怜巴巴的眼神，想到璐璐也曾经撒过谎，也为了保护兵兵
的自尊，我含糊地说："也许，有可能吧。唉，孩子们的事情我也不太清楚。"
璐璐回来时，那对母子已经离开，我拉过璐璐对她说："你也不喜欢兵兵撒
谎，对吗？如果想要治好兵兵的'撒谎症'，你就要配合妈妈。"

　　璐璐答应了。果然第二天，兵兵妈妈再次拉着兵兵上门，璐璐淡淡地说：

"阿姨，我忘记了。"兵兵妈妈十分失望，然后苦恼地说："这孩子，从小就撒谎成'精'。"

我忍不住制止她："兵兵才多大，就'从小'了？就算孩子在这件事情上撒谎了，我觉得你要考虑他为什么要撒谎？"她当时是有些恼怒地拉着兵兵走了。我摇头苦笑。

但没想到，晚饭后，我们一家在楼下散步时，遇到了兵兵妈妈，她很热情地迎接了上来："璐璐妈妈，我今天向别的邻居一打听，才知道你是老师。我回去后，仔细想了想，孩子撒谎，责任还真在我们身上。"我认真地看着她，这种态度给了她鼓励："我想请你帮我改掉兵兵撒谎的毛病。"

当时，璐璐、兵兵玩去了，我对她说："你也别太苦恼，其实，孩子撒谎这种事情很常见。包括璐璐也撒过谎。"她急忙追问，你是怎么做的？我笑笑："璐璐只是撒了一个小谎，她也为这个谎言付出了代价。"

那是璐璐7岁的时候，去外婆家玩，为了吹嘘自己能干，就说自己会洗衣、做饭，结果外婆就真的让她洗衣服。她自然不会洗，借口说忘记了。外婆说那没关系，你看着我洗，慢慢就想起来了。外婆洗完了一件衣服以后，问璐璐："想起来了吗？"璐璐点点头，于是外婆说："那请你帮我把那堆衣服洗干净，我知道我外孙女最能干，外婆去做你最喜欢的夹肉茄饼。"

整个下午，璐璐就在卫生间里跟一堆衣服战斗——小型衣物，外婆一律手洗。从外婆家回来以后，她就开始了自己洗衣服。至于做饭，她最终自己向外婆坦承了。而我表扬了她是个诚实的孩子，然后告诉她，想学做饭也不难。

听完璐璐的故事，她若有所悟："兵兵刚来这里，没有新朋友，急于想引起大家的注意，找到小伙伴，所以才会撒谎。那我该怎么做？"

我说："先要让兵兵找到自信，找到小伙伴，而小伙伴们不会喜欢撒谎的孩子，他自然不会再撒谎。兵兵不是说自己足球踢得好吗？那就让他好好练练足球。"

过段时间，兵兵跟小区孩子玩成一片，他热情、聪明、有组织能力，大家很喜欢，我也没再听璐璐说过他撒谎。

孩子撒谎的理由无非以下几点：想引起他人（包括家长）的重视；想逃避错误。

当一个孩子感觉到了足够的尊重、重视，家长平和地面对他的失败，他就没有撒谎的理由与必要。而就算孩子一时撒了谎，被家长察觉，如果没有必要，也不必揭穿，更不必对孩子的撒谎行为一再强调，时时提醒孩子曾经是个"谎话大王"，我们不能人为让孩子"撒谎"的印记越来越深，让一种行为变成习惯，最后真正地让撒谎成了孩子的品德污点。

客观而冷静地看待孩子的撒谎，当孩子撒了谎，在充分保护孩子自尊的情况下，让孩子意识到其实他完全可以不必撒谎。如果孩子主动承认自己撒谎了，那就要及时给予肯定。诚实与诚信是人需要培养的优秀品质之一，培养孩子的自控能力，这两样必不可少。

54. 信守承诺为做人之本

规矩54：别开"空头支票"

从璐璐1岁开始，我们就很少开"空头支票"，力求说过的话，不是万不得已一定做到。

璐璐刚3岁时，特喜欢乘公交车，感觉非常新奇。这天是周末，我跟她爸爸商量着乘公交车去游乐场玩。当然，我们只给璐璐讲了要坐公交车，暂时没提去游乐场的事情，因为怕临时出现变动，去不了游乐场，兑现不了承诺。

正当我们要出门时，我的一位同学突然到访。老同学来了，当然要接待，但我们并没有因为老同学的到来，就对璐璐任意毁约。我蹲下身体，轻轻地抱着璐璐，对她说："璐璐，妈妈的朋友来了，我要陪自己的朋友玩，就像你陪蕊蕊姐姐那样，所以妈妈不能陪你去坐公交车了，如果你愿意，爸爸可以陪你坐一次公交车，行吗？"璐璐想了想，虽然我不去，她可能有点儿失望，但还是选择了跟爸爸一起去乘坐公交车。

我的同学说："你们真的太惯着孩子了，3岁的小屁孩，随便就糊弄过去了。"我半开玩笑半认真地说："亏你也是搞教育的，你现在糊弄她容易，她将来糊弄你，你才知道什么是'糊弄'，现在我对她说话不算数，将来她学会的就是失信，轻易地许诺，然后轻易地毁约。她要为此付出不可想象的代价。"同学有点儿惭愧地点点头："说起来还是真是有道理。"

璐璐小学一年级时过春节，全家人在一起吃年夜饭，孩子们也一起玩，猪猪哥哥跟璐璐同年，比起其他哥哥姐姐，这两个更能玩到一起。姑姑给猪猪买了一个漂亮的变形金刚，做工很精细，真的可以把汽车人做各种变形，璐璐见了很喜欢，希望能玩玩，但猪猪哥哥正玩在兴头上，说什么都不愿意让璐璐玩。璐璐干着急也没用，后来，她想出了一个办法，她对猪猪哥哥说："你让我玩变形金刚，我把新买的《安徒生童话全集》送给你。"猪猪想了想同意了，把变形金刚给了璐璐。可璐璐还没玩一会儿，就到了吃饭时间。饭后，猪猪哥哥却拒绝继续把变形金刚给璐璐玩，说自己要回家了。璐璐很沮丧。第二天，姑姑带着猪猪哥哥来玩，猪猪哥哥一见到璐璐，就问璐璐索要《安徒生童话全集》。璐璐觉得猪猪哥哥就把变形金刚给她玩了一小会儿，根本没有玩过瘾，说猪猪哥哥要赖。

眼看两个孩子发生了争执，不明缘由的姑姑知道了事情的经过后，就让猪猪让着妹妹，并说妹妹看完了以后，就借给猪猪看。可猪猪不答应："她明明说的是送给我。"猪猪妈妈开始责怪猪猪不懂得宽容，不知道原谅妹妹。

我制止了她，把璐璐抱在怀里，看着她的眼睛轻轻地问："璐璐昨天答应过哥哥，如果把变形金刚给你玩，你就把书送给哥哥吗？"璐璐点点头："可是，我刚玩了一会儿。"我说："是啊，没好好地玩玩变形金刚却要把心爱的童话集送出去，换了妈妈也会不开心。"璐璐听我这样说，委屈地点点头，我接着说："但是，你在与哥哥约定的时候，并没有约定你要玩多长时间，那么即使变形金刚你只玩了一分钟，那也算玩了，也应该遵守承诺把书送给哥哥。"

璐璐扭扭捏捏不愿意，我接着说："璐璐要是不愿意，那就算了。"听我这样说，璐璐诧异地抬起头来，我说："但以后哥哥可能都不想跟你玩了，以后当你再提出跟小朋友交换玩具或者书时，估计小朋友都不会答应，因为他们知道你不守承诺，说过的话不算数。你想想，你愿意这样吗？"

璐璐摇摇头，最终还是把书从房间里拿出来给了猪猪哥哥，并且带着哭腔说："哥哥，这是我爸爸送给我的新年礼物，你不要弄丢了，也不要在上面乱画，最好也不要借给别人。"我提醒她："璐璐，现在你把书送给哥哥了，就是哥哥的书了，他怎么处理是哥哥的事情了。"听我这样说，璐璐真正地意识到这本她盼望了很久的书不属于她了，"哇"地一声大哭起来，很伤心。

我只是轻柔地拍着她，告诉她，下次别轻易许诺，如果许诺自己又不想或者没办法做到，那就是让自己陷于说话不算数的境地。许下承诺是为了兑现承诺，而不是为了一时的利益毁约的，否则就是欺骗，别人可能会上一次当，但他永远都不会再相信你第二次，也不会再给你第二次机会。你的朋友会越来越少，遇到真正需要别人帮助的时候，谁愿意帮一个说话不算数，轻易许诺的人？

璐璐眼泪汪汪地点点头，表示认同我的话。这次的教训对于璐璐来说是深刻的。她为自己的轻易许诺付出了代价。以后璐璐就极少许诺，许下了诺言以后，基本上没有违背。我从来也不逼璐璐许诺，所有的许诺、保证都是她自己做出的，我甚至还提醒她，兑现承诺的难度。

家长们逼孩子们许诺常常是在考试成绩下来后、家长会后、新年伊始等时间，要让孩子定一个具体的学习目标，这个所谓的目标，其实就是考试分数，觉得可以"趁热打铁"激起孩子对自己学习的责任感。

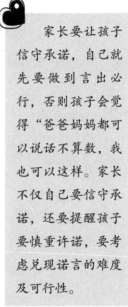

当孩子不愿意履行诺言时，家长要督促孩子及时履行，否则孩子会觉得自己用眼泪、哭闹可以逃避诺言。

家长要让孩子信守承诺，自己就先要做到言出必行，否则孩子会觉得"爸爸妈妈都可以说话不算数，我也可以这样。家长不仅自己要信守承诺，还要提醒孩子要慎重许诺，要考虑兑现诺言的难度及可行性。

但我觉得这种方式并不可取，首先无论是考试分数下来后、家长会后、新年开始都有情绪，家长或许会让孩子许下下学期要考多少分、要进入第几名。孩子迫于家长的压力，或者自己"重新开始"的冲动也会让孩子往往定下超过他能力或者他也没办法把握的目标，而一旦孩子没有达到所许下的承诺，家长就会失望。尽管有些家长也"以鼓励为主"，表示孩子进步了，自己就很高兴，但孩子内心是不开心的，因为他自己很明白，自己没有兑现承诺。如果孩子经常这样，渐渐地他不仅对自己的承诺不在意，也会不在意自己对他人的承诺,承诺在他身上没有应有的约束作用。所以我说，孩子的不守承诺，往往是被家长逼出来的。

关于守信的必要性，课外书、教科书上已经有许多故事，孩子们对此也很了解，而家长要做的，不是不厌其烦地告诉孩子必须信守承诺，而是要引导孩子正确认识到自己的能力，做出自己可以履行的承诺，以此提升孩子的诚信意识，锻炼孩子责任感。

55. 自由宽松的氛围是自律的沃土

规矩 55：你要为你的选择承担起责任

从璐璐出生开始，我就在思考一个问题：我希望我的孩子的未来是什么样的？学业优秀？功成名就？有一个爱她的她也爱的人相守？好像是，又好像不全是。后来，我想明白了，我希望璐璐有一个快乐的人生，她快乐地度过她的每一天，拥有获得快乐与幸福的能力。对，这才是我对孩子真正的期望。

在别的家长看来，我对孩子的教育有点纵容：周末想看电视，我就准备好水果、糕点陪她看她喜欢的节目，要看尽兴。甚至为了让她一个周末把整周正热播的电视剧看完，我还托关系从熟人那里找到光盘，提前放给她看。如果实在不行，我就去租或者买原著小说给她看。如果是在假期，我允许她一连几天做她喜欢的事情。

我认为孩子好习惯的培养，不应该与孩子的喜好相抵触。只有孩子感觉心情愉悦，她才能心甘情愿地接受自己内心的约束。许多家长说："我那孩子，你天天盯着，他都不学习，你不盯着，肯定要疯了。"其实，让孩子真正投入地"玩疯"一次又怎么样？孩子天生就有追求完美的天性，只要没有破坏掉孩子的自信，孩子还是愿

> 当家长对孩子的要求规定过多，孩子感觉到的是压抑与烦躁，他迫切地想要摆脱束缚，拥有自由。另外，他会认为就是因为上学、学习才剥夺了他的自由与快乐，厌学情绪一旦滋生，随之而来的就是孩子的撒谎、叛逆、弃学，所以家长对孩子的要求要理性，充分考虑到个性与承受力。

意朝着父母的期望努力的。所以对这种家长，如果还是处于小学阶段的孩子，我的建议是："那就试着'不管'他，对他的优点及时肯定，对他的'毛病'暂时视而不见。"

我从来不主动给璐璐制定规则，而她的小房间如果关着门，没有特别的事情，我是不会敲门进去的。家长充分地尊重信任孩子，孩子能感觉到，他会珍惜这种尊重与信任，自律由此而产生。即使偶尔开了小差，孩子内心也是不安的。这种不安，对于一个孩子来说，就是一种惩罚，孩子其实是会自己修正补救的。

有一次，小舅舅送给了璐璐一套漫画书。璐璐太喜欢了，尽管她自己也认为先做完作业再看漫画书比较好，但她实在抵御不了漫画书的诱惑，于是跟我商量能不能先看漫画书。

我正做晚饭，于是停下手里的活儿，认真地对她说："漫画书会一直放在家里，假如今天看不了，明天还可以看。但作业是今天必须做完的，今天的知识必须要今天消化。妈妈希望璐璐还是抓紧做完作业后，再看漫画。当然，妈妈也说过，学习是璐璐自己的事情，你有权利安排你的学习时间，如果你认为可以在看完漫画书后做作业，妈妈也不反对，决定在于你。"璐璐想了想："我就看10分钟。"

可以想象，对一个9岁的孩子来说，看10分钟漫画书，就立刻做作业，几乎不太可能。所以当璐璐情不自禁地看完整本漫画书时，已经到了睡觉时间。我没有问她的作业情况，而是照例洗漱，送她上床，然后我也回房睡觉。

我看了一会儿书，准备上完卫生间就睡觉时，发现璐璐房间的灯亮着。我敲门进去，她正边揉眼睛边打哈欠赶作业。

我没有责怪她，甚至连"如果你写完作业再来看漫画书"这样的语言都没有。我只简单地询问了她已经做了多少，还有多少，然后给她倒了杯果汁，让她专心写

> 当孩子不听家长的劝告，出现了失误，并且已经在补救，那么家长就不要再指责孩子，否则孩子会有一种家长"看笑话""落井下石"的感觉，从而对家长的建议产生逆反心理。

完早点儿睡觉。

我临走时，璐璐轻声问："妈妈，你不生气吗？"我说："不，妈妈没有生气。妈妈说过，是先写作业还是先看漫画书由你自己决定。妈妈只是心疼，怕你眼睛太累，休息不好。我在考虑，以后如果有新的礼物给你，咱们挑选在周末，你觉得呢？"璐璐说："也不一定要周末，只要我做完作业就行。"

孩子已经为自己的选择承担责任，并且她没有把作业留到转天，更没有想用撒谎来敷衍老师转天的检查，这充分证明了孩子对学习是有责任感的。当我建议周末才看课外书时孩子自己已经设定了规则:要作业做完才行。这就是在自由的氛围下，孩子自觉的自律。

我见过许多家长四处藏零食，然后孩子跟父母就展开了"家长藏，孩子找"的游戏。其实，这种方式有害无益，如果某些零食确实不太健康，父母可以耐心地把危害用最直接最简单的方式告诉孩子，然后可以给出建议，提供另外的选择。有时候孩子的坚持，不过也就是想尝尝到底是什么味道。

有阵子璐璐特别喜欢吃奶油蛋糕。我们都知道大多数的蛋糕店采用的奶油都是植物油提取的，对身体有害。于是，我们告诉她，生日蛋糕是在过生日时吃的，等到璐璐过生日了，爸爸妈妈一定给璐璐买生日蛋糕。另外，这种奶油吃多了，要长很多肉肉，会变成丑姑娘。之后，我们提出用奶糖替代蛋糕，璐璐欣然接受了。后来，她过生日，我们真的订了生日蛋糕，结果璐璐吃了几口说："妈妈，这蛋糕还没我的奶糖好吃。"从此，璐璐再不对蛋糕那么"情有独钟"。有时候，对已经有了自我意识的孩子，光是说教阻止他们做某件事情，即使一时成功，却使孩子更想尝试，而我则更多的地采用"替代原则"，让孩子有新的选择。趋利避害是人的天性，当她知道，在相同的条件下，爸爸妈妈给她提供的新选择更好，又不会让她有负罪感时，她也会乐于接受。

我们家的零食，是跟璐璐一起上超市挑选，当然，都是相对健康的零食，然后放在一个玻璃罐子里，罐子就放在储物间的书桌上，璐璐触手可及。

我们把零食罐交给她自己保管，每天吃多少，也由她自己掌握，但有一个原则：饭前不能吃零食水果。如果因为零食而不好好吃饭，那下次去超市就没有零食了。而水果就放在客厅的果盘里，璐璐也可以自由取用。虽然零食的多少由璐璐自己决定，但我们还是建议她每天有节制的吃，不仅对身体没害处，也能细水长流，一直吃到下一次去超市补充新零食。

在她上一年级时，因为曾经有孩子因为几块糖就被拐走的悲剧，所以我对璐璐的规定是：家里的零食随便吃，如果爸爸妈妈不在场，不许吃任何人给的食物；不许问同学要零食，如果看到同学吃，想尝尝回家告诉爸爸妈妈，在我们的能力范围内，如果零食是健康的、你可以的吃的，爸爸妈妈会给你买。

也许因为把吃多少、吃什么的自由给了璐璐，她反而在零食上没那么在意，一点儿都不"馋"。买回去的零食，比如牛肉干之类的，放在玻璃罐里，似乎就忘记了，许多时候，她的零食是我跟她爸爸在快要过期的时候，帮她吃掉了。许多朋友说我太"惯着"孩子了，但璐璐的自律能力就在我的这种"惯养"中，慢慢建立。

我跟她爸爸觉得孩子要"富养"，只要孩子有正当要求，能为生活带来便利、对学习有益，在我们的经济承受范围内，通常会满足孩子。买回来以后，通常完全交给孩子自己保管。满足孩子这些，跟孩子的成绩、表现没关系，否则不仅不能让孩子意识到学习生活都是她自己的事情，还容易滋生功利思想。

从璐璐开始上小学开始，我们就固定有零花钱给她。到了初中，我们感到孩子在用钱方面其实挺有节制，于是干脆把几十、一两百的零花钱放在抽屉里，她可以随手自由取用，而我们通常不太过问。

有一年的情人节，璐璐羡慕地说有同学跟爸爸妈妈一起过情人节，吃西餐。我留心了，但打听了一下情人节的套餐确实太贵，而平时是有很大折扣的。我就跟璐璐商量，说情人节是西方的节日，爸爸妈妈把情人节定成璐璐的生日，然后我们一家也去吃西餐过我们的情人节。当然，我也向孩子坦然了，情人节去吃西餐太贵，我说："我宁愿把钱省下来买书、看电影。"璐璐也同意我的观点："是太不值得。"

到璐璐上了高中，已经是亭亭玉立的大姑娘了，我们庆祝她成为高中生的礼物就是一张银行卡。而家里抽屉里备用的零花钱也从两百变成了四百。

我认为在这个充满了诱惑的年代，孩子不缺爱，不缺钱，将来走歧途、走弯路的概率要小许多。

许多人担心让孩子不缺钱，会养成孩子浪费的坏习惯。其实，如果从小家庭开支方面就让孩子参与，让她了解家庭的收入情况，潜移默化中让孩子养成节约节制的习惯。教会孩子健康的消费观，比一味地灌输孩子攒钱节约要现实得多。

给孩子宽松自由的环境，并非意味着没有规则，而这些规则必定由孩子参与并且答应。如果强制给孩子指定规则，这种"他律"的做法，会让孩子离"自律"越来越远。

[PART 9]

具备了这些能力，你才能去闯荡社会

——能力比成绩更重要，锻炼孩子的社会能力

56. 制定时间不如确定内容

规矩 56：厘清轻、重、缓、急

璐璐上小学五年级时，因为涉及"小升初"的考试，毛老师很负责任地替孩子们制定了一套严格的学习计划。当璐璐苦兮兮地拿着计划书给我看时，我吃一惊：毛老师似乎忘记了，他们还是一群十来岁的小学生，计划书涉及各门功课，把孩子们的时间挤榨再挤榨：语文一小时、数学一小时……如果严格按照时间表执行，别说是孩子，就算是大人也难以承受这样长时间的学习。

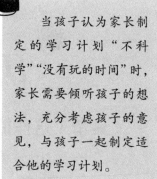

当孩子认为家长制定的学习计划"不科学""没有玩的时间"时，家长需要倾听孩子的想法，充分考虑孩子的意见，与孩子一起制定适合他的学习计划。

兴趣为学习之本，我不想迎合老师的做法而让璐璐失去学习兴趣甚至厌学。因为与孩子互动，我知道语文是璐璐的强项，只要保持就行，而数学则需要再多花点儿心思，英语需要璐璐扩大阅读量。想到这里，我对璐璐说："老师要针对大部分的同学，但我们也可以根据自己的学习情况作出自己的学习计划。"根据璐璐的学习情况与复习进度，我觉得与其规定复习时间，让孩子被动地"拖"、"熬"时间，不如确定复习内容，变被动为主动，孩子想要争取时间做其他自己想做的事情，势必会更专注投入，这样学习效率上去了，专注力也得到了培养。

其实，孩子生来就有追求完美的天性，只要防止了严重的偏科现象导致孩子根本跟不上整体学习进度，一般情况下，孩子还是愿意主动加强自己薄弱的学科与环节的。

当然，我与璐璐有言在先，如果这种学习方法不恰当，我们还是要按照老师的学习计划进行复习。璐璐为了让学习的自主权掌握在自己手里，同时也为了获得家长的认同，每天总是迫不及待地要让我"验收"她的复习成果。我也乐得顺水推舟，并且建议她邀请小娟参与进来，我提问，孩子们抢答的方式，不仅加强了效果，还为枯燥的复习赋予了趣味性。

这样，璐璐每天花在复习上时间不超过两小时，她喜欢的舞蹈与绘画，也没有落下。

同时，我也很注意将学习与兴趣结合起来，我给孩子买了一些适合小学生的英语读物，里面都是生动有趣的故事，替代了之前睡前阅读的故事、童话书。璐璐有不懂的单词、句子，立刻会问我，我会让她用彩色笔划上，然后反复讲解。有时还会拓展一点相关知识，比如讲到牛顿与落地苹果的故事时，我顺带地讲述一点儿关于重力的物理知识。讲完，我会总结一句："当然，妈妈告诉你的也不一定正确，以后等你上中学了，会更详细地学习。"

这样无形中又给孩子加了"油"，让她更期待未来的中学生涯。其实，璐璐不会知道，她所阅读的每本故事书，我自己都事先做了"功课"：反复阅读几次，查阅资料，以便能快速而准确地回答她提出的问题。

相对于其他同学疲于奔命地报"培优班"，璐璐显得太轻松自在，我心里也有点儿不踏实，但我知道不能强迫孩子接受家长的想法、观念，即使有必要，也要让孩子自己认识到有必要。趁着一个周末，我特意邀请了璐璐已经考上重点大学的表姐来家里做客。璐璐特别喜欢这位表姐，对大学生活非常非常神往。表姐详细地对璐璐描述了大学里的趣事，同时不着痕迹地引导璐璐，"小升初"也很重要，升入重点中学，就等于拿起了一块名牌大学的敲门砖。

表姐走后，璐璐主动要参加寒假的"奥数班"与英语培训班。我有点儿吃惊："寒假你不回奶奶家，去跟哥哥姐姐们玩了？"璐璐老气横秋地说："表姐说了，人生要懂得选择，要有轻重缓急。"

我深深地拥抱孩子，赞叹她的懂事，同时也有些担心补习两门功课，她能应付吗？孩子笑了："这算什么？还有同时上五六个培训班的同学。放心吧，妈妈，我会安排好自己的时间。"

璐璐自己收起了许多课外书，把它们交给我保管，同时让我把电脑搬离书房，甚至加上开机密码。我小心翼翼地说："其实，偶尔放松一下还是可以的。"璐璐摇摇头："我怕管不住自己。"我问："那如果需要查资料，怎么办？"璐璐简单地说："我就到你的房间里去，你陪我一起找。"她主动与我约定，考试结束后再好好地玩电脑、打游戏。

我再次感受到，在教育的过程中，与其管得过细、过强，不如把梦想与目标交到孩子自己手上，让孩子自己调整步伐，家长只需要配合，给孩子提供一个平和宁静的环境。把孩子强行塞入一个个的"培优班"的家长，把教育过多地寄希望于外部因素，而忽略了孩子内心的需要、个性发展的需要，即使短时间内成绩有所上升，但长此以往，孩子的学习胃口是会败坏的。

一旦要靠恐吓、威逼，甚至打骂的方式强制孩子学习时，就已经很危险了。只有当孩子充分意识到学习是自己的事情，在时间、内容上尊重孩子的意愿，孩子才能真正做到自觉自律。当家长协助制定学习计划时，完全可以根据孩子的具体情况，用一份个性的复习计划，替代生硬的时间表格。有了具体内容，在时间上就可以尊重孩子的意愿，比如她喜欢在滑冰的时候背诵一些课文，在等待吃饭的间歇，做一道习题。

在孩子的学习问题上，让孩子懂得学习是自己的责任，激起孩子的责任感，培养孩子的责任意识，才能真正让孩子在学习上做到自觉自律。

57. 表现自己，是勇气不是骄傲

规矩 57：就是要你"出风头"

我一直努力给璐璐营造一个尽可能宽松、没有太多压力与束缚的成长环境，但却导致她在学校里遭遇了许多困惑甚至委屈。我一次次跟孩子谈心，试图解开的她"心结"。什么时候，我们的教育才能真正做到"以孩子为本"。有些教师，总喜欢以自己固有的观念去要求孩子，甚至庸俗地理解孩子的行为。我曾经听到过一位小学三年级的班主任骂那些下课后跟小男孩玩的女生："不守节。"当璐璐回来问我什么是"守节"时，我记得我的错愕与艰难，我不知道怎么把这个词语向纯净的孩子解释，才能让她不过早地联想到两性上去。最后，我选择了转移话题。

这天，璐璐回到家闷闷不乐，表情充满委屈与迷惑。璐璐与我达成了默契，她的事情，只要她不说，我就不追问。但我不追问，并不代表我不关心，我精心地准备好了饭菜，然后敲开她的门，轻轻地拥抱了她。

饭桌上准备的都是她喜欢的菜，孩子很快就将注意力放到美食上了。吃完饭，情绪稳定了许多。主动说起了今天的事情：

学校要以年级为单位进行才艺比赛，让同学们积极报名，下周进行初赛。璐璐看到上面许多项目都是自己擅长的，于是一下子就报了很多：唱歌、绘画、跳舞、手工、诗歌朗诵、弹电子琴……她报的项目之多，很快引起了年级主任的注意，他就问璐璐："这位小同学，报了这么多？可不要贪多嚼不烂哦？你最擅长什么？"璐璐想了想："跳舞。""好，那敢不敢跳给大家看看？"璐璐很天真："好啊。"于是，年级主任就真的放了音乐，让璐璐在操场上跳了一段舞蹈。

跳完后，璐璐高高兴兴地跟年级主任道别，回了教室。她没想到，迎接她的是同学们别扭的表情，数学老师略带轻视的口吻说："下课跳舞的同学要收收心了。要懂得谦虚，别小小年纪整天想着出风头。"璐璐委屈得想哭，她就不明白了：妈妈一直要我勇于表现自己，怎么到了老师那里就是出风头、不谦虚。

我听完了以后，把一个水果递给她，用开玩笑的口吻说："我倒希望你现在'不谦虚'，不谦虚就是骄傲，可问题是骄傲是要在成功以后，现在你们连比赛都还没开始，甚至连初赛都没进行，只是报名，你怎么骄傲得起来？没有骄傲，哪里需要谦虚？"

我接着补充道："骄傲其实就是经历的成功太少了，自己太在意造成的。我相信璐璐不会只在意一两次的成功，对吧？人生是一场长跑，某一两次暂时领先，并不代表会在其他地方、其他时间都领先。"

璐璐还是有点儿不舒服："可老师说我出风头，多难听啊。"我心里感到深深地悲哀，孩子们的天性与探索甚至某些方面的天赋特长，就被这些冷漠尖刻的言语抹杀了。这不仅让孩子懦弱猥琐，还让成人虚伪圆滑的那一套为人处世的态度，过早地侵染了孩子纯净的世界。

但要孩子好好学习，就必须尊敬老师，否则，只要父母把一丝轻慢老师的态度传递给了孩子，孩子就再也不可能听从老师的教育了。

因此我想了想说，老师也是人，是人就有自己的喜好，这也就是妈妈经常跟你说的"物以类聚，人以群分"的道理。比如，你喜欢跟小娟玩，但跟潇潇玩就没那么开心，对吗？也许数学老师性格比较内向，她对这种当众表演有些不适应。但也有老师就喜欢你这样善于表现自己的，比如毛老师，她不是经常鼓励你在上课前5分钟进行朗诵吗？你看，这就跟有些人喜欢吃辣，有些人喜欢吃甜一样，璐璐只要觉得自己没有骄傲，没有妨碍他人，并且觉得这种表现会让你开心，就没什么不可以。因为在这个节奏越来越快的社会，如果你不会表现自己，那么别人就注意不到你的优点，自然也就错过了许多可以学习、锻炼的好机会。你还能想起作文比赛的事情吗？"

璐璐三年级时，偶然从一张小学生学习报上看到了一则征稿启事，征稿的对象当时限定在四年级，但璐璐看了要求以后，觉得自己可以写出来。于是，我鼓励她写，然后由我帮她用电子邮件发到了编辑部。

没想到，璐璐的这篇作文被编辑看中，交给了主编，因为璐璐不符合四年级的参赛条件，但主编一方面可能是出于鼓励孩子，另一方面觉得璐璐作文确实不错，就决定把璐璐的这篇作文，跟获得了"优秀作文"荣誉奖的作文一起在报纸上刊登了出来。璐璐作文上报纸

> 假如家长只简单地压制儿童喜欢表现自我的天性，一种情况是孩子从此变得自卑胆小，长大以后也难有从容大气的气质。而另一种情况，孩子积极的自我表现被压制，或者不被重视，他就会寻找其他方法引人注意，变成真正的调皮、顽劣、出风头，因此家长应当正面而有技巧地引导孩子的自我表现。

的消息，很快被学校知道。于是，学校破格吸纳璐璐进入了学校高年级才能进入的"小记者"站里。在小记者站里，璐璐不仅学到了更多的写作技巧，还学会了诸如采访稿、新闻稿、人物稿的写法，甚至还面对面对采访过一位省级优秀教师。

这件事情璐璐一直引以为豪，所以我特意用这件事情去说她，让她明白善于表现自我可能给人生带来的机会。

但接下来，我又告诉她："但是璐璐，你能抓住机会表现你自己，并不代表你就做得最好，是不是？既然是表现展示你的才能，那就要允许别人对你提出也许不那么好的评价。对这些评价，如果是好的，应该当成是鼓励，如果不好，也应该要接受，如果你觉得对方说的并不正确，也要抱着接纳的态度。"

如果没有人刻意压制，孩子或多或少都会有自我表现的欲望，而正面引导孩子自我表现，它会成为督促孩子更严格要求自己的正面力量。

58. 不能镇定就强装镇定

规矩 58：隐藏起你的恐惧

我很怕狗，只要远远地看到狗，就会不由自主地躲得远远地。此外，我还极度害怕蛇，甚至只要在电视上看到蛇，我也会立刻换台。有一次，老公买了一条乌梢蛇回家治疗风湿，结果我被吓得浑身冰凉，一句话都说不利索，晚上噩梦连连。

我原本以为每个人都会有恐惧的事物，女儿即便怕狗与蛇也没什么大不了。但偶然的一天，我看电视剧《潜伏》，余则成哪怕是处于最危险的境地，也需要装作镇定自若，否则稍微露出一点儿蛛丝马迹，就会让他功亏一篑，甚至性命堪忧。联系到我最近一次竞聘年级主任失败，我意识到有效控制恐惧的重要性。

这原本是一次简单的同事聚会，在让人神清气爽的农郊里，呼吸着新鲜的空气，吃着地道的农家菜，十分惬意。当时，我正端着饮料，一条黄色的大狼狗突然间窜了出来，我控制不住大声尖叫起来，手里的饮料泼了旁边的领导一身，差点儿要把桌子掀翻。幸亏主人很快就把狗关了起来，但我也明显看到几位领导诧异的眼神。一个月后竞聘结果出来，我自然是"失败了"，追其原因，是领导觉得我心理素质太差，不能控制自己的情绪。

也许是受我影响，璐璐对这两种动物也很害怕，现在我再来改善两种动物在她心里的印象已经是徒劳，我能做的，就是让她隐藏、控制自己的恐惧。

这天回到家，我故意以一种夸张的语气告诉璐璐："妈妈我今天可做了一回英雄，我打跑了一条恶狗。"璐璐立刻凑了过来，我绘声绘色地讲开了："就在狗呲着牙要冲过来的时候，我突然想到老年人说过，遇到狗不能跑，要蹲下，顺便看看手里有没石头之类的东西。于是，我连忙蹲下，果然，我一蹲下，狗就有了逃走的迹象，接下来，我突然冲向那条狗，它看我突然冲向它，反而边咬边躲，我则是越追越勇。"我停了下来，璐璐着急地追问："后来呢？"我喘口气，摸着胸口说："吓死我了。后来？后来狗就被我吓跑了。"璐璐说："哦，原来你还是害怕狗。"我说是啊，但不能让狗看出来我怕它。

说来也巧，几天后，就在我送璐璐上学的路上，一条狗突然出现在我们眼前，我强忍住往后跑的冲动，就要蹲下，璐璐却用嘴唇发出了"嘬、嘬"唤狗的声音，狗的眼神明显地变得温和起来，看了看我们以后，摇摇尾巴离开了。我拉住璐璐的时候，她的手心冰冷一片，整个人还在微微发抖，看到狗离开，长长地出了口气。我表扬了璐璐的淡定，不用我引导，璐璐自己已经开始走出怕狗的阴影："妈妈，狗也不是那么可怕嘛。"我立刻表示赞同她的意见："只要你隐藏好自己的惧怕，就会发现事情也许不是自己想得那么恐怖。"

半个月后，开家长会时毛老师表扬了璐璐。事情的缘由是一个男生藏着一条蛇进了教室，他先是把蛇放到他同桌的课桌里，结果把个小女生吓得尖叫痛哭，她周围的女生也乱成一团，有一个女生甚至在逃跑的时候摔倒了，额头碰上课桌，受了伤。而这个男生把蛇举到璐璐面前时，迎接他的是璐璐一动不动的身体，以及冷静的眼神，几秒钟后，璐璐猛地抓住了那条"蛇"，交给了老师。原来，男生带来的就是一条仿真度极高的玩具蛇。

我表扬了璐璐的胆大心细，她却回答："妈妈，我那都是装的。您说过，要藏起自己的恐惧。如果我越表现得害怕，那个男孩就越得意。"

几天后的一个下午，早已经过了放学时间，璐璐迟迟还没回家，就在我打算到学校去看她时，她却回了家。只一

> 小学阶段孩子的恐惧，通常都是对现实生活中的各种危险，如车祸、地震、火灾等，对此父母可以借助科学读物让孩子了解自然现象，也可以直接问孩子"需要爸爸妈妈怎么做，你才不害怕"。如果孩子提出了具体方案，就按照孩子的要求去做。

眼，我就发现她不对劲，衣服皱皱的，头发有些乱，书包好像经过一番拉扯，斜斜地挎在她的肩上。看到璐璐表情还算平静，并没有向我倾诉的意思，我也就没有追问，只是让她洗手吃饭。人饿着肚子的时候，往往更容易有悲观情绪，更容易激动。人吃饭的过程，也是释放情绪的过程。

等到璐璐吃饱了饭，我端上了水果，然后看着她的眼睛，温和地问："发生了什么事情能告诉妈妈吗？如果有必要，妈妈会替你保密。妈妈不是要干涉你，妈妈是关心你。"璐璐吃了一口西瓜，沉默了一会儿，她沉默的这一分钟，每一秒都是煎熬，我不知道孩子在学校发生了什么事情，被人欺负了？跟同学打架了？璐璐可不是好斗的孩子。

璐璐拿起了另一块西瓜："妈妈，其实也不是什么大事情，就是怕你担心，所以没告诉你。班上有个女生找我借了20元钱，说好一个月内还，结果都过了三个月还没还。我最近想买套童话故事书，想问她要回来。结果她说那是我给她的'保护费'，我当然不答应。结果，她找了另外几个班的女生一起围着我，说要给我点儿颜色看。"我吃惊地瞪大眼睛，想要拉过璐璐，看看她身上有没有伤。

璐璐说："其实，我也很害怕，但我告诉自己不能露怯。我冷冷地看着她们，当她们冲上来拉我的衣服、扯我的书包时，我告诉她，如果她敢再动我，我明天会联合所有她'借'过钱的同学，一起向她讨要，然后我们会联名告诉老师，甚至校长。"璐璐的威胁，让几个女生犹豫了一下，然后她们商量了一下，让她回家。璐璐没有见好就收，紧追不舍："什么时候还钱？"对方让她们中的一个女生掏了钱，璐璐接过钱，昂首大步回家。

我轻轻地说："璐璐，你能控制自己的恐惧，妈妈很高兴。因为只有这样，你才能有时间去思考，寻找到最佳解决问题的途径，从而让自己从危机中脱离。"

恐惧并不会因为我们是否表现出来而减少半分，假如我们做不到真的镇定，也要强装镇定，一是可以迷惑对方，更重要的是，只有我们成功地隐藏起自己的恐惧，才有可能让自己真正镇定下来。控制自己的情绪，也是自律能力培养的重要部分。

59. 在游戏中教会孩子自律

规矩 59：孩子，你应该主动去适应环境

中国教育从高考制度到45分钟的上课制度，都受到诟病，很多人羡慕美国"讨论式"的课堂，认为这样做充分尊重了孩子，符合孩子好动的天性，能激发孩子的创造力。而与此相反的是，一些美国孩子家长却想方设法把孩子送到中国来念书，理由是中国的教育方式能让孩子学到更多东西，更利于锻炼孩子的意志。

我这里并不是要讨论两种教育制度孰优孰劣，事实上，现在许多老师在授课以后，都会留出10分钟左右的时间让孩子们讨论、提问。即使是十分推崇美国"放养式"教育的家长，也只有小部分家长有能力把孩子送到美国读书。所以对于孩子与家长来说，适应中国目前的教育才是正确的态度。

璐璐从学前班到小学的过渡，我是很花了一番精力的。跟这么小的孩子讲自我控制，讲纪律，有点儿空泛，孩子理解起来也困难。孩子爱玩游戏，那么我就用游戏的方式让孩子知道学校的规定。

我首先带璐璐参观了学校，让她看哥哥姐姐们上课的情形，让璐璐对"上课"有一个大致了解。回到家，有时看到璐璐玩得无聊时，我就对璐璐说，不如咱们来玩上小学的游戏吧。璐璐欣然答应，并且自告奋勇地要当老师，我们在商量好轮流当老师后，游戏正式开始。其实，璐璐还不知道该怎么当小学"老师"，胡乱地发了几个指令以后，就宣布下课。接下来该她爸爸当老师，我跟璐璐坐得很端正，而我突然举手告诉老师："我要尿尿。""老师"皱着眉头说："你看璐璐同学坐得多端正，璐璐你告诉妈妈，该什么时间尿尿？"璐璐回过头大声地告诉我："你要下课时间去尿尿哦。"我说："知

道了，下次我一定在课间时间尿尿。"过了一会儿，我低头玩文具盒，又被她爸爸"批评"："这位同学，你上课要专心听讲，把文具盒放回课桌里。"

这样的游戏进行了几次以后，璐璐大概就明白上课该遵守哪些课堂纪律。当然，在璐璐想玩时，我们就陪她玩，这样的游戏一直持续到璐璐正式入学，如同我预料的那样，璐璐成为了班上最先适应的孩子之一，老师教起来轻松，就会表扬他们，老师的认同又会让她更加会严格地遵守学校的纪律。

如果家长用心设计几套适合孩子的游戏，孩子就会在放松的状态下，将纪律与规则深入内心。同时，这种反复的"演练"慢慢地就会成为孩子的习惯。

培养孩子的适应能力，是父母教育的一个重要内容之一。孩子一生从幼儿园开始，就要经历许多环境的变化，而父母要培养孩子对环境的适应能力，应该从孩子小时候做起。帮助孩子适应环境，并且熟悉环境的规则，融入新的团队，而不是生硬地把孩子往新环境里一放，置之不理，让孩子在经历失望、绝望之后，别无选择地被动地适应新环境。虽然这种方式很省事，而且看起来也可行。比如上幼儿园的孩子，只要父母"狠狠心"，也就过去了。遗憾的是，就是在父母"狠狠心"强制将孩子置入新的环境时，这种行为对孩子的伤害是巨大的，它甚至会导致孩子成年以后还缺乏安全感与归属感，而这些情感的缺乏，会让孩子有一些怪异甚至是让人不能理解的习惯与癖好，这又对孩子融入社会造成了障碍。

要让孩子学会主动去适应环境，融入新的环境与团体。不仅上课规则可以用游戏的方式传导，教育本身也可以在游戏中进行。比如通过讲故事、读儿歌告诉孩子那些行为是错误，需要改正；通过游戏，让孩子理解了数字与序列的含义……只有当孩子乐于接受，教育才有意义。声色俱厉、反复唠叨等等方法，只会让孩子距离家长的要求越来越远。

世界知名的意大利教育学家蒙台梭利说："游戏是孩子成长中最重要的心理需要之一。"可见游戏在孩子教育中的重要作用。所以让孩子通过游戏学习自控，学会自我管理，是孩子最容易接受的方式。但这种游戏式的训练，最好能在孩子不知不觉中完成，至少不能引起孩子反感，孩子一旦不想玩，家长就应该立刻停止。

不能忽视在日常生活中，孩子好习惯的培养。孩子的自自控力、独立性等等优秀的品质与能力，需要从小习惯开始。而这些小习惯的训练与培养，完全可以借助各种各样的小游戏来进行。比如让璐璐学会整理房间，刚开始，我就跟她比赛谁先整理好自己的书桌，整理好书桌的人，可以享受一个巧克力冰激凌。这样的游戏进行了几次以后，璐璐就养成了自己写完作业主动收拾好书桌的习惯。

如果家长用强制的方式强迫孩子服从纪律，孩子即使短时间屈服，但内心会厌恶这些纪律，自律就更谈不上。

璐璐同班一个小男生为了上课，可算遭罪了。她妈妈会让孩子独自在客厅里端端正正地坐一个小板凳，她调好闹钟时间，然后自己做事情去了，时间不到孩子不许动，否则，她就会用准备好的竹条抽打他的手心。当老师把我的方法转达给她时，这位母亲拒绝了："我就是要通过这种方式，锻炼锻炼他。"

后来，这个孩子就变成了典型的"两面派"，当着老师家长的面很安静，一旦老师家长不在，甚至老师转过身去的刹那，他都要忙着做鬼脸、做小动作。

这就是强制给孩子带来的负面影响，良好的自控力是一种品格，更是一种能力，但它其实更是一种习惯。家长通过多样而有趣的游戏方式，训练孩子的自控能力，一段时间后，游戏就会变成习惯，之后慢慢地就变成了孩子的能力，到了成年，孩子就拥有了这个人生重要的自我管理能力。

"两面派"孩子，并非都在品德上有问题，而是孩子觉得"既然爸爸妈妈没看着我，我就可以放松一下"。有"两面派"孩子的家长不要因此指责孩子，而是要肯定、扩大孩子好的一面，在实际行动中纠正孩子。

60.培养孩子"财商"，别对孩子花钱严防死守

规矩60：压岁钱，零花钱，管起来

新年，璐璐收到了许多压岁钱，加起来足有2000多。其中，我们给她的只有200元，其余全是亲戚朋友们给的。我知道的身边许多朋友都把孩子的压岁钱收了回去："爸爸妈妈替你保管。"有些家长还好，说话算数，而另外一些家长，在孩子询问自己的压岁钱时，振振有词："你吃饭穿衣、上学不要钱？就那点儿钱，够什么？！"孩子很沮丧似乎又无可辩驳。我就听到一个被家长收走了压岁钱的孩子这样说："以后我长大了要挣好多的钱，想怎么用就怎么用。"另外一个则心有戚戚焉："我再不相信妈妈了，每次存在她那里的压岁钱都没了。"

如果孩子在反省时，家长顺着孩子说，只会让孩子产生这样的想法："我都认识到自己的错误了，用得着不停地提起吗？"所以当孩子反省时，家长认真听取，给出改正建议即可。当然也不必太过安慰，因为错了就是错了，家长也无需为了孩子安心而替他找理由。

现在的经济条件，其实孩子的压岁钱对一个家庭的收入来说也不会伤筋动骨，为什么许多家长会在孩子的压岁钱、零花钱上"耍手段"，其中最重要的一个原因是："怕孩子手里有钱就学坏"。"怕他养成乱花钱的坏习惯"。所以许多孩子听说璐璐是自己管理自己的钱时，羡慕得不行："你老爸老妈真大方。"璐璐回家来告诉我时也是隐隐地得意。她顺便问我："妈妈，你不担心我乱花钱吗？"我反问她："你有吗？"她不好意思地笑笑："嗯……大多数的时间不会，不过，

偶尔还是有的。"我没再说话，孩子懂得反省，家长就应当适可而止。

从小学一年级就开始，之前的压岁钱加起来也有一万多元，我们用璐璐的名字开了户，全存在她的账户上，明确地告诉了她数目。小学一年级之后，我们就"要求"她管理自己的压岁钱，理由是"你要对自己的财富负责，我们可不想继续再担责任。"这样说，就是为了让璐璐从内心认为：管理财富，是种责任。

许多朋友对我的方法很质疑："那么小的孩子，不乱花才怪。"其实，我认为让孩子管理自己的钱，也是一种能力。经过观察，我发现，越是很少管理自己钱的孩子，稍微有钱，就会乱花，而一旦养成了乱花钱的毛病，习惯了毫无节制地花钱，手里没钱时，就会滋生许多歪念头，开始是回家拿父母的钱，之后是拿亲戚的钱，再后来就开始拿其他人的钱，孩子这时就很危险了。而手里时常有"余钱"的孩子，反而更懂得节制，并且更有自信。其实成年人也有这种体验，相同的东西，"买得起，不想买"与"想买，买不起"心态是不一样的。

当然，我们对璐璐的压岁钱也并不是给了就不管了，我们给了璐璐一个专门的账本，让她自己填上收支情况，尤其是支出，需要详细说明。做账的目的并不是为了查账，而是为了让璐璐随时知道自己的"财务状况"，知道余额还有多少，而在愿望清单里，还有哪些是必须的。虽然钱在孩子手里，但压力也交到了她手里。

而我会在新年发压岁钱之前翻看她的账本，然后根据明细决定第二年压岁钱的多少。如果有不合理的开支，我会在第二年的压岁钱里扣除。当然，我没有真正扣过孩子的压岁钱，在我看来，孩子的开支都是有理由的："妈妈生日，订了一个超大的蛋糕"，如果我告诉孩子这是浪费，那是在剥夺孩子对爱的表达；"考试考了第一，请同学吃肯德基"，成年人也需要庆祝成功，孩子为什么就不能庆祝一下？之后，璐璐在记账时，很心疼那用去的200多元，觉得"没什么意思"，我说："怎么会没意思呢？起码那时候你是开心的。只不过庆祝的方式不止这一种，以后咱们可以换一种方式，比如，请同学到咱们家来自助烧烤，又省钱又卫生，还挺好玩。当然，璐璐肯定能想到许多比这更好的方法。"我这样说，璐璐释然了。

之后，我发现孩子用钱越来越谨慎，甚至让表舅替她炒股票。当然，她的炒股之梦，很快破灭了——3000交给表舅，半年后只剩下2600，璐璐几乎要哭了。我说："咱们璐璐能想到炒股，就向着理财专家迈了一大步了，不简单。这次，你虽然失利了，但不代表理财就只有炒股这一种方法，我们还可以关注更多的理财产品。"就这样，璐璐开始关注理财产品，甚至开始关注财经新闻，到附近大学听专家讲座，回来后，把录音带去向银行上班的邻居请教。到了5年级，璐璐已经懂得分散风险，在邻居的推荐下，她买了一种一年1000多的红利型教育险，在璐璐18岁上大学时，那笔保险足可以支付她的生活费。

除了零花钱，从学前班开始，璐璐就有一个月40元的零花钱，也是供她自己支配的。我们的做法是，每个月的1号，从银行换回40张一元一张的崭新的人民币，然后放在她床头的小抽屉里。小学一二年级时，璐璐每天会拿一元钱去买学校门口卖的头饰、贴纸之类的小玩意，到了三四年级时，她已经懂得把零花钱攒起来，在假期里出去玩时用。其实，璐璐的许多课外书，都是用她自己攒的钱购买的，孩子能用自己攒的钱买自己需要的物品，心里是非常有满足感的。

到高二时，璐璐已经是班上有名的小富婆。"财商"是经济社会很重要的能力之一，而让孩子会花钱，花好钱，不仅是训练孩子的"财商"，也是让孩子在自己管理压岁钱、零花钱的过程中养成有计划、合理消费的习惯，"管好钱袋"，也是自律能力的重要体现。家长不能在孩子小时候一味严防死守，到了孩子长大了，又抱怨孩子不会计划、乱花钱，不懂节制，家长如果不让孩子试着管理钱，他又怎么能学会控制自己、均衡愿望与自己支付能力的本领。

61. 众人拾柴火焰高，培养孩子的合作精神

规矩 61：孩子，你要学会和小伙伴合作

璐璐上小学时就经常因为有良好的合作精神被老师表扬。我猜想，这大概是我经常跟璐璐一起"合作"的原因。璐璐良好的合作意识，让我有点儿"无心插柳"的惊喜。

璐璐小时候，我从不拒绝她的"帮忙"，比如洗衣服、做饭、粘贴被撕坏的书、打扫卫生，我不要求她做，但只要她有想加入的愿望，我立刻欢迎她的加入。

另外，我跟她爸爸从来没有一个人在做家务，另一人翘着二郎腿看电视的情形，总是采取快乐的合作方式：一人扫地、拖地，另一人整理房间；一人做饭炒菜，另一人帮忙洗菜择菜，偶尔相互说一点儿好玩好笑的事情，说说笑笑中房间干净了，饭菜上桌了，在这样的氛围下，璐璐感受到的父母合作的愉快。

另外，我的时间安排比较自由，当邻居让我帮忙照看一下小孩时，我也很乐意，璐璐也多了一个小伙伴。而邻居也经常在我带孩子脱不了身的时候，帮我买买菜，顺便也照顾一下璐璐。这种愉快、和谐的氛围，在潜移默化中让璐璐感觉到了合作的美好。

从璐璐可以跟小伙伴们一起玩开始，我就鼓励璐璐把朋友带到家里玩，甚至为了她的朋

> 如果一个孩子总是被"圈养"在家长的周围，孩子就会把别人的谦让、宽容视为理所当然，忽视他人正当的要求，变得狭隘自私。家长应当充分创造条件，让孩子融入小伙伴的圈子，让孩子有自己的小小的社会。

友来玩，我们还特意购买了可以多人娱乐的玩具，如跳棋、橡皮泥、跳皮筋等等。

我想璐璐的大方阳光、乐于助人、宽容乐观的性格，很大程度上得益于她小时候的这些合作游戏。它们是对孩子合作精神的最初级最直接的锻炼。

有一次，璐璐爸爸给璐璐买了一个非常漂亮的小篮球，璐璐爱不释手，在家里拍个不停。可玩着玩着就没了兴致，说篮球不好玩。我说："你一个人玩，当然不好玩，假如你拿去跟小朋友们去操场玩，那肯定好玩。不信你试试。"璐璐就拿着小篮球去了小娟家，两个女孩子追着小篮球玩得不亦乐乎。接着又陆续有别的小朋友加入，随着加入的人越多，孩子们就玩得越开心，但状况也出现了。他们进行一种传球比赛的游戏，分成两个组，哪个组传的球多，又没有掉到地上就算胜利。

这个游戏要求队友之间相互密切合作，抛球的人要掌握好力度方向，接球的人也要善于观察，准确地接住球。一个个子特别小的女孩分到了小娟、璐璐一组，结果因为那个女孩经常接不到球，让璐璐她们输了比赛，璐璐就有些不高兴，说不想让女孩跟她们玩了。小女孩的自尊心被璐璐伤到了，哭着离开了。

可小女孩离开后，两组的人数却不够了。正玩在兴头上的孩子们又开始责怪璐璐，说她不应该这样对待小朋友。小娟说的特别好："璐璐，你这样做不对。如果你接不到球，我们也不让你玩，你会多伤心啊？"

璐璐涨红了脸，突然就跑开了。等她回来时，我看到她拉着那个小女孩的手，拿过小篮球说："来，你站我旁边，我轻轻地扔给你，我们站得近一点儿，然后小娟接球接得好，小娟站远一点儿。"

璐璐玩了整个一下午，非常开心，回到家后，我问："璐璐，一人好玩还是跟小伙伴们一起玩好玩？"璐璐说："当然是大家一起玩好玩。"我又问："但假如今天人人都像你刚开始那样，遇到水平不如自己的伙伴，就不想跟她玩，那你还能这样开心吗？"璐璐不说话，我接着说："不过，璐璐今天及时改正了自己的错误，想到了办法来解决问题，证明璐璐是个知错就改，并且肯动脑筋解决问题的好孩子。你要是想跟小朋友们好好玩，就要懂得既要欣赏别人的优点，又要能容忍接纳别人的缺点。"

现在绝大部分孩子都是独生子。独生子们所面临的一个问题就是经常是孩子一个人"独处"，没有机会去感受集体力量和与其他孩子合作完成一件事情的喜悦。

许多"独处"的孩子，在幼儿园、小学时反应出了"不合群"、"孤僻"的问题，这就是家长忽略了对孩子合作精神的培养，孩子适应不了集体生活，感受不到与他人合作的愉快。且不说这样对孩子身心发育的不良影响，同样对孩子的智商情商与未来发展也有深远的影响。

要培养孩子的合作精神，宜先从小事开始，比如利用晚上的阅读时间，阅读一些孩子喜欢的漫画，然后告诉孩子，如果没有作者、漫画家、编辑的合作努力，小读者们就读不到这样精彩的漫画书。

> 当孩子表现得"不合群"、一旦小伙伴们违背了自己的意愿就生闷气时，家长不要急着安慰孩子，当然也无需指责孩子，而是要适度远离孩子，鼓励孩子主动与同龄朋友交往，让孩子自己去处理与伙伴们的关系。

鼓励孩子经常参加需要多人合作的集体活动，比如足球、篮球等等运动，只有队友之间的默契配合、通力合作才能战胜对手。这样的活动，既有合作又有对抗与竞争，必须先通过合作，发扬队友们的优点，避开缺点，才可能获胜，对孩子合作能力的培养是非常有益的。

孩子将来要走向社会，成为一个社会人。现代社会需要合作精神，合作是一个团体成功的根本。因此要让孩子多参加一些集体活动，使孩子在集体活动中自觉地意识到与他人真诚合作的必要性。

培养孩子的合作精神不是一朝一夕的事情，家长需要在潜移默化中把合作意识与合作精神注入到孩子的精神世界中。

[PART 10]

毁掉孩子第一步的，往往是家长过于功利的心

——慢慢来，尊重孩子的成长规律

62. 戒除癖好慢慢来

规矩 62：递减原则

寒假时，璐璐表姐的男朋友送了她一盒包装精美的费列罗巧克力，表姐怕吃了长胖，就送给了璐璐。其实在璐璐小的时候已经吃过巧克力，但这一次她却表现得毫无节制。

在吃完了表姐送的巧克力后，璐璐拿出了不常花的零花钱，又去超市买了几盒巧克力，几乎几天就是一大盒。我强忍着不干涉，以为就这阵子她吃吃就完了。

几大盒巧克力吃完以后，璐璐没再去超市买巧克力，我暗自松口气，没想到，隔天快递上门了——送来三斤纯巧克力。璐璐得意地说："妈妈，网上便宜好多。"我对璐璐说："璐璐，巧克力吃多了会损坏牙齿，以后会变小胖妞的。"可璐璐不在乎："妈妈，我就是喜欢吃。"

也许是璐璐对过量食用巧克力还没有重视，我特意找了很多资料，然后跟她一起看。很快璐璐也意识到这样不好，但她好像对巧克力上瘾了：只要往书桌前一坐，她的手就不由自主地开始撕开巧克力的包装纸，然后巧克力独有的香浓细腻，就会让她一块一块地吃下去，等她意识到应该停止时，桌上已经堆了一堆巧克力包装纸。

璐璐还告诉我，她越是告诉自己："吃完这一块，就再也不吃了"就会越快地吃下一颗。我问璐璐，那你吃到什么时候不吃？璐璐说："看书入迷时，或者手边没有巧克力了，我又不想站起身再去拿。"我对璐璐说："这样吧，妈妈一次放10块巧克力在你书桌上。"璐璐惊叹："妈妈太多了，10块巧克力就差不多500克了。"我说："没关系，但我要求你在两天后，每次只吃9块，然后再过两天，一次只吃8块，你觉得呢？"

璐璐答应了。

第一天，她书桌上的巧克力统统都被她"消灭"光了，我什么也没说，而她内心也没有压力，毕竟这是妈妈允许的。第三天，我依言把巧克力减少到了9块，璐璐说这几乎没有感觉。半个月后，璐璐书桌上的巧克力已经减少到两三块，而她还常常忘记吃。她对巧克力的狂热，慢慢地减低了下来。有一天，我们去朋友家做客，朋友的女儿说自己最讨厌巧克力，璐璐很奇怪。朋友的女儿说："你不知道，刚吃完巧克力的人，牙齿上都沾着巧克力，别提多难看。另外一次，我看到一个孩子用勺子把从一个塑料盒子里舀出一颗颗沾了巧克力的小馒头，那感觉好恶心。"看到璐璐一脸郁闷的表情，我暗笑。果然，从那以后，璐璐就很少再吃巧克力。

> 假如家长强行地让孩子戒除一些"癖好"，孩子会觉得家长小题大做，大惊小怪，会下意识地替自己辩解。所以，家长在戒除孩子的"癖好"时，需要一颗理解与包容的心，循序渐进地进行，并且注意鼓励孩子的进步。

许多朋友很好奇，我怎么会连心理学的这种递减原则都想到了。其实我的出发点很简单：尽量减少与孩子的对立。比如，璐璐想吃巧克力，而我坚决不准她吃。这就形成了对立，而当我把要求变一变，让璐璐有从多到少的缓冲过程时，她接受起来就相对容易。这就跟我前面讲过的，给孩子吃苦也要循序渐进。

湖南电视台，曾经有一个《变身》节目，把城市里富裕的孩子与落后山区的孩子交换一周或者半个月，然后看他们的改变。我并不认同这种做法，这是一种极端而激进的做法。曾经有后续报道，富家的孩子并没有如同父母想象的那样在落后山区里归心似箭。孩子在穷山区里感受到了被尊重、被重视，感受到了别的家庭里，父母陪在孩子身边的温暖，从而对自己的父母更加失望与抱怨。而山区去的孩子，在第一次看到他从来不曾看到的灯红酒绿、车水马龙时流下了眼泪，这一幕对孩子的刺激是怎样得强烈，当他再回到自己的家乡时，孩子会对自己贫瘠的家产生怎样的看法？这种毫无铺垫地颠覆孩子的生活，稍有不慎就会让孩子走上极端。

家长对孩子"爱之深，责之切"，因为自己太平凡，才处处想要让孩子"不平凡"，但孩子是有独立人格、独立思维能力的人，不是只靠输入指令的机器，而家长往往就把孩子当成了机器人超人：让早点儿睡觉，就应当马上上床睡觉；让不吃零食，孩子就应该面对一堆他喜欢的零食也要视而不见……当然，我们不否认总有潜能爆发的时候，但我们不能让孩子时时都爆发出这种潜能，我们不能让孩子时时挑战自己的极限。

父母对孩子的爱，应当多遵从一点儿天性，少一点儿功利色彩。我们应当体恤孩子，理解并真正谅解孩子所犯的错误，当孩子面临诱惑时，不要把抵制诱惑的任务完全交给孩子，而是要与孩子一起去远离诱惑。同时，我们也教会了让孩子远离诱惑的方法。保护孩子的自尊，与孩子保持亲密的关系，与培养孩子的自控力不应该成为矛盾。慈母未必真的就多败儿，"慈"的是态度与手段，而"严"是底线与规则的设置。

父母的平和才能让孩子懂得克制与民主，长大以后才懂得有礼有节地解决问题，才有较好的自控与自律能力，也更有责任感。这样的孩子，在自己的正当利益受到侵害时，才能理智地去面对，不懦弱也不偏激。

63. 毁掉孩子"第一步"的往往是家长过于功利的心

规矩63：去做你喜欢的

其实，许多看似对孩子尽心竭力、苦口婆心，甚至可以说牺牲掉"一切"来帮助孩子，成全孩子的家长，孩子却并不理解他们的苦心，甚至还抵触、叛逆。这是一件很遗憾也很悲哀的事情，但好好想一想，其实这些父母相当一大部分并不懂得教育的真正意义。

一位把孩子送到家教中心来的母亲，报名时就把一纸箱的水果塞到了办公室，让我好好管管她孩子。我问："好好管，该怎么管？"这位母亲片刻的茫然后，马上回答："好好读书，不瞎混日子，考上重点初中。"她接着说："我跟他爸爸都是从农村来的，靠卖烧饼、早餐才有了今天，他以后可不能像我们这样。"我问："你觉得他该怎样？"她说："起码不做体力活，哪怕是技工也不行。"说到这里，她转头开始责斥孩子："就知道摆弄你那些没用的东西，如果考不上重点中学，你的第一步就毁了。"

我没有反驳她的观点，而是转过脸问起了孩子的学习情况。他主要来补习语文，尤其是写作方面。

后来我通过侧面了解得知，这孩子动手能力非常强。他做的木质手工模型，曾经代表学校参加比赛，还获得不错的成绩。

这天，我正给孩子们听一段著名作家的优美散文，突然传来一股橡胶烧焦的味道。就在我们都还没有反应过来的时候，这孩子已经抢先一步搭着凳子拉了教室里的电闸："老师，应该是电线被烧断了。"经过检查，在墙角处的一截电线表皮果然一碰就碎，我心有余悸："还好，你发现得早。"他受到了肯定，表情也比开始活泼了起来："这没什么，我还修好过家里的电饭锅。"我更加赞叹："你比老师能干多了，真厉害。"说到这了，他已经很骄傲了，但随即表情很暗淡："可惜我妈妈说这不务正业。"我很肯定地告诉他："这当然不是不务正业，你的这种能力，其他孩子想学还学不会呢。我就觉得你挺聪明，'心灵'才会'手巧'。"孩子挺高兴。

我说："这样吧，今天你也不用背诵优美散文片断了，老师另外给你布置一个作业。我打算请你将你特别擅长的东西向其他同学介绍一下，因为你比老师更明白该怎么做，该注意什么，是不是？写好了就交给我，我请全班同学都学习一下，看他们有没有你能干。"

他很雀跃地点点头，随后又很担心地问："何老师，如果……如果写的不好，同学们会笑话我吗？"我一脸为难："这，我也不知道……如果你实在害怕，那就算了吧。"只要家长充分地肯定了孩子，建立了孩子的信心，他们是不会主动放弃展示自己、证明自己的机会的。其实我说不知道，是真的不知道，而且我不想在他还没有完全准备好的情况下，让他去做。如果他不愿意，我还有其他方法与机会，让他重新认识作文。如果勉强他去做，这一次如果受到了嘲笑与打击，那这一次的经历会成为他难以走出的阴影。

孩子比我想象得勇敢，也乐于接受挑战。他认真地去准备这篇"说明"去了。一周以后，孩子写的东西交到了我手上，好家伙，将近800字，那已经是六年级孩子的作文要求了。我没有看，拿着作文本就进了教室，给全班同学朗读了这篇题目为《卤鸡蛋做法》的作文。读这篇作文时，已经接近中午12点，正是孩子们肚子饿的时候，而他在作文里把做卤鸡蛋的过程、注意事项，交代得清楚明白，到后面还把卤鸡蛋的美味描述得淋漓尽致，让人垂涎。刚等我读完，我问大家："想不想吃卤鸡蛋？"

"想。"

"想不想知道卤鸡蛋怎么做？"

"想。"

"那现在知道怎么做了吗？"

孩子们拖长声音回答我："知——道——啦！"

"如果大家觉得这篇作文写得好，就请使劲地为这篇作文的作者鼓鼓掌。"

掌声猛烈地响起来，我示意他站起来，他脸红红地、眼神里充满了神采。

我说："你看，作文并不神秘，是不是？"他不好意思地说："老师，这篇作文，我其实下了大工夫，写了好几遍，还看了好几篇优秀作文，翻了成语词典。"

我说："你已经找到了写作文的诀窍：阅读，扩大知识面，增加词汇量。"

我开始有意识地借图书让他阅读，然后跟他讨论，他也经常有自己的看法，他的作文水平进步很明显。但遗憾的是，有一天，他的妈妈来领走了他，理由是："我孩子的语文成绩没有提升，反而学会了看闲书。"

之后，我听说他妈妈把他送到了一个提高语文成绩的培训班，据说孩子在期末考试时语文考了一个很高的分数，第二学期却怎么也不愿意再去上学，逃学、撒谎成了孩子的家常便饭。

我始终坚信，学习是广泛的，学科之间也是相互联系的，在古今中外中优美诗词散文里涉及天文、物理知识，同样，数学也有自己的秩序美，而语文的学习也需要借助逻辑思维。条条大路通罗马，"一通百通"的事例不是没有，那是在孩子缓慢而踏实地积攒了相应的知识后，从量变到质变的过程。

> 当家长强势到不屑听孩子的想法时，孩子心理会产生这样的想法："难道因为我是爸爸妈妈生的，就一定要事事听他们的吗？"家长一定要警惕这种把父母的要求与亲情绑架起来的想法，学会尊重孩子、发现与正视孩子所长。

毁掉孩子"第一步"的往往正是家长太过迫切与功利的心。如果我们真正回归到教育的本质上来：孩子通过学习，获取他成长所需要的各种知识，以及健康的身体，健全的心智，最终快乐地工作、生活。

教育的最终目的，甚至不是授业解惑，而是让孩子获得幸福。家长们在用家长的权威去压制孩子、用情感去绑架孩子的时候，有没有想过，这些是孩子真正的需要，还是家长自己的需要？孩子的自我约束、自我控制，追其根源是孩子要"自己做"，怎么样孩子才愿意自己做？那就是他在这个过程中，能感到或者预知这样做在短暂或者长远的将来会让他快乐、幸福。如果孩子妈妈的想法是想让孩子好好学习，但做法却是生硬扼杀、否定孩子的天性与爱好特长，以分数决定一切，孩子有什么理由说服自己自律，去做他并不感兴趣的那一切呢？

64. "妈妈，我也想做淑女……"

规矩 64：守礼仪，应从小事学起

有段时间，我发现璐璐对人有些不礼貌，只要对方的话稍微不合她的心意，她立刻就翻白眼。别人跟她说话的时候，她总是眼睛看着其他地方，一副不想交谈、心不在焉的样子。我问她，她说："你们大人翻去覆来都是那几个问题，烦不烦啊。"我说："别人询问你在学校的情况是关心你，你就应该认真回答。这不是你愿意不愿意的问题，而是个人修养的问题。"

璐璐嘀嘀咕咕地走开了，去屋里跟同学打电话。这让我又想起最近她总喜欢跟同桌说悄悄话，被班主任都批评过好几次的事儿了。教育无小事，孩子一些细小的坏习惯，如果不及时纠正，也许就是未来影响她人生的那根线头。我开始考虑如何纠正她的这个坏毛病。

想要改变一个人，环境很重要。我开始刻意让自己轻声说话，举止从容，然后也这样要求璐璐爸爸。接着，以她远方姨妈的名义买了好几套淑女套裙，说是姨妈给她的礼物。之所以是以远方姨妈的名义买给她，是因为这是姨妈挑选的"礼物"就不存在我们"包办"。从她一年级开始，大部分的衣服都是她自己到商场挑选。我怕直接说是我们买的，璐璐因为排斥这种"被选择"的衣服而排斥。

儿童尤其是女孩，总有些诸如讲"悄悄话"之类的习惯，并且大多数孩子除了感觉有趣以外，并不感觉到这是坏毛病。遇到这种情况，家长只需要在孩子面前模仿孩子的行为，当孩子感觉别扭、不舒服时，孩子自然会反思自己的行为。

所幸，收到衣服后，璐璐还是很喜欢的，看来每个女孩都有一个公主梦真没错。穿上衣服的璐璐，站得也比较直，坐下去也很端正。

刚好，小娟来电话邀请璐璐上她家去吃她新买的烤箱烤出的蜜汁牛角包。我就跟着璐璐一起去了，借口是向小娟妈妈请教一种毛衣的织法。

刚进门，带着小围裙的小娟就迎上来："璐璐，阿姨你们来了，欢迎，快请进。"接着手脚麻利地为我们端上茶跟水果，然后回到了自己的

> 随着孩子渐渐长大，自我意识开始觉醒，想自己做主的愿望也越来越迫切，在条件许可的情况下，家长不妨尊重并试着让孩子"做主。"

房间。几分钟后，小娟走了出来，已经换上了一件粉红色带蕾丝的针织毛衣，咖啡色牛仔裤，非常漂亮。璐璐下意识地看了看自己的蕾丝连衣裙，却总感觉很别扭，我也不提醒她，只是换了一个坐姿，璐璐很快意识到，虽然穿着漂亮的蛋糕裙，但她仰面半躺在沙发上的姿态可不太好看。璐璐悄悄地调整了坐姿，这才抬起头来跟小娟聊天。

两个孩子吃完面包后，小娟开始收拾餐桌，我表扬了小娟："小娟真是个懂礼貌，守礼仪的好孩子，还特别会搭配衣服，审美能力很好。"接着我又说："当然，璐璐也不错，也会尊重人，懂礼貌。"

过了一段时间，我有意识地经常带她去小娟家玩，然后重点表扬小娟的某些优点，当然我绝对不厚此薄彼，同时也会提到璐璐的优点："小娟审美能力很好，不过，璐璐的音乐细胞也不错。"这样一来，既避免了璐璐的自卑与嫉妒，同时又让她客观地了解了自己的优缺。其实，只要家长有足够的耐心与信心，并且把这种信心传递给孩子，孩子是会主动努力改正缺点的。当孩子开始努力时，家长要及时给予鼓励，让孩子有继续努力的动力。

有些家长怕这样会成"孩子是为了家长而改变"的想法。我是这样看这个问题的，首先，小学阶段的孩子，与父母的关系仍然是他人际关系里的重要部分，父母的态度对他依然有着深刻的影响，孩子想要父母为自己骄傲，因自己的进步而高兴，是很正常的亲子情感，这就是孩子对父母的爱。而那些善于看人脸色、没有自我的孩子，却往往是因为父母太吝于表扬，

孩子过于压抑个性所致。父母教育态度的迥异，就造成了孩子性格的天差地别。

璐璐开始主动要求："妈妈，我也想做淑女，但不知道该怎么做？"我说："好的，那妈妈就给你找一位好老师。"

接着，我邀请了在礼仪学校任教的大学同学来家里吃饭。由于提前打过招呼，因此这位同学精心打扮，但努力做到不留痕迹，看起来自然清新。而她的一举一动无不透露出优雅的淑女气质，璐璐看得有点儿呆了。

我在厨房里忙，故意让璐璐接待阿姨，结果她手忙脚乱地打翻了茶，点心也掉了一地。从璐璐窘迫的神态看，她显然受到了极大的震撼，第一次感受了女性的优雅美，礼仪美。

我没有责怪璐璐，而是肯定了她积极招待客人的做法，然后我就没有继续说下去。璐璐却说："妈妈，这位阿姨好迷人。"我故意说："迷人？你不知道，当年她可是个假小子。"璐璐大惊："真的？后来怎么变这样了？"我说："大概是找工作的时候，受刺激了，于是去报名学习礼仪课程，却不知道为什么就留在学校任教了。其实，她能力超强，大二就过了英语六级。可惜，就是不太打扮自己，给人留下的印象"太潦草"，别人以为她是粗心、工作能力也不强的人，就没录取她。"

璐璐撇撇嘴："真是以貌取人。"我说："话也不能这样说，懂得礼貌与礼仪，把自己打扮得端庄得体，是自尊自爱的表现，也是尊重他人，有良好修养的体现。美好的社会需要绅士风度与淑女气质。你没听说过一句话吗？'没有丑女人，只有懒女人'，即使是五官平庸的女孩，只要懂礼貌，遵守礼仪，再加上适合她的衣服，发型，就有一种淡定优雅的气质。"

女同学带来了一套书作为礼物送给璐璐。这套书从穿衣搭配到出行到餐桌的日常礼仪都有介绍。璐璐翻开书，直摇头："真复杂。"我与同学都大笑起来："璐璐，学习礼仪也不是一天两天的事情，需要长期的坚持。"

女同学说："其实，礼仪就是一种日常习惯，不信，咱们就从餐桌上开始吧。"女同学吃饭时闭着嘴细嚼慢咽，速度不快不慢，喝汤不出声，嘴里有食物时不说话，吃完饭后，礼貌地道谢才离开餐桌，连擦拭嘴唇也有讲究，用纸巾轻轻地从中间到嘴唇一小部分一小部分地慢慢擦拭。整个过程璐璐都细心观察，脸上羞愧的表情也越来越浓重。我趁热打铁，鼓励她："只要肯努力，我相信璐璐也能成为讲礼仪、懂礼貌的好孩子。"后来，璐璐就把这套书放在书桌上经常翻一翻，对照着搭配衣服，而她也开始注重自己的言行举止了。

要让孩子成为自觉遵守礼仪的人，家长就要注意抓住一切机会培养孩子，从一点一滴的小事做起，反复训练，并且要持之以恒，直到礼仪礼貌成为了孩子的习惯。在这个过程，不能讽刺、嘲笑、强迫孩子，而是要孩子充分感觉到美，激起孩子对美的向往，然后家长再通过各种方法给孩子正确的示范。

65. 别用成人世界的庸俗眼光看待孩子的爱好

规矩 65：爱好不是攀比的砝码

璐璐刚上小学一年级时，学校举行了一次新生与家长一起参加的见面会。开会时，让孩子们一个个地介绍自己，孩子会随机地问一个问题。轮到一个白净可爱的小男孩时，老师问的是："你的爱好是什么？"小男孩摸摸头把目光转向妈妈，妈妈在一边很急切地提示："就是你喜欢做什么？"这下小男孩笑了："我最喜欢玩。"刚说完，一阵善意的笑声就响了起来，小男孩的妈妈面红耳赤地用抱怨的目光看着他，他更不知所措，刚才还流利的讲话，变得吞吞吐吐，没说几句就走下了讲台。

很快就是璐璐介绍自己，她很担心："妈妈，如果我告诉老师我喜欢吃葡萄、喜欢用妈妈的钢笔画画，老师会笑吗？我该说什么？"我亲了亲她的小脸蛋："没关系，妈妈不会笑，璐璐就照实说。"璐璐这才放心地点了点头。轮到璐璐了，果然，老师又问了同样的问题，璐璐回答："我喜欢吃妈妈做的'包包饭'、喜欢看大哥哥玩风筝、还喜欢跟妈妈在厨房做饭……"台下已经传来笑声，璐璐立刻有些惊恐地看着我，但看到我的微笑与鼓励的眼神，她才继续说下去，但明显没有刚才底气足："我还喜欢……喜欢看周婆婆的猫宝宝，还喜欢跟爸爸捉迷

> 孩子因为惧怕或者不想父母生气，通常会向家长的"爱好"妥协，但妥协的结果是孩子对"爱好"越来越厌恶，对父母的安排充满了不解的排斥。所以家长应当充分尊重孩子的意愿，尽可能让孩子去做自己喜欢做的事情，发现兴趣比让孩子产生兴趣更重要。

藏。"然后，璐璐走下讲台时，我给了她一个大大的拥抱："璐璐居然有那么多爱好，真棒。"璐璐有些沮丧："可别的同学都喜欢唱歌、写字、画画、看图书。"我认真地说："璐璐，爱好，就是自己喜欢的事情，没有好与不好的分别。那你告诉我，熊宝宝鸡宝宝，谁更可爱？"璐璐想了想："都可爱。"我说："那就对了，只要璐璐愿意做，画画跟做饭是一样的。"璐璐这样的爱好，自然没给老师留下什么印象，而那些爱好阅读、画画、写字的孩子得到了老师的表扬，家长们也有些得意。

我在心里叹息，我们什么时候才能真正把孩子的爱好还给孩子？既然是爱好，孩子在做这些事情时，必定是开心的、投入的，但我看到的情况却往往相反。孩子痛苦不堪地练琴、学画，家长虎视眈眈地盯着，唯恐孩子偷一点懒。小区里有个让孩子练小提琴的家长，甚至手里拿着一根鸡毛掸子，孩子只要稍微分神或者姿势不对，一掸子就挥下去。我不知道一个泪水涟涟的孩子对小提琴、对音乐会有多少发自内心的喜爱，如果没有这种发自内心的喜爱，那么她做小提琴家、音乐家的几率又有多大？后来，我了解到孩子的父亲曾经是一名小提琴手，曾经有留学进修的机会，后来因为手指意外受伤，不能再拉小提琴，于是从孩子出生开始，他就发誓要好好培养孩子拉小提琴，让曾经冷落他、幸灾乐祸的人都刮目相看。

> 当家长把希望寄托在孩子身上时，孩子只会感受到这种爱好与希望是种沉重的负担。家长应当理性分析，自己的爱好是孩子喜欢的吗？圆一时的梦跟孩子的快乐，哪一个更重要？

另外还有一件事情，这天，我带着璐璐参加一个朋友的饭局，席间，我问起其中一个朋友的孩子，比璐璐大两岁。结果孩子妈妈告诉我："没时间。"我说："才三年级，又刚开学，功课没那么紧，应该带孩子出来放松一下。"结果，那位母亲有些骄傲地说："他要学英语、奥数、书法、练网球、听老师赏析世界名曲。"我很想说："你问过你儿子喜欢英语吗？喜欢奥数吗？"但她的表情让我没开口的余地，我只是委婉地说："孩子没意见吗？他的爱好可真广泛。"这位妈妈说："你如果听他的意见，那就是一个字；玩，现在竞争这么激烈，怎么能由着他。再说，我同事的孩子，那叫一个全能，音乐从小提琴、钢琴、电子琴都会，人家学起来，跟玩似的，老师天天表扬。"

我明白了，也深深替这些孩子悲哀与担忧。在他们的父母看来，孩子的喜好已经不重要，重要的是，这种爱好，能不能满足父母的虚荣心，能不能让他们为孩子感到骄傲。孩子回答自己喜欢"玩"，难怪有那么多笑声。可是，家长们以为"玩"是件容易的事情吗？成人一聚会无非就是打牌、吃饭，还有什么可"玩"的？孩子们的玩，常常充满了创新与活力，我曾经仔细观察过璐璐玩水，我真的惊叹，如果让一个成年人来玩，肯定没有孩子这样花样繁多，什么都敢往水里放，什么都感尝试。

试想，一个连自己爱好都不能选择决定的孩子，你怎么能让他学会自控。他所学到的都是"他控"，即父母替代他做了一切决定，他只需要顺从就行，那么孩子缺乏挑战意识、战胜困难的勇气，而自控力、责任感更无从谈起。

家长用成人世界庸俗的眼光去看待孩子的要求，继而横加干涉，不知道扼杀了多少孩子的天性，不仅夺走了孩子童年的快乐，更重要的是让孩子丧失了学习探索的兴趣，变得懒惰消极。

另外，一旦家长把这种虚荣传递给了孩子，这种负面影响就更明显也更严重。孩子会把别人的眼光当成自己努力的方向，而当他无论如何也得不到别人的关注赞叹时，他可能会走上另一个极端，让人们的注视满足他的虚荣。

当然，我们并不是说对孩子的爱好问题，父母就什么都做不了。对孩子的爱好，适当的引导，让孩子自己去发现，才是最好的方法。比如，假如希望孩子喜欢音乐，那不妨在做饭时、出去玩时，随时播放一些优美动听的世界名曲，孩子耳濡目染，自然也会喜欢；如果希望孩子喜欢绘画，那家长就要经常带孩子参观各种画展，自己也要对世界名画有所了解。

随着社会的革新越来越快，书本知识的更新也越来越快，孩子在学校面临的学习压力也越来越大，在这样的前提下，还要让孩子去爱好自己并不喜欢的"爱好"，无疑是在孩子柔弱的肩膀上又加了一副担子。如果没有特别的必要，家长还是把"爱好"的自由还给孩子，因为它不是家长的面子，而是孩子快乐的心灵与永不再回来的童年时光。

66. 别用自己的梦想绑架孩子

规矩 66：去吧孩子，走你自己的路

璐璐初中毕业时，我跟她爸爸履行自己的承诺：带她去旅游。我们选择了跟团去，途中有一位老奶奶坐在璐璐旁边。在闲谈中，老奶奶知道了我们此行的目的，于是感慨地说："小姑娘，你爸爸妈妈很爱你啊，你可要好好学习，将来报答爸爸妈妈。"

我立刻温和而坚定地纠正了老奶奶的说法："璐璐，爸爸妈妈所做的一切，都是心甘情愿的，我们觉得这就是我们的幸福。而你对父母最好的报答，不是分数、甚至不是将来一份理想的工作，而是从今天开始，好好地活着，每天都快快乐乐的。幸福是种能力，你对爸爸妈妈最好的报答，就是拥有这种能力，并能传播给身边的人。"

因为我看到过太多"高分低能"的例子，所以我觉得中国的教育，尤其是家长们走入了一个误区：分数等于一切，教育就等于让孩子有成绩，按照家长的意愿去生活。因为，"爸爸妈妈都是为你好。"

我听说过一句话："不正确的爱，就是害。"在家教中心，曾经有一位高二的女学生被父亲带着来补习。很快，我就发现，也许真的有人天生不适合念书，我用尽了各种方法，她也很努力地学，但收效甚微。在一次闲聊中，我发现她特别擅长做糕点，尤其是烘焙，简直有惊人的天赋。只要涉及美食烹饪，她都有惊人表现。有一次，我偶然带了几个自己泡的"泡椒凤爪"到中心去，刚好遇到几个学生，就分给了他们，其中就有这个女生。她尝了一口说："老师，或许你这个"泡凤爪"里加点白醋会更好吃。"我很吃惊，回到家后就真的往剩下的"泡椒凤爪"里加了白醋重新浸泡。结果是，所有尝过加了白醋的凤爪的人都说味道很好，有一种很清新爽口的感觉。

我觉得对这孩子来说，与其关在教室里学那些她根本不擅长、也不感兴趣的东西，不如最选择进入职业学校，系统地学习烹饪，有一技之长，又是她喜欢的事情，我相信，她未来的人生，应该比在考试中承受一次又一次的失败快乐。

我跟他父亲交流以后，发现说服他的几率很小，刚提了开头，他就几乎已经动怒。于是，我想到了她妈妈。一见到她妈妈，我立刻有了信心，因为这是个温尔尔雅的母亲。可是，当我说到孩子爱好烹饪时，希望她考虑时，她的反应是：拉过女生的手，眼泪就流了下来："你爸爸一直希望有个儿子，为这个，我没少受你奶奶的气。但我一直相信，我女儿是优秀的，所以我辞职在家照顾你，你就是妈妈的一切。听妈妈的话，你现在喜欢做糕点，只是一时兴起，很可能哪天就没有了兴趣，但升学的机会却白白错过了。妈妈让你考上一个好学校，这是为你好。"

后来，这位女生在高三考试落榜后自杀，所幸发现得及时，被救了回来。她爸爸妈妈吓坏了，也冷了心，就按照她的意愿将她送到了一所职业学校。而进入职业学校的她，却像换了一个人，勤奋好学好问，不仅拿到了学校的一等奖学金，临近毕业时，还与一家五星级的大酒店签了约。从前病快快地，如今举手投足充满了神采。

之所以想起她，是因为有一个中秋节，我收到了一份快递，里面是一盒精美的月饼。当我们一家品尝那盒月饼时，那是我吃过的最奇特也最美味的月饼。我突然就想到应该是她送的，按照快递单上的电话打过去，果然是她。

她已经做了酒店茶餐厅的经理，下一步准备开自己的糕点房。现在已经买了房,正准备把父母接过去住。我问："你妈妈呢？"她笑:"她早不管我了。"

> "爸爸妈妈是为你好"，这句话会让孩子产生强烈的逆反心理：为什么你们为我好，但我却感觉不到快乐？！家长在与孩子的交流中，可以与孩子一起分析利弊，讲明自己的希望，但切勿动辄扣上"一切都是为了你的"帽子。这样做，不会令孩子感恩，只会让孩子逃得更远。

"妈妈是为你好"，是许多妈妈的口头禅，而出现这句话一般都是孩子拒绝按照妈妈的意愿做事时。

每一个孩子都是独立的、完整的个体，孩子应该有自己的选择、自己的方向。一旦孩子发现了自己的方向，他会以百倍的热情、专注于他的方向并坚持不懈的努力。而当孩子的选择与家长的选择不同时，家长应该充分结合孩子的实际情况考虑孩子的决定，而不是用"妈妈是为你好"来禁锢孩子。孩子不是父母附属的私人物品，也不是父母未实现梦想的接力者，家长没有权利要求孩子去弥补自己人生的缺憾。

无论世界如何瞬息万变，只有父母的爱恒久不变，但当父母无视孩子的愿望，简单地把自己对孩子不恰当的期望当作爱，并强迫孩子接受时，孩子感受到的不是爱，而是以爱为名义的束缚。人生始终是孩子自己的，家长能陪伴的部分少之极少，所以对孩子少些不切实际的期望，对孩子多些实质上的帮助与鼓励，才是爱孩子最好的方式。

我看到一位妈妈对有逆反心理、敢顶撞老师的儿子的话，她说："儿子，你这样反应，让我很担心。但是你如果不反应，妈妈会很伤心。可以让我不要担心、也不要伤心吗？"我想，她的儿子听了她的话，一定会很感动，并且真的会考虑不让妈妈担心，也不让妈妈伤心。当孩子向权威发起挑战，捍卫自己的正当权益时，妈妈会担心孩子所要承担的结果，是不是他能承担得起，但作为一位智慧的妈妈，假如自己孩子正当权益遭到侵害，而孩子不知道去主动捍卫时，这更是作为父母教育的失败，因此妈妈会伤心。这位妈妈的话，道出了家长在孩子的健康成长以及学校之间的两难，而这种两难的出现，正是妈妈站在孩子的角度去看问题，去理解孩子，所以这才是智慧而完整的爱。

爱，应该是自由与尊重，不应该是父母作为绑架孩子武器。我相信，当妈妈们把"妈妈是为了你好"，换成"妈妈爱你，所以尊重你的选择"，孩子将会有更惊人的表现，让家长大吃一惊。学会放手，相信孩子，试着将爱的束缚变成爱的理解、爱的支持，孩子才会学会真正独立，真正学会自律、学会调整自己的人生与目标。

67. 让孩子学会坚持自我

规矩 67：别因他人的过分评价而改变自我

璐璐在小学阶段，由于我的"放养"教育方式，她的成绩在班上是中间偏上的，也就是在十多名徘徊，偶尔发挥好一点儿，也能进前几名。由于相比分数、名次，我更注重孩子的学习兴趣与精神状态，因此整个小学阶段，璐璐的状态就是轻松而愉快的。我的书柜向她开放，她阅读了大量的课外书，包括《红楼梦》这样的大部头。当然她不可能理解得太深刻，但她却对贾府下雪天一边吃烤鹿肉，一边吟诗作对做游戏的一节格外神往："妈妈，他们就是在雪天吃烧烤啊，真会享受。"一句话逗得我跟她爸爸笑了起来。

璐璐因为课外书读得多，三年级时，她就跟着爸爸一起读完了几个版本的《十万个为什么》，对于有些物理现象，几个版本的解释不同，她爸爸就鼓励她自己找资料，向老师请教，看看谁是最佳的解释，或者可以有自己的解释。因此，璐璐的知识面就相对她同学稍微多一点儿，加上我跟她爸爸时时鼓励她礼貌地阐述自己的观点与想法，要勇于表达自己。由此可能导致了璐璐话比平常孩子多，也许孩子可能还会在某些场合卖弄一下。

就在二年级的新年晚会上，璐璐担任主持人，她很负责地将节目进行合理搭配，观看同学们的排练，并积极出谋划策，甚至还借出了她一直没舍得穿的裙子给同学。晚会应该是很成功的，班主任因为璐璐的表现表扬了她，说她有一定的组织能力。可这时候，一旁的数学老师说话了，他语气平和，甚至面带微笑，但他说话内容，对璐璐来说，无疑是一场彻骨的寒风："璐璐同学，其实也就是嘴巴会说。除了你的嘴巴外，我没发现你的其他优点。"

　　我没看到当时的情况，但我能相信当时璐璐脸涨得通红，尴尬又委屈，又不能反驳的老师的样子。直到今天，想到这一幕，我的心仍然隐隐作痛。其实，璐璐一直是很喜欢数学老师的，虽然他很严厉，批评起人来主观而刻薄，但她没想到自己在敬爱的老师心里竟然是一个"除了嘴巴能干外，一无是处"的人。璐璐由此变得极不自信，开始严重地自我怀疑，做事情也没了从前的积极性，偶尔我跟她爸爸表扬她，她会苦笑着说："算了，爸爸妈妈，我知道你们是安慰我。但我不需要这种安慰。"我与她爸爸面面相觑，不知道该怎么接璐璐的话。

　　期末考试，璐璐成绩非常不理想，尤其是数学。看她沮丧的表情，我什么都没说，甚至没像往常一样分析试卷，而是表情轻松地说："考试结束了，咱们可以彻底放松一下了。璐璐想去哪里玩？"璐璐悄悄地告诉我，想找大表姐。我爽快地答应了。

　　在大表姐家里，没人询问璐璐的成绩好坏，加上大表姐向她描述精彩的大学生活，笑意慢慢地出现在璐璐脸上。然后大表姐装作无意地问："璐璐，你肯定是你们班里最受同学、老师欢迎的孩子吧，你懂的东西多，学习成绩也不错，又乐于助人，热情大方，还能画画，跳舞也跳得好。我都嫉妒你了，简直是个全才嘛。"

　　璐璐轻轻地叹息一声说："才不是呢。老师很讨厌我，说我除了嘴巴能干之外，没什么优点。"

　　"怎么会这样？快说给大表姐听听。"璐璐这才详细把情形告诉了大表姐，她说："现在，上课我都不太敢举手发言了，怕老师说我出风头，喜欢表现自己。"

　　璐璐闷闷不乐的症结终于找到了，当我听完大表姐的转述以后，我深深地震惊，同为教育工作者，他怎么就能如此主观武断地评价我的女儿？他难道不知道，他的

> 当他人对孩子的评价严重地偏颇时，孩子会问自己："为什么他（她）会这样评价我？我真的是这样的吗？家长无需重新去评价孩子，而是要让孩子知道别人的评价都是从自己的主观出发，我们可以参考反省，但并不能作为对自己行为的指导标准。

一番话后，严重影响了孩子的自我评价，她变得多疑、脆弱、敏感，而这些负面情绪又让她没办法专心学习，也严重地影响了她与同学的交往、交流。

我当然不能让孩子对老师有一丝轻视，但我又不能让璐璐消沉下去。最重要的是，我不愿意她因为别人的评价而改变自我，否则时间长了以后，璐璐就会通过取悦他人来得到心灵的满足，如果别人对她有一丝不满，她就会惴惴不安。她做出的选择与决定是别人希望她做的，而非出自她内心真正的需要。

趁着假期里的新年，我让璐璐邀请同学们上我们家来玩。当孩子们玩得快无聊时，我提出我们做一个"真心话大冒险"的游戏。我说，我提出一个问题，孩子们将答案匿名写在一张纸上，然后由我统一念出答案。我保证这些问题不会让他们的父母知道。

我的第一个问题是：谁是你们中间最聪明的？7个孩子的答案只有两个是相同的，其余都不同。我的第二个问题是：谁是你们中间最受欢迎的？有3个孩子的答案相同。我继续问：谁是你们中间最讨厌的，这次依然是3个孩子的答案相同，而且有趣的是，上次被一些孩子认为是"最受欢迎的孩子"的小娟，在这个问题中被另外一些孩子认为是"最讨厌的"孩子。面对这个结果，小娟很坦然："别人怎么看、怎么想，我又控制不了，我也不可能做到人人都喜欢我。"

游戏结束后，我把纸条给璐璐看，我说："你看，别人的感觉与评价其实都不是特别准确。你最喜欢的小娟，到了强强那里却是最讨厌的人。我觉得你应该学习小娟的豁达，你看我们又发现了小娟的一个优点。强子讨厌小娟，或许是因为今天早晨小娟没把自行车借给她的缘故。所以我们可以用别人的评价做一个警醒，但却不能把别人的评价当成自我的判定。比如，上次你的数学老师这样说，也许他刚好心情不好，也许是你在数学课上稍微活泼了一点儿，但这些并不影响你将来要做什么样的人。始终决定你将来是什么样的人，还是取决于你自己的努力。"

通过这个游戏，我让璐璐去学会坚持真实的自我，不因别人一两句话而改变对自己的认识，要做一个内心强大的人。

68. 孩子也会有嫉妒心，但这没什么

规矩 68：你不用跟别人去比较，只需比你的昨天好

璐璐小学三年级时，要求爸爸给她买一架遥控的直升机。她爸爸没有直接答应，而是要让她说出买遥控直升机的意义。璐璐想了半天，勉强找到了几个理由：好玩，玩好了，心情好，学习才好。可以锻炼自己的快速反应。

璐璐爸爸说，这两点理由还不够充分，再想想，想好了，再来找爸爸。后来，璐璐林林总总又列出璐璐几条给了爸爸，爸爸说："行了，今天就去买。"

其实，我们原本也打算给璐璐买，之所以要让她找出意义，一方面是延迟满足，让她觉得来之不易，才会珍惜爱护。另一方面，也是想训练她深入思考问题的能力以及与谈判能力。她在"意义"里，连"陪我放飞机，可以让爸爸锻炼身体"都写到了，虽然很牵强，但也由此证明，孩子开始站在我们的角度去考虑问题，以便能说服我们。她爸爸指着这条说："就冲这条，也得买。这是我女儿的孝心。"

遥控飞机买回来的当天，她让爸爸帮忙组装好以后，就拿到广场放去了。为了分享她的喜悦，她还邀请了最好的朋友小娟一起玩。我想趁这点时间写点稿子，打开文档还没写到500字，就听到楼下璐璐伤心的哭声。

我打开窗户往外看，只见璐璐手里拿着飞机，小肩膀抖动得厉害，显然哭得很伤心，她爸爸跟在她身后安抚她。后面跟着表情麻木的小娟和一脸惭愧的小娟妈妈。

刚进门，小娟妈妈就满脸惭愧地道歉："对不起，小娟把璐璐的飞机弄坏了，我下午就去买一个赔给璐璐。"我拉过璐璐说："璐璐，咱们看看能

不能修好。小娟是你最好的朋友，她不小心弄坏你的飞机，你能原谅她吗？你也弄坏过她的玩具，她就原谅了你。"璐璐突然很激动："妈妈，她是故意的。"我表情严肃起来："你怎么会觉得小娟是故意的。"璐璐哭着说："是她自己说的，她妈妈不给她买，她也不许我玩。"

小娟妈妈听到这里，立刻转过脸问小娟，是这样吗？小娟在妈妈的逼视下，微微点了点头。她妈妈立刻拉过小娟，大声呵斥："你心眼怎么这么小？小小年龄嫉妒心就这样强，跟谁学的？谁教你的？"

我制止了小娟妈妈，小娟妈妈说："我从来不知道她的嫉妒心已经严重到要破坏别人东西的程度。"我说，孩子有嫉妒心很正常，你这样的态度，只会强化刺激她，对帮助孩子纠正嫉妒心毫无益处。

小娟妈妈叹气说，之前就听老师说过小娟的嫉妒心有些强，我当时没当回事，觉得嫉妒心人人都有点，只要不太严重，也没什么大不了。因此也就没重视，但今天小娟的行为确实太过分。

> 当家长频繁在孩子面前表扬其他孩子，会让孩子以为家长喜欢别人而不喜欢自己，因此会把这种失望与不服气的情绪发泄到父母表扬的孩子身上。家长应当避免评价孩子不足的地方，而应帮助孩子树立正确的竞争意识。

我把小娟妈妈拉到沙发上坐下，让璐璐跟爸爸一起修理被璐璐折断了一侧机翼的直升机。然后我拿出两个小凳子到阳台上，与小娟面对面坐着。我说："小娟，阿姨知道你心里这会儿肯定很后悔，对吗？愿意跟阿姨说说话吗？"

小娟低下头不说话，这时小娟妈妈的声音传了过来："你看你的样子，哪一点能跟璐璐比？"一个"比"字，让我灵光一闪，我问小娟："妈妈经常用你跟璐璐比吗？"小娟开口了："经常跟璐璐比，还有别的小朋友，妈妈都觉得他们比我好。"

我说："这样比，你肯定不开心吧？"小娟抬起了头，我看到了她眼里的痛苦与委屈。我大概知道了，小娟嫉妒心强的原因。我说："小娟，你今天的行为让阿姨很吃惊。如果不是亲眼所见，我一定不会相信。你想听听在阿姨心里，你是什么样子的吗？"

　　小娟点点头，我说："首先学习认真，又自觉，让妈妈很放心。英语水平是全班最高的，另外，咱们的小娟可是真正的淑女，不仅会自己穿衣打扮，更会接待客人。你不知道，璐璐对你的大方得体的举止，不知道有多羡慕，她说她要向你学习，跟你比赛看谁懂礼仪。她现在正在阅读关于礼仪方面的书籍，你愿意帮助她吗？"

　　当小娟听到我一件件列出她的优点时，眼睛有了神采，与刚才麻木冷漠判若两人，当我说到璐璐要向她学习礼仪时，她惊讶地问："真是这样？我妈妈经常说我连璐璐的一半都赶不上。"

　　我猜小娟妈妈的意图是想激励小娟，但她却用了错误的方式，处处用小娟的缺点去比璐璐的优点，久而久之，小娟就会把这种不被认同的愁苦与郁闷发泄到璐璐身上。她的心态不再是积极上进的，而变成了消极的、具破坏性的："我不行，我也要让你不行。"

　　我的一番话，虽然可以让小娟的嫉妒心理得到暂时的缓解，但要让小娟从嫉妒的阴霾里走出，还需要她妈妈的努力。

　　嫉妒心是一种非常消极的心理状态，是一种被扭曲的情感，如果嫉妒心一直得不到纠正，就会演变成偏执与仇恨，对社会对自己都是极为不利的。当家长发现孩子有嫉妒的苗头时，应该积极地引导孩子，尽早尽快地纠正。

　　要纠正孩子的嫉妒心，家长首先要检查自己的思想言行，比如家庭成员之间，是不是经常相互贬低、诋毁？家长本身是不是嫉妒心较强、并且不善于在孩子面前克制情绪？家长是否频繁地让自己的孩子跟别的孩子比较？

　　家长原因找到了以后，就要考虑孩子自身的原因，某些经常被夸奖孩子，一旦遇到了比自己做得好的小朋友，他感觉自己的"地位"受到了威胁时，也会产生强烈的失落与嫉妒。

　　想要纠正孩子的嫉妒心，家长要客观地承认孩子之间肯定是不同的，自己孩子不能是没有缺点、事事都优秀的完美儿童。接纳孩子的个性与缺点，正确评价孩子，既让孩子了解自己的缺点，也要充分肯定孩子的优点。家

长可以把在各方面都比较优秀的孩子，当成孩子学习的榜样，但一定要给孩子说明："我觉得她的方法不错，也许咱们可以学习一下她的方法？"当孩子取得成绩时，要及时肯定："爸爸妈妈为你骄傲，你比上次进步多了。"让孩子自己跟自己比，自己的进步骄傲，是纠正孩子嫉妒心的好方法。

　　家长有义务让孩子树立起正确的竞争意识，既不逃避竞争，又要学会正确看待竞争。竞争的目的是为了找差距、与别人交流相互取长补短，是为了更好的进步，家长要把孩子的好胜心引向积极的方向，让孩子学会理智地接受自己会暂时不如别人的现实，但同时又不丧失努力的信心。及时纠正孩子的嫉妒心，才能让孩子有和谐的人际关系、谦虚尊重他人的品格，也才能让其更好地通过自己的努力，不断完善自己。